残心

Jリーガー中村憲剛の挑戦と挫折の1700日

飯尾篤史

講談社

DNP

残心

Jリーガー中村憲剛の挑戦と挫折の1700日

装幀　岡　孝治
写真　近藤　篤

はじめに

イタリア・セリエAのインテルでプレーする長友佑都《ゆうと》は、かつて「自分ほど過去のキャリアがショボい日本代表選手はいない」と語ったことがある。

それはおそらく、愛媛FC（当時四国リーグ）のジュニアユースのセレクションに落ちたからだろうし、明治大学サッカー部に入部してからも、しばらく試合に出られなかったからだろう。

それでも長友は、東福岡高校時代に全国高校サッカー選手権に出場している。大学3年時にはU－22日本代表に選ばれ、4年になるとFC東京とプロ契約を結び、日本代表にも選出された。

長友が自虐気味に「ショボい」と語った経歴も、彼に比べれば輝かしいものに見える。

彼とはすなわち、この物語の主人公、中村憲剛《けんご》のことである。

都立久留米《くるめ》高校時代に全国大会に出場できなかった中村は、年代別の日本代表はもちろん、東京都選抜にすら選ばれたことがない。

中央大学に進学してからも大学選抜とは無縁で、しかも、大学4年時には関東大学サッカーリーグの2部で戦っていたため、Jリーグのクラブから声がかかるはずもなく、当時J2リーグに所属していた川崎フロンターレの練習に2日間だけ参加させてもらい、なんとか契約をもぎ取ったのだ。

「プロ以前の最高成績は、小学5年のときの全国大会ベスト16」という無名の大学生が、その4年後に日本代表に選ばれることを、いったい誰が想像しただろうか。

プロ2年目の2004シーズンにレギュラーポジションをつかみ、フロンターレのJ2優勝に大きく貢献した中村は、戦いの舞台をJ1に移した翌シーズン以降、強豪チームや日本代表選手との対戦のなかで課題を見つけては克服し、少しずつ自信を膨らませ、力をつけていった。

そして、2006年10月、日本代表の青いユニホームに初めて袖をとおす。

「アイデアに溢《あふ》れ、技術も優れている。全体を見わたせ、シュートもいいものがある」

中村をそう評したのは、当時、日本代表を率いていたイビチャ・オシムである。

フロンターレでの活躍が日本代表への選出につながり、日本代表で得た経験と自信をフロンターレに還元し、また日本代表に選ばれる——。

中村が〝両輪〟と表現する日本代表とクラブ、その2つの車輪が力強く回転することで、中村はさらに飛躍的な成長を遂げていく。

いつしか中村俊輔《しゅんすけ》や遠藤保仁《やすひと》と並んで日本を代表するゲームメーカーのひとりに数え

られるようになり、２０１０年、ついに子どもの頃からの夢だったワールドカップ出場を果たすのだ。

しかし、本書は、ひとりのサッカー小僧が大好きなサッカーを続けるうちにプロ選手となり、日本代表へと駆け上がり、ワールドカップの舞台に立つという、鮮やかで、爽《さわ》やかなサクセスストーリーではない。ここに描かれているのは、その後の彼の、苦悩と歓喜の日々である。

日本代表として国を背負って戦う経験を積み重ね、クラブチームで「ミスター・フロンターレ」と称されるようになっても、決して順風満帆なキャリアを過ごしてきたわけではない。日本代表とクラブ、一方の車輪はうまく回っているのに、もう一方が回らず、思うように前に進めない時期が少なからずあった。

だが、それでも中村は、フロンターレで初タイトルを獲得するために戦い続け、現役選手でいる限り、日本代表に選ばれることを諦めてはいない。

これは、挑戦と挫折を繰り返し、35歳を迎えた今なお「サッカーがもっとうまくなりたい」と悪戦苦闘を続ける男の物語である。そして、僕はそんな彼の姿に、プロサッカー選手の生きざまを見たのだ。

残心

Jリーガー中村憲剛の挑戦と挫折の1700日

目次

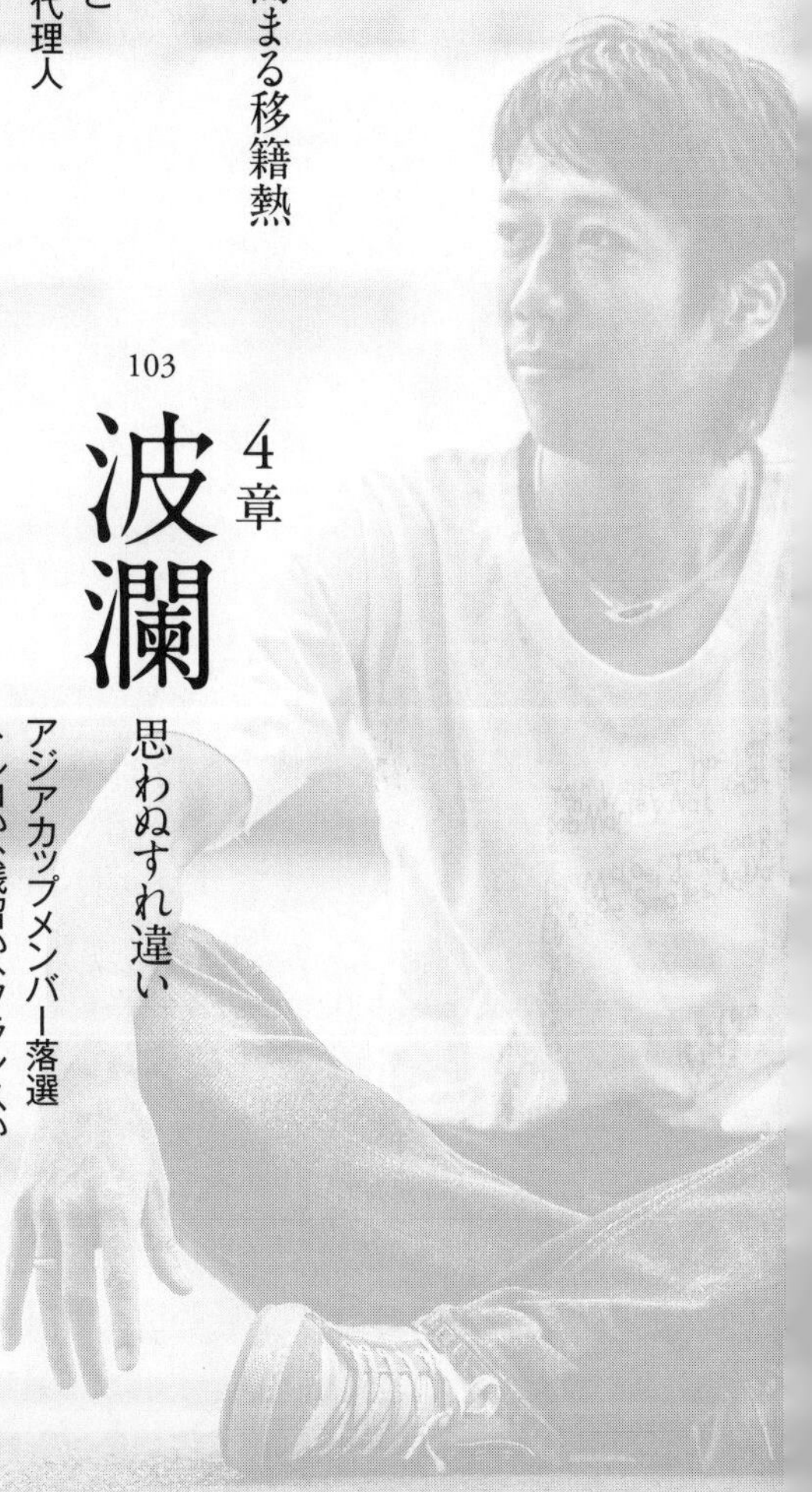

落選

1章——運命の一日

いつもと変わらない朝

特別な日だというのに、中村憲剛はいつもと変わらない心境でその朝を迎えた。

緊張や不安で眠りが妨げられることもなく、気持ちが昂《たか》ぶっていつもより早く目覚めることもなかった。普段どおり8時頃にベッドから抜け出した憲剛は、朝からにぎやかな子どもたちの声を聞きながら、ぼんやりと考えていた。

〈今日、決まるんだよな〉

この日、2014年5月12日は、ブラジル・ワールドカップに臨む日本代表メンバーが発表される日だった。

4年に一度の大舞台に立つ権利が、ごくわずかの選ばれし者に与えられる日――。

しかし、そんなことなど知らない子どもたちは、無邪気にパンにかぶりついている。

食卓には、食パン1枚、目玉焼き、ウインナー2本とヨーグルトという、およそサッカー選手のものとは思えないささやかな朝食が並んでいた。契約している栄養士から、「もうちょっと食べたほうがいい」と忠告されているのに、彼はどうしても朝食の量を増やせない。朝食をとり過ぎると体が重たく感じられ、練習に影響するからだ。食事の時間が少しでも遅れると、練習開始までの時間が短くなるため、口にする量はさらに減る。

「来年はもうちょっと気合を入れてほしいんだよね。例えば朝だって、いつも決まった時間に決まった量を食べたいんだ」

妻の加奈子にそうリクエストをしたのは、2013年も残りわずかになった頃だった。

もちろん彼女からすれば、これまでも出来る限りのサポートをしてきたつもりである。しかし、5歳の息子と3歳の娘の世話で手一杯になることもあるから、夫のことをいつも一番に考えるのは難しい。それに、彼の体を思って手の込んだ料理を作っても、ごっそり残っていることがある。

だから、ふたりはちょっとだけ言い争った。

もっとも、2014シーズンに懸ける夫の想いをよく理解していた彼女は、苦笑しつつも「少ないけれど絶妙な量の朝ごはんを、全力で作ってほしい」という要望を受け入れた。それ以来、食パンが食べかけだったり、ウインナーが1本残っていたりという朝は、ぐっと減ったのだった。

その日、普段と異なることがあったとすれば、それは憲剛がAFC（アジアサッカー連盟）チャンピオンズリーグ（ACL）を戦うために、午後の便で韓国に発たなければならないことだった。

「幼稚園から帰ってきたら、パパ、もういないよ。パパ、頑張ってね」

そう言って加奈子は、夫と子どもたちに携帯電話のカメラを向けた。画面には眠そうなパパと、彼にそっくりな目をした子どもたちが体操着姿で収まっている。

彼女が写真を撮ろうと思ったのは、3日間会えなくなるからというだけでなく、やはり発表の日だからでもあった。だが、その理由を口にすることはなかった。

あくまでも、いつもどおりに――。

それが今日という日の、彼女なりの迎え方だった。

所属する川崎フロンターレの練習に出かける憲剛と幼稚園に向かう子どもたちは、いつも同じ頃に家を出る。近くにあるスクールバスの乗り場まで彼が連れて行くこともあったが、この日は彼が先に家を出た。

「パパ、行ってらっしゃい」

「おう、行ってきます」

フロンターレの練習場である麻生《あさお》グラウンドへ向かう道すがら、愛車のハンドルを握りながら、彼は普段と変わらない心境でいられることを不思議に思っていた。

〈前回はあんなにドキドキしたのに……。落ち着いたもんだな、俺〉

5月の陽を浴びた木々の緑は、日増しに濃くなっていくようだった。しかし、通い慣れたグラウンドは、いつもと変わらない静けさで選手たちの到着を待っていた。

落選の可能性もあった4年前

4年前は、とにかく緊張したことを覚えている。

世界中のほとんどすべてのプロサッカー選手にとってそうであるように、中村にとってもワールドカップに出場することは、子どもの頃からの夢だった。

その憧《あこが》れの舞台に立つチャンスが、手の届きそうなところにあった。

南アフリカ・ワールドカップの日本代表メンバーが発表された2010年5月10日、彼は自宅のリビングでメンバー発表会見のテレビ中継を見守っていた。その場には妻と子どもたち、彼の両親のほか、数人の友人が駆けつけていたが、友人たちは誰ひとりとして、憲剛の選出を疑っていなかった。

〈もし、落ちたらどうしよう……〉

周りの期待が痛いほど感じられるから、緊張が高まって不安になる。

憲剛が毎日のように欧州サッカーをチェックする大型テレビには、選手の名前を発表する岡田武《たけ》史《し》監督の姿が映し出されていた。間髪入れずに読み上げられていくメンバーリストは、中村のポジションであるミッドフィールダーに差しかかった。

「中村俊輔、稲本、遠藤、中村憲剛……」

その瞬間、リビングでは、歓声があがった。友人たちは「憲剛は選ばれて当然でしょ」と言って祝福した。「やっぱり、出たいよね」と話していた妻の加奈子も、大喜びした。

フロンターレがセッティングした記者会見に出席するためにスーツに着替えながら、憲剛はじわじわと喜びがこみ上げてくるのを全身で感じていた。と同時に、ホッと胸をなでおろしてもいた。選出されるのが当然のように周囲からは思われていたが、落選の可能性がゼロだったわけではなかったからだ。


中村が日本代表に初めて選出されたのは２００６年10月、26歳になる直前だった。

その４ヵ月前のドイツ・ワールドカップで１分け２敗と惨敗した日本代表は、Ｊ１リーグで下位に低迷していたジェフユナイテッド千葉を強豪チームへと変貌させたイビチャ・オシムを監督として招き、立て直しを図ろうとしていた。

日本代表の〝日本化〟――。つまり、日本人の長所を生かした日本らしいサッカーの実現を目指したオシムは、それまでの主力だった宮本恒靖《つねやす》、福西崇史《たかし》、柳沢敦《あつし》、小野伸二といった選手たちを外し、Ｊリーグでの活躍が光るフレッシュな顔ぶれを大量に招集し、メンバーの刷新を図った。

そのひとりが、中村憲剛だった。

代表デビューから１年が過ぎた２００７年11月、オシムが脳梗塞《のうこうそく》で倒れ、代表監督の座は岡田に引き継がれた。しばらくして中村は「ボランチ」と呼ばれる中盤の底でゲームを組み立てるポジションから、「トップ下」と呼ばれるフォワードのそばでプレーする攻撃的なポジションへとコンバートされたが、日本代表にはコンスタントに選ばれていた。

ところが、ワールドカップイヤーを迎え、思わぬ事態に見舞われる。

２０１０年2月、フロンターレにとってその年最初の公式戦であるＡＣＬの城南一和《ソンナムイルファ》戦で相手選手と衝突し、下顎骨《かがくこつ》を骨折してしまったのだ。リハビリを終え、ようやくピッチに戻って来たのは、骨折から50日が経過した4月14日のことだった。

このときすでに、南アフリカ・ワールドカップに臨む日本代表メンバーが発表される日まで１ヵ月を切っていた。

憲剛が戦列から離れている間に台頭したのが、本田圭佑《けいすけ》である。

それまで本田はチームのエース、中村俊輔のバックアッパーと考えられていた。

だが、3月のアジアカップ予選のバーレーン戦では、俊輔がいつもどおり右サイドハーフに起用され、憲剛の負傷で空席となったトップ下に本田が入った。日本代表が抱える決定力不足という問題を解消させる切り札として、その年1月にオランダのＶＶＶ《フェーフェーフェー》フェンロからロシアのＣＳＫＡ《チェスカ》モスクワに移籍した本田に白羽の矢が立ったのだ。

その試合で本田は期待どおりゴールをあげた。

期待どおりの活躍に、指揮官も賛辞を惜しまなかった。

「(俊輔と本田は)今まで一緒に使っても、なかなかスムーズにはいかなかったが、本田のプレースタイルがかなり変わって、シンプルにプレーし、ディフェンスもする。体もかなりキレている状態で、今日は非常に良かったと思う。彼に期待しているのは得点力なので、彼が点を取ったのは、他の誰が取るよりも我々には嬉しいこと」

そこには、本田をレギュラーとして起用していくという強い意思が窺《うかが》えた。

メンバー発表前最後の試合となった4月7日のセルビア戦にも、憲剛は間に合わなかった。0対3で敗れたこの親善試合で岡田は、石川直宏、山瀬功治《こうじ》、興梠《こうろき》慎三、矢野貴章《きしょう》といった攻撃の選手たちのテストを行っている。

2月の東アジア選手権で韓国に1対3で完敗し、セルビアにも惨敗するなど、ワールドカップまで半年を切ったというのに思うような結果を得られていない状況が、指揮官にメンバーのテコ入れを考えさせても不思議ではなかった。

最後のアピールができず、チームを外から見ることしかできなかった憲剛にとって、メンバー当確とは思えない状況だったのだ。

一方、南アフリカ・ワールドカップが終わり、2010年8月に発足したアルベルト・ザッケローニ体制における憲剛の招集は、断続的なものだった。

ソウルで韓国と戦った2戦目以降、約11ヵ月もの間、日本代表から外れた時期がある。

ブラジル・ワールドカップのアジア予選が始まる2011年9月から呼び戻されたものの、2013年6月のコンフェデレーションズカップを最後に再び代表から遠ざかっていた。

だから、選ばれなかったとしても不思議はない。

だが一方で、この1年の憲剛の活躍は目覚ましいものだった。フロンターレのエースストライカーである大久保嘉人《よしと》を後方からサポートしながら、自らもゴールを量産した。プレーヤーとしての自分に、彼は確かな自信を持っていた。

若手を試すためにメンバーからいったん外したベテラン選手について、ザッケローニは「彼らの能力はよくわかっている」と繰り返していた。

だから、選ばれたとしても驚きはない。

可能性はフィフティ・フィフティ。

神のみぞ知る、ならぬ、〝ザック〟のみぞ知る——。だから、彼は達観したような気持ちで、その日を迎えたのである。

大久保嘉人とセットで！

立夏を過ぎ、朝10時の麻生グラウンドに降り注ぐ日差しは強い。見上げると、吉兆を思わせるような晴天が広がっていた。小高い丘の上にあるクラブハウスを目指して坂道をのぼりながら、僕は左手にあるグラウンドにふと目をやった。すると、ちょうど練習を終えた中村が、クラブハウスに戻ろうとしていた。練習がスタートしてから、まだ30分しか経っていない。

この日のフロンターレのスケジュールは、9時半から練習がスタート。いったん解散し、12時半に再集合してバスで羽田空港に向かい、2日後に行われるACLラウンド16のFCソウル戦のために韓国へ飛ぶ、というものだった。

ACLはアジアナンバーワンのクラブチームを決める大陸選手権大会である。32チームによって争われ、日本には前年度のJ1リーグ上位3チームと天皇杯の優勝チーム、計4チームに出場権が与えられている。フロンターレはJ1の前年3位としての出場で、通算4度目の参戦となる。

グラウンドからクラブハウスへと続く階段をのぼった中村は、集まっているファン、サポーターによる写真撮影やサインの要望に応じたあと、クラブハウスに向かって歩いてきた。

その出入り口付近で、僕は声をかけた。

「練習、もう終わったの？　ずいぶん早いね」

「今は疲れを取るのが練習ですからね」

試合に出場した選手は、その翌日やオフを挟んだ翌々日は、軽めに調整して疲労回復に努めるのが一般的だ。２日前の鹿島アントラーズ戦からオフを挟んだこの日、彼はウォーキングやストレッチだけをこなし、早めに切り上げていたのだ。

この時期、フロンターレは連戦につぐ連戦の真っ只中にいた。

２０１４シーズンが開幕してからＪ１リーグで12試合を消化し、ＡＣＬではホーム４試合、アウェー３試合を戦った。２ヵ月半で19試合をこなす過密日程には、彼も「こんなにキツいの、初めて」とこぼすほどで、選手たちの疲れは、とっくにピークを超えていた。

「そっちこそ、早くないですか？　発表は２時ですよ」

中村はそう言って、笑った。

「いや、空港にも行くけれど、朝の様子も見ておこうと思ってね。どう？」

「すごく落ち着いてます。４年前とは全然違う。やることやったから」

どこか清々《すがすが》しい表情で彼はそう言うと、「でもさあ」と続けた。

「計算してみたら、実は残り枠、ひとつ、ふたつぐらいしかないんですよね……」

継続性を重視するザッケローニは、レギュラーメンバーをほとんど固定して戦ってきた。そのため、過去のワールドカップと比べ、メンバー予想は決して難しいものではなかった。

この4年間ずっとレギュラーとして起用されてきた本田圭佑、香川真司、遠藤保仁、長谷部《はせべ》誠、長友佑都、川島永嗣《えいじ》らは誰がどう見ても当確だ。レギュラーではないものの、継続して選出されている清武弘嗣《きよたけひろし》、酒井高徳《ごうとく》、酒井宏樹、西川周作らサブ組に対する指揮官の信頼も、揺るぎのないように見えた。オランダ、ベルギーと対戦した前年11月のヨーロッパ遠征で評価を高めた柿谷《かきたに》曜一朗、山口蛍《ほたる》、大迫《おおさこ》勇也、森重真人《もりしげまさと》といった新顔の選出も、間違いないように思われた。

たしかに、中村も言うように予想が分かれるのは、ひとりか、ふたり――。

だが、そのラストピースに彼が選ばれる可能性は、決して低くなかった。

理由はいくつかある。

まず、ベンチメンバーにワールドカップ未経験の若手があまりに多い点だ。

ワールドカップは合宿期間が1ヵ月以上にわたる長丁場となる。しかも、大会が始まれば、メンバーが固定される傾向が強く、いつ出番が回ってくるのかわからない。そのような状況で、若い選手たちがモチベーションやコンディションを保ち続けるのは、簡単なことではない。試合に出られない選手に声をかけ、彼らを守り立てるような存在が必要になる。コンフェデレーションズカップまで、そうした役割を担ってきたのが、中村だった。

次に、ザッケローニ自身が中村に対する信頼をしばしば口にしてきたという事実がある。２０１1年9月に代表復帰させた際に発した「中村は真のプロフェッショナル」というコメントは、どの選手に対しても向けられる類《たぐ》いのものではないだろう。

また、２０１３年7月以降は若い選手を試してきたが、本田に代わってトップ下を務められる選手を、ついに見出せなかったという問題もある。本田がなんらかのアクシデントによって試合に出場できない場合、どう対応するのか。

左サイドハーフの香川をトップ下に回すことも考えられる。しかし、これまで香川はトップ下で先発する機会が5回あったが、いずれも納得のいくパフォーマンスを見せられていない。彼だけの責任ではないが、そのうち2試合に敗れてもいる。

さらに、チームメイトである大久保嘉人の待望論が強まっていたことも大きい。

２０１３年にヴィッセル神戸からフロンターレにやって来た大久保は、ゴールハンターの本能を呼び覚まし、26ゴールを奪って自身初のＪ１得点王に輝いた。その大久保の代表復帰を期待する声が大きくなるにつれ、大久保とホットラインを築き、自身も好調を維持する中村とセットで選出すべき、という意見も増えていた。

総合スポーツ誌『Ｎｕｍｂｅｒ』でふたりの対談が組まれたのは、２０１４年2月のことだ。ワールドカップへのラストピースを探す、という趣旨の特集の中で企画され、僕が司会を務める機会にめぐまれた。

「ワールドカップまであと3ヵ月。意識はするものですか？」

そんな質問から対談を始めると、いきなり大久保節が炸裂《さくれつ》する。

「俺は全然。普段どおりですよ。4年前は昂ぶるものもあったけど、今はまったく選ばれてないですからね。前回ほど身近に感じてないというか。今年も良い準備をして、アピールしてやるか、っていう感じですね」

「アピールしてやるか」という、いかにも大久保らしいコメントに苦笑しながら、中村も自然体でいることを強調した。

「そうだよね。俺らにできることは、Jリーグで良いプレーをすることだけだからね。代表やワールドカップのことは考えないようにしています」

断続的ではあるが27試合に招集された中村とは対照的に、大久保はザッケローニ体制の4年間でたった1度しか招集されていなかった。2013年に完全復活を遂げた大久保は、事あるごとに「代表に呼んでほしい」とアピールしたが、ついに呼ばれることがないまま、ワールドカップイヤーを迎えていたのだ。

これだけゴールを積み重ね、ラブコールを送ったにもかかわらずフラれ続けたわけだから、変な期待はしていない、と大久保は言う。

「最初は気にしてて、新聞をチェックしたり、なんで選んでくれんのかなって思ったりしていたけど、そのうち気にならなくなった。やるべきことをやるだけだって。だから今は、落ち着いたもんですよ」

その言葉に中村もうなずいた。

「そうだね。それに最後の何人かは4月、5月に調子の良い選手が選ばれると思う。だから最後までわからない。岡田さんのときも、それまで自分はけっこう選ばれていたけど、不安だった。会見をテレビで見ていて、名前を呼ばれてホッとした覚えがあるから」

とはいえ、代表復帰を期待する声は、ふたりの耳にも届いているはずだ。そうした期待について、どう感じているのかと訊《たず》ねると、大久保は少し困った顔で答えた。

「ちょくちょく言われます。〝代表に入ってくれ〟って。嬉しいけど、ちょっと困る。俺だって入りたい。でも決めるの、俺じゃないし。監督に言ってよって思う」

苦笑いしながら、中村も「そうね」と同意する。

「俺も、先日のプレスカンファレンスでラモス（瑠偉《ルイ》）さんが突然やって来て、〝日本代表に早く復帰して。試合の流れを変えるの、あなたしかいないよ〟って言われたよ。テレビのカメラが回っているのに。嬉しかったけどね」

この時点でふたりとも日本代表に選ばれていないため、代表チームに対する言葉は慎重に選んでいたが、今の自分に自信がある、ということについては堂々と語った。

「（香川）真司やオカ（岡崎慎司）が欲しいところに、ピタッと合わせられる自信がある。あのふたりとは相性がいいからね」と中村が言えば、大久保も「今はワールドカップで点が取れる気がすごくする」と胸を張る。

中村は33歳で、大久保は31歳。託される使命や役回りは20代で迎えた4年前のワールドカップとは異なるものになる。そのことは、ふたりとも十分理解していた。

「ナラさん（楢崎正剛《ならざきせいごう》）、シュンさん（中村俊輔）が直前でレギュラーから外されたのに、チームのために黙々と行動していた姿も見ていたし、30過ぎの選手が何を期待されて呼ばれるのか十分理解しています」

中村がそう言えば、大久保も殊勝に言う。

「だから、ベンチでもいいと思ってるんですよ。みんなをサポートして、しっかり準備して、途中から出たら、流れを変える。スーパーサブ。マジ、それでいい」

そこで、すかさず問いかけた。

「想像してみてください。ワールドカップの初戦、レシフェでのコートジボワール戦。1点ビハインドで迎えた後半の途中、第4の審判とともにピッチサイドに立つ自分たちの姿を」

すると、大久保の目がパッと輝いた。

「いやあ、マジでワクワクする」

中村の表情も明るい。

「俺らにボールが入れば、何かを起こせると思う。代表にはヤットさん（遠藤保仁）がいるから、欲しいタイミングで入れてくれるはず。2枚同時に代えるのって流れを一気に変えられる。途中からでも俺らふたりをセットでポンって出してくれたら――」

「絶対にやれるでしょ」

大久保の力強いひと言で、その対談は締められた。


クラブハウス前の木陰に立つ中村は、少し遠くを見るような目つきになってつぶやいた。

「ふたりとも入るか、ふたりとも落ちるか、俺が入って嘉人がダメか、その逆か……」

個人的な見解を示せば、ザッケローニは常々「継続を重視する」と語っているだけに、4年間で一度しか招集されていない大久保が選出される可能性は低い、と見ていた。それでも大久保の力を必要とするなら、中村も必ず呼ぶだろう。フロンターレで大久保がなぜ、イキイキとプレーし、ゴールを量産できているのかを考えれば、自《おの》ずとパートナーの存在の大きさにも目がいくはずだ。だから、中村とセットで呼ぶという考えに至るのではないか――。

「どうでしょうね……。まあ、選ばれなかったら、ザックさんと合わなかっただけの話。サバサバしてると思いますよ。それより、期待してくれた人たちがガッカリするのが嫌だなあ」

しばらく他愛《たわい》のない会話を続けたあと、「じゃあ、またあとで」と中村は言うと、クラブハウスの中に消えていった。

「盛り上げてくれて、ありがとうございます」

クラブハウスの入り口近く、ロビーと言えなくもないちょっとしたスペースには、スポーツ紙の番記者や普段からフロンターレの取材を続けているフリーランスのライターなど、10人以上の取材者が集まっていた。

メンバー発表会見が行われるグランドプリンスホテル高輪《たかなわ》にはもちろん、候補選手が在籍するJリーグのクラブにもメディアの人間が大勢詰めかけているはずだった。

フロンターレにはいわゆる「当確」の選手がいるわけではなかったが、大久保や中村が逆転選出される可能性は低くないため、麻生グラウンドにも朝から多くの記者が駆けつけていたのだ。

ワールドカップは、なんと言っても4年に一度の大舞台である。30歳を過ぎると引退の2文字がちらつき始めるサッカー選手にとって、一度その機会を逃せば、出場するチャンスが二度とめぐって来ない可能性もある。

選ばれるのは、たったの23人。ワールドカップのメンバー発表が注目されるのは、古今東西いずこも同じ。日本においても、もちろん一大イベントになっている。

1998年のフランス大会では、三浦知良《かずよし》の落選があった。

スイス、ニヨンの青空の下で、監督の岡田武史が「外れるのはカズ、三浦カズ」と発した瞬間、言葉を失った人は決して少なくなかったはずだ。高校を中退してブラジルにわたってプロになり、Jリーグを成功させるために、日本をワールドカップに出場させるために帰国し、日本サッカー界を牽引してきたエースの落選は、日本中で論争を巻き起こす大事件になった。

日韓共催となった2002年には、2年前に史上最年少となる22歳でJリーグMVPに輝いた中村俊輔が落選した一方で、ベテランの中山雅史と秋田豊がメンバーに名を連ねた。いわゆるサプライズ選出のはしりで、たとえ出場機会がないとしても、ベンチで貢献できるベテランの必要性を考えたフィリップ・トルシエの判断だった。

2006年のドイツ大会の際は、腰痛を抱えていた久保竜彦がメンバーから外れ、代わりに巻誠《せい》一郎《いちろう》が選出された。ジーコが「マキ」と言ったとき、会見場は大きくどよめいたものだ。

2010年の南アフリカ大会では、前年9月に右すねを骨折して以来、公式戦に一度も出場していなかった川口能活《よしかつ》が第3ゴールキーパーとしてメンバー入りを果たした。川口の選出は、ベテラン不在で本大会に臨み、最後までチームが一枚岩になれなかったドイツ大会を鑑《かんが》みたものだと考えられた。このとき34歳の川口は、日韓大会における中山や秋田が果たしたのと同じ貢献を期待されたのである。

クラブハウスのロビーに先に姿を現したのは、大久保だった。しかし、「すぐに戻って来ますから」とだけ言い残し、若い選手たちと連れ立って昼食をとりに出かけてしまった。

身支度を終えた中村が姿を現したのは、それから20分ほど経った頃のことだ。

「話、いいですか」と言われて立ち止まった中村に、まずはACLについての質問が飛ぶ。

しばらくACLの話題が続いたあと、質問が途絶えた。

沈黙を破ったのは、スポーツ紙の記者が意を決したように切り出した、こんな質問だった。

「ところで、今の心境は?」

間髪入れず、中村が答える。

「それ、聞きたかったんでしょ」

そのひと言で場の雰囲気が一気に和《なご》んだ。発表まであと3時間。練習後と同じように、中村は自然体だった。

「心境ね……、まあ、なるようになるでしょ」

「昨日、寝られなかったとか？」

「大丈夫でした。思ったより寝られました」

「ワクワク、ドキドキ、どっち？」

「どっちだろう。どっちもじゃない？　4年に一回だけだからね、こういうのは」

矢継ぎ早に質問が投げられ、中村がテンポよく答えていく。

やがて話題は、4年前の話から家族の話へと移った。

「家族はどんな風に？」

「子どもたちは知らないしね、今日が発表だって。今頃、幼稚園で遊んでいるんじゃない？　奥さんは……俺と同じですよ。〝やるべきことはやったから、待とう〟と言ってます」

そのあと、中村はなんとも彼らしく、感謝の言葉を口にした。

「逆に、これだけ盛り上げてくれて、ありがとうございます。ここ数日の、みなさんの押し具合がありがたかったです」

2日前の鹿島アントラーズ戦に大久保が2ゴール、中村も2アシストの活躍で4対1と快勝すると、その日の夜のスポーツ番組や翌朝の新聞、ウェブサイトでは「最後のお願い」とばかりに、大久保&中村待望論が展開されていたのだ。

「ちゃんとやっていなければ、そういう風にも言われないから。みなさんに評価してもらえたのは感謝してます。でも、選ぶのはザックさんだから。それは2時にはっきりするんで。待ちましょうよ、もう、ね」

そう言って、彼は囲み取材の場を締めた。

「じゃあ、また、のちほど」

いったん帰宅して食事をするために、彼はクラブハウスをあとにした。

バスの中で迎えた、その瞬間——

チームバスの中でメンバー発表の瞬間を迎えることは、何日も前から決まっていた。

バスはすでに目的地である羽田空港に到着し、指定された駐車スペースを探しながら、場内を徐行しているところだった。

午後2時になると、車内のテレビ画面にメンバー発表会見の中継が映し出された。

フロンターレの広報を務める米田和雄は、候補に挙がっている中村憲剛、大久保嘉人、小林悠《ゆう》の車内での様子を撮影するため、小型のビデオカメラを回し始めた。ほかの選手たちは思い思いに車内のテレビ画面に目をやっている。米田が最初にカメラを向けた小林は「俺はないでしょ」といった感じで、リラックスしているようだった。

一方、大久保は少し硬い表情で、カメラを向けても一言も発しない。

中村はバスの前から4列目の左側に座っていた。そこが彼の定位置だ。

「始まりましたね」

米田が話しかけると、いつもと変わらない調子で中村が返してきた。

「何だよ、何を言えばいいんだよ」

カメラ越しに見る中村は落ちついているようだったが、言葉をかわすうちに、雰囲気がいつもと少し違うように感じられ、やっぱり緊張しているのかな、と米田は思った。

テレビ画面の中では日本サッカー協会の原博実《ひろみ》専務理事兼技術委員長の挨拶が終わり、ザッケローニが話し始めていたが、前置きのようで言い訳のようなコメントがイタリア語と日本語で繰り返される。今か今かと発表を待つ身からすれば、長過ぎる何分かが過ぎたあと、ようやくひとり目の選手の名前が読み上げられた。

「カワシマ、ニシカワ、ゴンダ……」

ゴールキーパーからポジションごとに、年長者から順に名前が読み上げられていく。ディフェンダーからミッドフィールダーへと移り、中村は「呼ばれるなら、ヤットさんの次のはず」と、遠藤保仁のあとに自分の名前が呼ばれるのを待った。

しかし――。

「エンドウ、ハセベ、アオヤマ……」

そのとき米田は、中村が「ああ……」とつぶやき、「なるほどね……」という声にならない声を発したのを聞いた。

中村の表情を捉えた視界がぼんやりとかすむのを感じながら、米田は一瞬動けなくなった。

大久保の名前が呼ばれたのは、その直後のことだ。

車内には「ウォーッ！」「キターッ！」という声が響き、米田は弾かれたように大久保のほうにカメラを向けた。

劇的な逆転選出に、車内は騒然となり、祝福ムードに包まれた。

だが、破顔する大久保の左斜め前方の席で、中村は複雑な表情を浮かべていた。

大久保の名前を聞いた瞬間は「ああ、嘉人、良かったな」と思えたし、自然に頭の上で拍手していた。だが、その一瞬が過ぎれば、自分のことで頭がいっぱいになった。

〈終わったな……〉

それからじわじわと、自分が落選したという実感がこみ上げ、心が沈んでいく。

前に座っていたコーチの鬼木達《とおる》が振り返って「ドンマイ」と声をかけてくれた。後ろの席の小林が「憲剛さん……」と言って肩を叩いてくれた。中村が覚えているのはそこまでで、盛り上がる車内後方を見ることはできなかった。

バスの車内で大久保の選出を祝う記念写真の撮影が行われたが、そこにどんな顔で収まればいいのか、中村にはわからなかった。

いたたまれない、という表現がこれほど当てはまる状況は、これから先の人生において、二度と経験することはないだろう。ふたりそろっての選出を期待されながら、一方が選ばれ、一方が落選する――。あまりに残酷なことだった。

おそらくチームメイトも複雑な気持ちを抱えていたに違いない。大久保のサプライズ選出には拍手喝采《かっさい》を送りたい。けれど……。

中村とともにフロンターレの中盤を形成する森谷《もりや》賢太郎は、「ツイッター」に選出直後の大久保の写真とともに『オオクーボ』と投稿すると、さらに続けて、こうつぶやいた。

《そして私の中の№1プレーヤーは中村憲剛選手です。》

辿ってきた4年に悔いなし

羽田空港の1階、駐車場の片隅には、テレビのインタビュースペースが設けられ、30人ほどの報道陣が集まっていた。大久保が選出されたことで、当然その場もざわついている。

フロンターレのチームバスがどこからともなく現れ、すぐそばに停車した。最初にバスから降りてきたのは、小林悠だった。

ケガのために4月に行われた代表候補キャンプを辞退した小林は、選出の可能性が限りなくゼロに近かった。そのため、インタビューに応じる様子もサバサバしたものだった。

続いて登場したのは中村である。表情は、やはり硬い。

「メンバー発表がありましたが、率直な気持ちを」

「入ってないんで残念です。けど、決まったので23人のみんなには頑張ってきてもらいたいです」

気丈な受け答えを続けた彼は、はっきりと「自分の辿ってきた4年間に悔いはない」と言った。

そして最後に、大久保への期待の言葉を述べた。

「もう、みなさんにも盛り上げてもらって。それだけのプレーを彼はしてきたし、個人的にも嘉人は入って当然だと思っていたので。やってくれると思います」

メディア対応を終え、目の前を通りすぎようとする彼と目があった。僕が右手を差し出すと、彼は力強く握り返してきた。この握手には「立派な対応だった」という気持ちを込めたつもりだった。

「スイッチを切り換えたんです」

のちに中村はこう言った。可能性は五分五分だと考えていたから、選ばれると思う自分と、選ばれないと思う自分がいた。両方の気持ちを準備しておいて、自動的に後者を表に出して受け答えしたのだった。

空港の出国ゲートを通ったあと、中村はベンチに座って電話をかけた。妻と、両親と、友人と。どれも短い時間だった。

妻の加奈子は、昼にいったん自宅に戻ってきた彼が再び出かける際に「まあ、どっちでも、どっちでも」と声をかけ、努めて明るく送り出していた。彼女も、夫が選出される可能性は半々ぐらいだと思っていたし、もし選ばれなかったとしても、それは仕方のないことだと受け止められる——そう感じていた。

ところが、中村が耳に当てた携帯電話から聞こえてきた彼女の声は、いつもと違うものだった。

「え、何、お前、泣いたの?」

「いや、最初は泣いてなかったんだけどね。永嗣のお父さんから電話がかかってきて、お父さんが泣いているから、泣いちゃったよ」

永嗣とは、日本代表の正ゴールキーパー、川島永嗣のことである。

川島は2007年から3年半、川崎フロンターレに在籍し、日本代表にも一緒に選ばれていたから、試合の際に中村家と川島家は家族席で会う機会も多く、家族ぐるみの仲だった。

川島の父親から加奈子に電話があったのは、会見が終わって15分ほど経ったときだった。

「加奈ちゃん、俺、悔しいよ。ごめんね、こんなときに電話して。でも、電話せずにはいられなかったんだ」

それまでは「ダメだったか」という気持ちに支配されていた加奈子だったが、夫のために泣いてくれる川島の父と話しているうちに悔しさがこみ上げてきて、ふたりでおいおい泣いてしまった。

しかし、憲剛には、まだそこまでの感情はなかった。

「じゃあ、飛行機、もう乗るから」

そう言って、彼は電話を切った。

ソウルの長い夜

ソウルに向かう機内でどう過ごしていたのか、中村はまるで覚えていない。シートに設置された画面には何かの映像が流れていたような気もするが、それが何だったのか思い出せない。2時間半のフライト中の記憶がすっぽりと抜け落ちているのだ。

到着したソウルの西欧風のホテルには、見覚えがあった。

〈あれは、たしか4年前……〉

2010年10月、初陣となったアルゼンチン戦に1対0と勝利したザックジャパンは4日後、ソウルで韓国と戦った。

その韓国戦は、中村にとって苦い思い出だった。

アルゼンチン戦で先発から外れ、後半29分から途中出場した彼は、次こそ先発のチャンスがあるのではないか、と思っていた。

だが、淡い期待は、あっさりと裏切られた。

またしてもベンチスタートになった彼に出番が回ってきたのは、アディショナルタイム（追加時間）を含めて残り時間が10分を切った頃だった。これではアピールもままならない。そのうえ、この韓国戦を境に、しばらく日本代表から外れることになる――。

フロンターレが宿舎にしたのは、そのときに利用したのと同じホテルだったのだ。

「ここから外れたんすよ、俺。今回も落ちたし。このホテル、縁起悪すぎ」

夕食の席で、チームのトレーナーたちとそんな話をした。

食事のテーブルは4つに分かれていて、選手だけのテーブルがふたつ、スタッフだけのテーブルがひとつ、残るひとつは選手とスタッフが混合で座っていた。夕食の時間ギリギリに食堂に入った中村は最後のテーブルについた。そこしか空いていなかったからだ。ジェシ、レナト、パウリーニョのブラジル人トリオ、通訳、トレーナー、ホペイロ（用具係）と同席だった。

33歳の中村は、34歳の稲本潤一に次いでチーム内で年齢が高い。そんな自分に後輩たちが声をかけるのは難しいだろうし、逆に励まされるのも避けたかったから、ちょうどよかった。

テーブルでは「このビビンバ、辛《から》いわ」とか「この肉、うまい」といった他愛もない会話をしたが、普段と変わらないのが辛《つら》かった。かといって、代表の話をされるのはもっと辛い。

周りに気を遣わせていることもわかっていたから、自分の存在を疎《うと》ましく感じもした。

その晩、中村はひとり、部屋で考えていた。

携帯電話にはたくさんのメッセージが届いた。そのすべてに目を通して返信し、何人かの友人とは電話で話した。自分がいかに期待されていたのかが改めて感じられ、期待に応えられなかったことが残念でならなかった。

一方で、中村は少し困惑してもいた。

友人たちはみな、中村が何か言うより先に、ザッケローニに対する憤《いきどお》りや失望を露《あらわ》にするものだから、自分の感情をどこにもぶつけられなくなってしまったのだ。

ベッドに仰向《あおむ》けになり、ぼんやりと天井を眺めた。自分の今の状態を客観的に分析すると、ぽっかりと穴が空いているようだった。

この喪失感はいったい何だろう？

今までに経験したことがない。

ここから、どうやって持ち直せばいいのだろうか……。

発表の前までは、選ばれる可能性もあるし、落ちるかもしれない、どっちに転んでもおかしくない、と思っていた。もし、選ばれなかったとしても、そんなに落ち込むことはないだろうとさえ思っていたのに、想像以上に落胆している自分がいる。

ワールドカップに出ることが自分にとってどれだけ大きく、大事なことだったのか、改めて思い知らされたような気がした。

〈俺、けっこう、人生を懸けていたんじゃないか〉

脳裏に、4年前の南アフリカ・ワールドカップでの〝ふたつのシーン〟がよみがえる。

ワールドカップでの無念は、ワールドカップで晴らすしかない——あのとき、そう強く誓ったはずだった。

〈ああ、そのチャンスは、もうないのか……〉

悔しさが、あとから、あとから、こみ上げた。

ソウルの夜は更けていく。

だが、中村の長い一日は、まだ終わりそうもなかった。

激闘

2章—— 南アフリカでの葛藤

点に絡むこと、それだけ

キックオフの頃には明るかった南アフリカの冬の空が、すっかり夜の色へと変わっている。冷えていく空気をつんざくように、スタンドからは「ブブゼラ」と呼ばれるチアホーンの音が鳴り響いていた。

２０１０年6月29日、南アフリカの政治の中心都市、プレトリア。レンガ造りの外観が印象的なロフタス・ヴァースフェルド・スタジアムで行われたワールドカップの決勝トーナメント１回戦、日本対パラグアイ——。４試合目の疲労によるものか、一発勝負ゆえのプレッシャーなのか、後半に入ると両チームはともに動きが重くなり、ゲームは慎重すぎるほど慎重に進んでいた。

そのとき中村憲剛は、パラグアイの守護神、フスト・ビジャールが守るゴール後方のスペースでウォーミングアップを続けていた。近いうちに出番が来ることを信じ、早くピッチに立ちたいという衝動を抑え、サイドステップやショートダッシュを繰り返す。ときおりピッチのほうに目をやっては戦況を確認した。

そんな彼に声がかかったのは、０対０のまま推移していた後半30分過ぎのことだった。

「憲剛、行くぞ！」

コーチの大熊清に呼ばれた中村は力強くうなずくと、急いでベンチまで戻り、ビブスとジャージを脱ぎ捨てた。体は十分温まっている。ソックスの中にレガース（すね当て）を仕込み、大きく息を吐いた。

これからワールドカップのピッチに初めて足を踏み入れるというのに、気負いはまったくと言っていいほど感じられない。むしろ体は、程よい緊張感に包まれていた。

グループステージでオランダには敗れたものの、カメルーンとデンマークを下した日本は、2002年の日韓ワールドカップ以来、2大会ぶりに決勝トーナメントに進出していた。

それまでの3試合で中村は1分たりともピッチに立つ機会を得られなかったが、パラグアイとの一戦では自分にチャンスがめぐって来るという確信に近い期待があった。

負ければ終わりとなる決勝トーナメント。逆に言えば、勝たなければ、次のステージには進めない。それには、ゴールをもぎ取る必要がある。ならば、〝攻撃のカード〟が切られる機会はグループステージよりも増えるはずだ。

〈絶対に、出番は来る〉

中村はそう考えていた。

不思議なもので、出場機会が必ず来るはずだと思えるようになってから、精神の状態も体のコンディションも、日に日に良くなっていった。

「3戦目のデンマーク戦に勝ったあと、思ったんですよ、次はあるぞって。なんかそう思うと体も乗ってくるんでしょうね。翌日から調子がどんどん良くなっていって、パラグアイ戦の前々日も前日もびっくりするぐらい体がキレていた。試合当日になったらメンタルとコンディションが完全に合致していて、これは、絶対にやれるぞって」

準備を終え、第4レフェリーの元へ急ごうとしたとき、コーチの大木武に呼び止められた。

「(本田)圭佑が中盤に落ちると向こうのアンカーが付いてくるから、そのスペースを狙って飛び出していけ。ゴール、決めてこい!」

もっとも、言われるまでもなく中村は、この時間帯で自分が起用されることの意味を十分理解していた。頭の中にはプレーのイメージが波のように押し寄せている。

トップ下に入ったら、守備では相手のボランチをマークして攻撃の起点にさせない。攻撃ではいろいろな場所に顔を出し、ボールに触って攻撃のリズムを作る。起点になってチャンスを作るだけでなく、圭佑のサポートをしたり、そのまま前に飛び出したりしてゴールも狙う——。

それはもう、ウォーミングアップを続けながら、ずっとイメージしていたことだった。

監督の岡田武史と握手を交わした中村は、第4レフェリーとともにピッチサイドに立った。

もう一度、大きく息を吐く。

第4レフェリーが掲げた交代ボードに示されたのは、中村の背番号である「14」と「2」——。

ベンチに下がるのは、阿部勇樹だ。

この大会での日本代表は守備の人数を増やし、相手にボールが渡るとすぐに自陣に戻って守りを固める戦術を採用していたが、そうした守備的なスタイルの象徴的な存在が、阿部だった。ワールドカップ直前のテストマッチからレギュラーとなった阿部は、守備的ミッドフィールダーとして、こぼれ球を拾ったり、敵の攻撃を跳ね返したりして守備力を高める役割を担っていた。

その阿部に代え、攻撃的なミッドフィールダーである中村がピッチに送り込まれる——。

岡田が勝負に出たのは、明らかだった。

それまでトップ下に入っていた遠藤保仁に、ボランチのポジションへと下がるようジェスチャーで指示した中村は、フォワードを務める本田のすぐ近くにポジションを取った。

後半の残り時間は9分。

託された役割は、得点に絡《から》むこと。

中村にとってのワールドカップが、ようやく始まろうとしていた。

不安しかなかった出発前

パラグアイとの死闘が演じられた日からさかのぼること約1ヵ月、岡田ジャパンは荒波のなかにいた。

5月24日、国内ラストマッチとなる壮行試合の相手として日本が迎えたのは、永遠のライバル、韓国である。

韓国との対戦は、ワールドカップイヤーの2010年に入って2度目のことだった。1度目は2月に日本で開催された東アジア選手権の3戦目。このときはサッカーの聖地・国立競技場で1対3という屈辱的な敗北を喫した。

ホームで韓国に敗れることがいかに重い意味を持つのか、監督の岡田自身がよく理解していた。それゆえ、彼は前日会見で必勝を誓う。

「2月に東アジア選手権で負けています。そういう意味で我々は本当にプライドを懸けて戦わなければならない試合だと思っています」

ところが、結果は0対2。完敗だった。

試合終了を告げるホイッスルが鳴ったとき、雨にもかかわらず詰めかけていた5万人を超す観衆は静まり返り、しばらくして埼玉スタジアムにはブーイングが鳴り響いた。これから決戦の地に赴く代表チームを激励するムードとは程遠く、スタジアムはどんよりとした雰囲気に覆われた。

決して大きくはなかったサポーターの期待がさらにしぼんでしまったのは、ライバルにホームで立て続けに敗れたことだけが理由ではない。

むしろ問題だったのは、ゲーム内容である。

前半6分、イングランドの名門、マンチェスター・ユナイテッドに所属する韓国のエース、朴智星《パクチソン》にドリブル突破を許し、強烈な一撃を浴びてしまう。突破を阻もうとした長谷部誠も、今野泰幸も弾き飛ばされ、右隅に叩き込まれたゴールがワールドクラスのものだったのは間違いない。とはいえ、試合はまだ始まったばかり。日本が反撃する時間は十分過ぎるほど残されていた。

しかし、時間が進むにつれて露になったのは、残酷なまでの実力差だった。

なかでも衝撃的だったのは、近年、韓国に対して優位に立っていた中盤で劣勢に回ったことである。激しいプレッシャーを受けて腰がひけ、逃げるような横パスやバックパスを繰り返す。そうしているうちにボールを奪われ、猛攻を浴びる。

武器であるはずのショートパスをつないで複数の選手が連動していく攻撃は鳴《な》りを潜《ひそ》め、チャンスらしいチャンスを作れない。

「今まで積み上げてきたものが、ちょっとずつ消えてきている……」

試合後にそう語ったのは、中心選手としてこれまで攻撃をリードしてきた中村俊輔だった。

Jリーグで左足甲と左足首を痛めていた彼自身も、低調なパフォーマンスに終始した。そして彼は、この試合を境に先発から外れ、控えの立場でワールドカップを迎えることになる。

怖《お》じ気《け》づく日本に対し、韓国は容赦なかった。

後半のアディショナルタイムにはＰＫ《ペナルティキック》を奪われ、トドメを刺された。

どれほどのダメージを受けたかは、指揮官の行動からも窺える。

試合後の壮行セレモニーを回避して足早にロッカールームに引き上げただけでなく、試合後の記者会見では、記者たちを唖然とさせる事実を口にする。

「一年に2回も韓国に負けて申し訳ない。当然、監督の責任も問われると思います。犬飼（基昭）会長にも一応尋ねましたが、〝やれ〟ということだったので、前に進むしかないと思っています」

日本サッカー協会の会長に、進退伺《うかが》いをしたというのである。


憲剛にとってこの試合は、顎《あご》の骨折から4月半ばに実戦復帰して以来、初めての代表戦だった。後半27分、本田と代わってトップ下のポジションに入ると、攻守にわたってアグレッシブなプレーを見せ、前線に鋭いパスを供給するなど、短時間で持ち味を発揮した。自身のパフォーマンスには、まずまずの手応えを感じていた。

だが、そんなことで安心していられるような状況ではなかった。

チームパフォーマンスは0対3で敗れた4月のセルビア戦よりも悪化していたし、会見における岡田の発言が選手の耳にも届いていたからだ。

「監督も追い込まれていただろうし、チーム状態も良くなかったし、これからどうなっちゃうんだろうって、不安しかなかった。自分にとって初めてのワールドカップで、未知の世界だったから。岡田さんの進退伺いの話もあって、チーム内にも動揺はあった。でも、翌日になって〝あれは冗談だった〟と言われたし、このメンバーで戦うのは決まっていたから、腹をくくるしかない。出発のときも、なんかしんみりしていて、不安だったけど」

2日後の5月26日午前3時45分、日本代表は羽田空港からチャーター便でキャンプ地のスイスに向けて飛び立った。

深夜の出発となったのは、時差を考慮してのことだ。だが、出発時間だけが理由なのか、代表チームの見送りとしては寂しすぎるほど少数のサポーターに見守られ、ひっそりと日本をあとにした。選手たちの表情は固く、口数も少ない。

4年に一度の大舞台に臨む日本代表を取り巻いていたのは、そんな空気だったのである。

闘莉王の訴えと幻の3本目

リラックスルームと呼ばれるビリヤード台が置かれた宿舎の一室に、夕食を済ませた日本代表選手たちが集まっていた。

口火を切ったのは、田中マルクス闘莉王《トゥーリオ》だった。

熱い口調でチームメイトに訴えかける。

「俺たちはへったくそなんだから、泥臭くやらないといけない。もっと走って、もっと頑張っていかないとダメだ。日本らしいスタイルとか、パスを回すとか、もちろん理想は大切だけど、このままでは必ずやられる。せっかくワールドカップに出ても、逆に恥ずかしい試合になってしまうぞ」

標高1800メートルという高地に位置するスイスのザースフェーでの合宿がスタートして2日目の夜、選手たちだけでミーティングを行うことになった。

中澤佑二と中村俊輔が発案し、チームキャプテンの川口能活が中心になって開かれたその話し合いは、もともとチームの一体感を高めるための決起集会の意味合いが強かった。

ところが、闘莉王の訴えをきっかけに、事態は思わぬ方向へと転がっていく。内容はチーム戦術の是非にまで及び、激しい議論へと発展していったのだ。

攻撃の選手たちは、相手のゴールに近い位置で攻撃を仕掛けたいから、高い位置からプレスをかけてボールを奪いたいと主張した。一方、守備の選手たちは、とにかく失点したくないから、最終ラインを下げてしっかり守りたいという声をあげる。

ショートパスをつないで連動して攻めていく、これまで積み重ねてきた戦い方を貫くべきだ、と言う選手もいれば、このままでは負けてしまうから、戦い方を変えるべきではないか、と問いかける選手もいた。

憲剛は、白熱する議論をただただ見守っていた。

積極的に意見を言わなかったのは、絶対的なレギュラーではないというチーム内での自身の立ち位置を考慮したのと、ミッドフィールダーというポジション柄、攻守、双方の言い分にうなずけたからでもあったが、それ以上に大きかったのは、闘莉王の主張に心底、納得したからだった。

「そりゃ、オシムさんのときからやってきた日本らしいサッカーで勝ちたいって気持ちもあった。でもね、闘莉王が最初に長々と訴えかけて、そのインパクトがあまりに強烈で、すべてが吹っ飛んだ。ほんと、その通りだって。このままじゃ3連敗してしまう。スタイルうんぬんじゃない。勝たなきゃ意味がない」

泥臭く、守備的に戦うということは、憲剛にとって自身の出場のチャンスが狭まることを意味している。しかし、それも勝つためには仕方のないことだと受け入れるしかなかった。

「闘莉王が言ったように、俺たちにはそれだけの力しかないんだし、自分に関して言えば、顎を骨折して、一時はメンバー入りできないんじゃないかっていう状態でもあった。その間に圭佑がトップ下になっていたし。自分が出られる、出られないとかよりも、やるからには負けたくない。サッカー選手としてのプライドだよね。スタメンだろうが、サブだろうが関係ない。3戦全敗しておめおめと日本に帰れるかって」

当初15分程度を予定していた話し合いは、1時間半近くにも及んだ。

「みんなそれぞれ、いろんな考えがあったと思うけど、負けたら意味がない、泥臭く戦おうってことに関しては納得してたと思う。能活さんが監督にミーティングしたことを伝えに行って、内容まで話したかどうかは知らないけれど、翌日あたりからメンバー構成もフォーメーションも変わって、守備的に戦おうとしているんだな、っていうのは感じた」

実は、岡田監督をはじめとしたコーチングスタッフは韓国戦終了後、スイスに旅立つ前の段階でミーティングを開き、本田圭佑の1トップでの起用や守備的な戦い方など、ワールドカップに向けた戦術の変更について、すでに議論を重ねていたという。

だから、選手ミーティングの内容を考慮したというわけではなかったが、いずれにせよ日本代表は、ここから守備的な戦い方へと大きく舵《かじ》を切っていく。

5月30日、オーストリアのグラーツで行われたイングランド戦では、4人のディフェンダーと4人のミッドフィールダーの間に「アンカー」と呼ばれる守備的ミッドフィールダーを置く4－1－4－1のフォーメーションが試された。

ワールドカップの優勝候補と対戦したこの親善試合で先制したのは、日本だった。

開始7分、右からのコーナーキック。遠藤保仁が蹴ったグラウンダーのボールに闘莉王が右足で合わせてネットを揺らす。

後半に入って闘莉王と中澤のオウンゴールで逆転されてしまったが、守備のスペシャリストである阿部勇樹をアンカーとして起用したことが奏功し、守備が破綻《はたん》することはなかった。

フォーメーションと戦い方が変更されたこの試合で、ほかにも変更されたことがあった。ゲームキャプテンと正ゴールキーパーである。中澤から長谷部誠へとキャプテンマークがわたり、楢崎正剛に代わって川崎フロンターレで中村のチームメイトである川島永嗣がゴールを守った。

流れを変えたい——。それが、岡田の明かした理由だった。

「もう衝撃だった。大改造だから。間に合うんだろうか、っていう不安はあったけど、実行力というか、この決断力はすごいと感じた」

岡田さんも腹をくくったな——。

この試合をベンチから見守ることになった憲剛は、指揮官の覚悟を感じ取っていた。

6月4日、スイスのシオンで行われたコートジボワールとの親善試合は、0対2の完敗に終わった。

この試合ではフォーメーションを従来の4－2－3－1に戻し、長谷部をトップ下、遠藤と阿部をボランチとして起用するテストが敢行された。

結論から言えば、このテストは失敗に終わった。

コートジボワールのパワーとスピードに圧倒され、日本は守備に奔走させられた。後半に入って憲剛、俊輔、稲本潤一が出場すると、日本もボールを繋《つな》げるようになったが、最後まで決め手に欠いてゴールは遠いままだった。

「コートジボワールはたしかに強かった。でも、日本のコンディションも悪すぎた。ザースフェーは涼しいけど、シオンはすごく暑かったし、試合当日に山道を下って試合会場に入ったから、みんな、ぐったりしちゃって動けなかった」

もっとも、ワールドカップに向けて得られた大きな収穫は、90分の親善試合にではなく、そのあとに組まれた45分間の練習試合にあった。

中盤の中央に守備的ミッドフィールダーを3人並べる4－3－3のフォーメーションが採用され、自分の担当するエリアにボールが入って来たらプレッシャーをかける守備のスタイルが機能した。

「試したい布陣があるって、岡田さんが言ったんです。それが、俺、イナさん（稲本潤一）、（香川）真司を中央に並べた4－3－3。守備のときはしっかりとスペースを埋め、カウンターを繰り出していく。（矢野）貴章、モリ（森本貴幸）、（松井）大輔《だいすけ》が出ていたかな。それがすごくハマって1対0で勝った。岡田さんは試合後、イナさんから入念に感想を聞いていた。〝幻の3本目〟は、岡田さんの中でピンと来るものがあったんじゃないかな」

この〝幻の3本目〟で試された4－3－3こそ、カメルーンとの初戦で採用されることになるフォーメーションだったのだ。

オシムにかわいがってもらえた喜び

イングランドとの親善試合を翌日に控えた5月29日の夜、日本代表の宿舎を訪ねてきた人物がいた。日本代表の前監督、イビチャ・オシムである。

2003年にジェフユナイテッド市原（現千葉）の監督就任を機に来日するまで、オシムは8シーズンにわたってオーストリアのシュトルム・グラーツで指揮を執っていた。

グラーツには、オシムの自宅があった。

この街で行われるイングランド戦を前に、日本代表のスタッフから招かれ、選手たちを電撃訪問したのだ。岡田をはじめとするコーチングスタッフは会議中だったが、中村俊輔や阿部勇樹、松井大輔ら半数ほどの選手がオシムと会った。そのなかに憲剛の姿もあった。

オシムは一人ひとりに声をかけ、激励した。

「試合に出てないようだな。何をやってるんだ。頑張れ」

憲剛が5日前の韓国との壮行試合で途中出場にとどまったことも、練習でサブ組に回っていることも、すべて知っているようだった。

オシムにとって憲剛は「アイデアに溢れ、技術も優れている。全体を見わたせ、シュートもいいものがある」と高く評価する教え子のひとりで、日本を離れたあとも気にかけていたという。

もちろん、憲剛も日本代表に引き上げてくれた恩師を忘れたことはない。

久しぶりの再会に喜びを感じながら、しかし、絶対的なレギュラーとしてワールドカップを迎えられそうもない現状に、忸怩《じくじ》たる想いでもいた。試合に出られなければ、オシムに自らの成長した姿を見せられやしないのだ。


オシムの名が世界に知れ渡ったのは1990年、ユーゴスラビアを率いて戦ったイタリア・ワールドカップでのことだ。

優勝候補のスペインを破ってチームをベスト8に導くと、準々決勝ではディエゴ・マラドーナ擁《よう》する前回王者のアルゼンチンに対し、退場者を出しながらPK戦にもつれこむ好ゲームを演じた。

旧ユーゴスラビア（現在のセルビア、モンテネグロ、クロアチア、スロベニア、マケドニア、ボスニア・ヘルツェゴビナ、コソボ）は「東欧のブラジル」と喩《たと》えられたように、のちにヨーロッパで活躍する若きタレントがそろっていた。

このときすでに祖国の崩壊は始まっており、地域間、民族間の衝突がさまざまな圧力となって代表チームを苦しめていた。

だが、そうした圧力に、オシムが屈することはなかった。

巧みな心理マネジメントでチームをまとめあげ、類いまれなる分析力で戦略を立て、試合中にフォーメーションを自在に変えながら、選手の能力を存分に引き出し、攻撃的なサッカーで世界を魅了したのである。

ボスニアの首都・サラエボ生まれのオシムが内戦にともなって代表監督を辞任したのちも、そして現在に至るまで、その求心力が衰えることはない。

当時の代表チームのキャプテンで、名古屋グランパスに在籍していた1995年にはJリーグMVPにも輝いた「ピクシー」ことドラガン・ストイコビッチも、「私のキャリアの中でも最高の指導者のひとりだった」とオシムを称《たた》えている。

スペインの2強、レアル・マドリーとFCバルセロナの両クラブでプレーしたクロアチア代表のロベルト・プロシネツキや、イタリアの名門・ACミランで10番を背負ったデヤン・サビチェビッチもまた、オシムから多大な影響を受けた男たちである。当時の代表チームではまだ若く、決して十分な出場機会を得られたわけではなかったが、それでも彼らはオシムを師と仰いでいる。

中村もすぐ、オシムに魅せられた。

トレーニングでは7色のビブスによって選手が振り分けられ、ボールのタッチ数やパス交換の相手が制限される。役割やルールが次々と変更されるため、一瞬たりとも気が抜けず、常に頭をフル回転させていなければついていけないオシムのトレーニングは、「複雑」で「難解」だと言われていた。

だが、中村にとっては、決して難しいものではなかった。

「オシムさんは、〝考えてサッカーをしろ〟〝頭を使え〟ってよく言っていたけど、俺はそういうの、昔からやっていたから」

中村が考えてサッカーをするようになったのは、高校時代にまでさかのぼる。

高校に入学したときの彼は身長が153センチしかなかった。柔らかいタッチでボールをコントロールし、パスのセンスも抜群だったが、走ればすぐに追いつかれ、少し体を寄せられただけで、吹っ飛ばされてしまう。

体の小ささは、当時の彼にとってコンプレックスだった。

「周りは170センチとか180センチあるわけですよ。だから、ゲームをしていても、怖いって感じていた。でも、体を鍛えようと思って筋トレしても、ベンチプレスで5キロを持ち上げるのに、ヒーヒー言ってるようなレベルで」

そんな中村にヒントを与えてくれたのが、都立久留米高校の監督、山口隆文《たかふみ》だった。

「〝おまえは、技術はあるけど、フィジカルがないんだから、もっと頭を使わないといけない。いかに工夫するかが大事だよ〟って言われて」

山口は当時、日本サッカー協会で指導者の養成にも携わっていた人物で、「プルアウェイ（マークを外す一連の動き）」や「ボディシェイプ（体の向き・姿勢）」といった最新の指導法を高校の練習にも取り入れていた。

「なるほどなって。監督の言葉にすごくピンと来た。そこからですね、より頭を使ってサッカーをするようになったのは。相手に当たられないためにはワンタッチでパスをさばけばいい。そのためには、どこにポジションを取ればいいのかとか、どう動けばフリーでボールを受けられるのかとか」

高校時代から頭を使ってサッカーをしてきた中村にとって、オシムの「考えて走るサッカー」は当たり前のことだったのだ。

「だから、オシムさんには、自分のそれまでのサッカー人生を肯定してもらったというか、これまでやってきたことが間違ってなかったんだっていう確信になった」

試合になると、練習でトレーニングしたのと同じシチュエーションが訪れ、これを想定していたのかと思わされることも多かった。

言葉一つひとつに重みがあり、含蓄があった。

「とにかくサッカーをよく知っている人。引き出しが多くて、常に先のことを見据えていた。監督なんだけど、先生みたい。相手の戦術についても精神的な背景まで考えていて、そういうところすべてが勉強になった。プレーを切り取って、〝なんで、そのプレーをしたんだ〟って聞いてくるから、〝こういう意図でした〟って言うと、〝そうか。でも、こういう選択肢もあるぞ〟って嬉しそうに話してくれたり。たまに、ブラボーって褒《ほ》められると、とにかく嬉しくて。オシムさんを驚かせよう、ブラボーって言わせたい。いつも、そう思っていた」

オシムは日本代表監督に就任して半年間、ヨーロッパでプレーする選手を呼ばず、憲剛や鈴木啓太、阿部といった代表経験の浅い選手たちに経験を積ませると、その後、俊輔や高原直泰《なおひろ》ら海外組を融合させていった。段階的なチーム作りは、常に未来を見定めているようだった。

２００７年9月にはヨーロッパ遠征を行い、ＰＫ戦を制してオーストリアに勝利し、スイスには4対3の逆転勝利を飾った。

翌年から始まるワールドカップ予選に向けて、チームはオシムの思い描く未来像に着々と近づいていた――。オシムが脳梗塞で倒れてしまったのは、そんなときだったのだ。

「もっと一緒にサッカーをしたかった。一番サッカーを知っていて、最もすごい監督に評価されたのは誇り。オシムさんにかわいがってもらえたのは一生の喜びなんです」

オシムが掲げた「日本代表の日本化」は、後任の岡田によって継承された。

就任から4ヵ月が経った２００８年3月、敵地でバーレーンに敗れたことをきっかけに、オシムスタイルの踏襲は放棄したが、岡田なりの解釈と方法論で、日本人の長所――勤勉さ、組織力、スピード、持久力、ショートパスのうまさ――を生かすサッカーに取り組んできた。

守備では前線からプレッシャーをかけ続け、ひとりが動けば、周りがカバーし、プレスの切れ目を限りなく減らす。攻撃では動き出しとサポートを速くし、ショートパスをつないで攻め込む。ゴールの近くではシュートや突破などリスクを冒し、ひとたびボールを失えば、間髪入れずに奪い返しに行く。

これらを実現するには選手全員が走行距離を増やす必要がある。一人ひとりが1キロ多く走ることで、まるで12人でプレーしているかのような状況を作り出す――。

そのチャレンジにおいて中村も、バーレーンでの敗戦をきっかけに一時はポジションを失ったものの、1年後にトップ下としてポジションを奪い返し、実現に向けてトライしてきた。

だが、ワールドカップの開幕を目前にして、チーム戦術は大きく変わろうとしていた。

合宿地であるスイスを発ち、南アフリカに入ってもなお、模索と変化が続いていたのだ。

関西の気のいい兄ちゃん——本田圭佑

6月14日、午後4時。標高1400メートルにあるブルームフォンテーンのフリーステイト・スタジアムで、日本はカメルーンとのグループステージ第1戦を迎えていた。日本のスターティングメンバーとフォーメーションは、4日前に急遽組まれたジンバブエとの練習試合の1本目と変わらなかった。

ゴールキーパーはイングランド戦から抜擢されている川島永嗣。ディフェンスラインは右から駒野友一《ゆういち》、中澤佑二、田中マルクス闘莉王、長友佑都。ミッドフィールダーは中央に3人が並ぶ形で、右から長谷部誠、阿部勇樹、遠藤保仁。右のアウトサイドには松井大輔、左のアウトサイドは大久保嘉人。そして1トップには、本田圭佑が入った。

本田は本来、中盤の選手だが、チーム内で最もキープ力が高く、得点力もあるため、大役を任されることになった。

英国公認のブックメーカーによって日本の勝利に3・75倍、カメルーンの勝利に2・1倍のオッズがつけられたゲームは、大方の予想どおり、カメルーンの攻勢で進んでいく。

その瞬間を迎えるまで、試合が動きそうな気配はまるでなかった。

世界的なストライカー、サミュエル・エトー擁するカメルーンは、個人能力を前面に押し出して攻撃を仕掛けたが、守備を固める日本を崩せずにいた。

一方、3人のミッドフィールダーと4人のディフェンダーが2列の防波堤を築き、カメルーンに付け入る隙を与えなかった日本も、守備重視で戦っていたため、本田、大久保、松井の3人に頼った単調な攻撃を繰り返していた。

だが、ゲームは前半39分、突如として表情を変える。

その攻撃の始まりは、ゴールキーパー川島のごくありふれたキックからだった。これを本田がキープして遠藤に預けると、右サイドに開いていた松井に素早いパスが送られる。右足で蹴ると見せかけて、左足に持ち替えて放り込まれた松井のクロスは、ゴール正面でディフェンダーと競り合った大久保の頭の上を越えていく。

そこに、本田がいた。

ボールは本田の足もとに、すっぽりと収まった。

あとは左足で蹴り込むだけでよかった。

ボールがネットを揺らすのを確認した本田は、長友や大久保、中澤らの祝福を受けたあと、何かを思い出したかのようにベンチに向かって走った。

そこには、日本の先制ゴールに歓喜する控え選手たちがいた。

駆け寄ってきた本田を真っ先に受け止めたのは、中村だった。

「カメルーン戦の前日が圭佑の誕生日だったんだけど、食事の席であいつが、〝点を取れそうな気がする〟って言ったんです。そう言っちゃうのが、あいつらしいところなんだけど。〝だったら、取ったらベンチに来いよ、絶対に来い〟って――」

中村が思い浮かべていたのは、2002年日韓ワールドカップの、あのシーンだった。

ブルーに染まった埼玉スタジアムで行われた初戦のベルギー戦。

先制された直後の後半14分、小野伸二がディフェンスラインの裏を突くロングフィードを放つと、ディフェンダーをかわして走り込んできた鈴木隆行が懸命に右足をのばす。日本中の意識が集中したであろう、そのつま先でボールを押し込んだ鈴木は、雄叫《おたけ》びをあげながらベンチに駆け寄り、中山雅史に飛びついた。

さらに8分後、柳沢敦のパスを受けた稲本潤一が相手ディフェンダーを弾き飛ばすようにしてかわし、左足で豪快なシュートを放った。渾身の一撃がネットに突き刺さったことを確かめた稲本が人差し指を立てながら向かった先には、ベンチから飛び出した秋田豊が待っていた。

殊勲者を中心にして、ベンチを飛び出した控え選手たちと、あとから駆け寄ってきたピッチ上の選手たちが作る歓喜の輪――。

中央大学の寮の一室で応援していた中村にも、テレビ画面を通してチームの一体感がひしひしと伝わってきた。

おそらく鈴木や稲本の行動は、サブの選手に促されたものではないだろう。ベテラン選手や控え選手のサポートと、大観衆の後押しを受けて自然と生まれた行為だったに違いない。

しかし、2002年のトルシエジャパンと、岡田ジャパンの置かれていた状況はまったく異なっている。チームワークに問題があったわけではないが、2010年に入ってからチームは思うような結果を残せず、4連敗でワールドカップを迎えた。フォーメーションやメンバー、戦術の模索が直前まで続いたことで、選手たちは不安を抱えていた。

そうした不安を一掃し、チームみんなで戦っているんだ、という一体感を爆発的に作り出したかった――だから、中村は「ベンチに来い」と言ったのだ。

「実は圭佑だけじゃなく、大輔や嘉人、オカとか、前で出場しそうな選手に声をかけていた。でも、決めたのが圭佑で、あいつがこっちに来てワーってなったのが大きかった。あの一発で、あの瞬間からチームはひとつになった。ワールドカップで一発決めて勝つっていうのは、とんでもない影響力を持つんだなって感じた。あれでチームの形も見えたし、圭佑も覚悟を決めたと思う」


中村にとっての本田の第一印象は、芳《かんば》しいものではなかった。

それは、千葉県で行われた日本代表のトレーニングキャンプでのことだった。先にホテルの部屋に入った中村がくつろいでいると、ガチャッとドアが開き、「ちゅーす」と言って相部屋のパートナーが入って来た。それが、初めて会う、本田圭佑なる若者だった。

何だ、こいつ、生意気そうだな——。

オシム体制のときというから、中村は26歳、本田は20歳になったばかりの頃だろうか。

もっとも、男ふたりがムスッとして過ごすには、息苦しいほど部屋が狭く、どちらからともなく話すようになった。ふたりともサッカーについて語り出すと、熱くなるタイプの人間である。意気投合するのに、さほど時間はかからなかった。

「圭佑って、そもそも関西の、気のいい兄ちゃん。話し出したら、何だ、すげえいいやつじゃんって。それですぐにサッカー談義。どんなリーグが好きかとか、どんなサッカーが理想かとか。俺も圭佑もバルサが大好きだから、バルサについて語り合ったりして。それで圭佑も、〝この人、話せる人だな〟って思ってくれたんじゃないかな。それから何かと、〝憲剛くん、憲剛くん〟って話しかけてくるようになったから」

その頃から海外でプレーしたいと熱く語っていた本田はその後、オリンピック代表に専念するようになり、日本代表の監督は、オシムから岡田に替わった。

2008年夏の北京オリンピックが終わっても、なかなか招集されなかった本田が久しぶりに日本代表に呼ばれたのは、2009年5月、4対0で完勝するチリ戦だった。

この試合は中村にとっても、自身のベストバウトのひとつとして記憶に残っている。それまでボランチの控えに甘んじていた彼は、この試合から本格的にトップ下にコンバートされ、レギュラーポジションを奪い返す。

オランダ2部のVVVフェンロで得点王とMVPに輝いたばかりの本田も、右サイドハーフとして存在感を見せつけた。

「オランダで2部とはいえ結果を残して、自信をつけていましたよね。その後、俊さんとのときは、〝あーあー、もっとうまくやればいいのに〟って思ったけど、サッカーに対してはすごく真面目で真摯《しんし》。あいつが本当はいいやつだっていうのはわかっていたから」

2009年9月のオランダ戦。中村俊輔がフリーキックを蹴る準備に入ったとき、「俺に蹴らせてほしい」と本田が割り込み、一悶着《ひともんちゃく》を起こしていた。

何かと異端児扱いされることの多い後輩に、しかし憲剛は早くから理解を示していたのだ。


日本の1点リードで迎えた後半、カメルーンはアシル・エマナ、ジェレミ・ヌジタプ、モハマドゥ・イドリスと、攻撃の選手を次々と送り込んできたが、センターバックの闘莉王と中澤が中心となってロングボールを跳ね返す。

その一方で、日本は岡崎慎司、矢野貴章を投入してカウンターを狙いながら、前線からのプレッシングを強化してロングボールの出どころを抑えにいく。

後半38分、長谷部が放ったミドルシュートが相手ゴールキーパーのファンブルを誘い、こぼれ球に岡崎がつめたが、シュートは左のポストに弾かれた。

2分後、ステファーヌ・エムビアの強烈なミドルシュートがバーを直撃する。今度は日本がキモを冷やす番だった。青のサポーターから、安堵のため息がもれる。

43分、長谷部に代えて稲本を送り出し、守備の強化を図る。

アディショナルタイムの4分が過ぎ、中澤のクリアしたボールがタッチラインを割り、カメルーンの選手がスローインを行った直後、ポルトガル人のオレガリオ・ベンケレンサ主審は試合終了を告げるホイッスルを吹いた。

その瞬間、日本のベンチからは、控え選手たちが飛び跳ねるようにピッチになだれ込んでいった。試合に出た選手とそうでない選手があっという間に入り乱れ、ハイタッチと抱擁を繰り返した。

ピッチの中と外という違いはあっても、ともに戦ったことに違いはない。

「正直に言えば、カメルーンに負けていたら、3戦全敗していたと思う。内容はともかく、気持ちで負けない、球際《たまぎわ》で負けない、泥臭く戦って摑《つか》み取った勝利。試合には出られなかったけど、むちゃくちゃ嬉しかった。ここからのチームの変化と言ったら！　こんなに変わるんだっていうぐらい雰囲気が変わったね」

「能活さんには本当に助けられた」

いつの頃からだろうか。南アフリカでの合宿地、ジョージの宿舎で川口能活の部屋を訪ねることは、中村にとって日課のようになっていた。

じっくり話し込むこともあれば、10分ほどで部屋を出ることもある。5歳年上の川口との時間は、欠かせないものになっていた。


オランダとの第2戦に、日本は0対1で敗れた。

先発メンバーはカメルーン戦から変化がなく、中村は途中出場のチャンスも得られなかった。

2大会ぶりの決勝トーナメント進出は、デンマークとの第3戦にゆだねられた。デンマークも日本と同じく1勝1敗。しかし、得失点差で日本が上回るため、引き分けでも日本のグループステージ突破が決まる。

オランダに敗れたとはいえ、カメルーン戦の勝利によって一変したチームの雰囲気は、依然としてポジティブな状態で保たれていた。

紅白戦にサブ組の一員として出場する中村は、常に全力でプレーした。彼だけでなく、試合に出られないメンバーが練習で手を抜くことなどなかった。

だが、大会が進むにつれ、複雑な想いが中村を揺さぶるようになる。

試合に出たい。練習でしかプレーできないのは辛い。試合に出ている選手たちに自分が負けているとは思えない。けれども、チームの和を乱すわけにはいかない……。

「初戦に勝ったことで、グループステージは出番がなさそうだな、って思った。だからといって練習で手を抜くとか、心が折れることはなかった。このチームでできるだけ勝ち上がりたいと思っていたから。でも、出られないことに納得したらプロとして終わり。悔しいな、出たいなって、いつも思ってる。だから、やっぱり苦しいんですよ。そんなときに支えてくれたのが能活さんだった」

34歳だった川口にとって、南アフリカ大会は、自身4度目のワールドカップだった。初めて出場したのは22歳で迎えたフランス大会。監督は岡田で、川口は3試合すべてで日本のゴールを守った。2002年の日韓大会では正ゴールキーパーの座を楢崎に譲ったが、2006年のドイツ大会では再び全3試合に出場する。

ドイツ・ワールドカップ終了後、監督がジーコからオシムに替わっても、川口は日本のゴールを守り続けていた。

だが、指揮官が再び岡田になると、2009年1月のバーレーン戦を最後に代表から遠ざかるようになる。彼自身もその年9月に右足脛骨《けいこつ》を骨折し、長いリハビリ生活を余儀なくされる。ようやく実戦復帰したのは、2010年5月に入ってからのことだ。

そんな川口を、岡田はワールドカップのメンバーに選んだのである。

指揮官が川口に期待したのは、チームキャプテンとしてチームをまとめることだった。23人のメンバーがいればレギュラーとサブがいて当然だが、彼らがひとつになって戦えるように心配りをする。経験者として、ワールドカップに臨む選手たちの精神面をサポートする。

中村も、川口に救われたひとりだった。

「バスの座席がずっと隣で、すごくかわいがってくれた。〝何かあったらいつでも部屋に来いよ、話聞くから〟とも言ってくれたから、しょっちゅう行ってた。〝能活さん、マジきついっす〟みたいな。〝わかるよ、でもサブが頑張るから、レギュラー組も刺激を受けるし、全力でやってないとチャンスも来ないから〟って。もう聞いてくれるだけで十分。能活さんの部屋を出る頃には、清々しい気持ちになれた。俺だけじゃなくて、いろんな人と話していたからね。能活さんがあのチームにいたの、本当に大きかったと思う」

むろん、ゴールキーパー3番手と考えられていた川口も、はなから出場を諦《あきら》めていたわけではない。練習では常にベストを尽くし、そのうえでチーム全体にも目を配っていた。

同じことはほかのベテラン選手にも言える。

楢崎は練習に全力で取り組みながら、ポジションを譲った川島にアドバイスを送り、日韓大会でヒーローになった稲本はムードメーカーを買って出た。

「常に100パーセントでやってた。ドイツ大会ではレギュラー組とサブ組に温度差があって崩壊した、っていう記事を読んだことがあるけど、能活さんやナラさんは、同じことを繰り返しちゃいけないっていう想いがあったんじゃないかな。俺だって、自分が出場するワールドカップでチーム崩壊なんて絶対にイヤだった。当時29歳。これが最後のワールドカップだと思っていたから。能活さんに支えてもらいながら、何とかチームに貢献しようと思った。あの人たちが100パーセントでやるんだから、やらないわけにいかないでしょ」


6月24日、夕闇に包まれたルステンブルクのロイヤル・バフォケン・スタジアムで行われた日本対デンマークのグループステージ第3戦。

日本のフリーキックに対する壁となっていたデンマークの選手たちが、〝信じられない〟といった表情で、自陣のゴールの中に転がるボールを見つめていた。だが、起きたばかりの現実を誰よりも受け入れられなかったのは、ゴールキーパーのトーマス・セーレンセンだったに違いない。

なにせ、わずか13分間で2度もフリーキックを叩きこまれてしまったのだから——。

悪魔のような弾道を見せた本田のブレ球と、美しい弧を描いた遠藤のコントロールショット。この2発がデンマークゴールを揺らしたとき、日本は決勝トーナメント進出をたしかなものにした。後半36分にはPKによって1点を返されたものの、42分にはドリブルで抜け出した本田の心憎いアシストから岡崎がダメ押しとなる3点目を奪い、食い下がるデンマークに引導を渡す。

勝った。文句のつけようのない勝利だった。

しかし、カメルーン戦のあとのように爆発的な喜びに、中村が浸《ひた》ることはなかった。

今のチームであれば、引き分け以上という条件をクリアできると信じていたし、グループステージ突破で満足するわけにもいかなかったからだ。

チームの勝利にプレーで貢献できたわけでもない。南アフリカまで来て、ワールドカップのピッチに立たずに帰るなんて！

まだまだ、これからだ。じわじわと、闘志がこみ上げてくる。

この試合でも出番のなかった中村の視線は、早くも次のゲームに向けられていた。

次、絶対にチャンス、あるぞ――。

好感触のファーストプレー

日本が作り出したスローペースに、パラグアイは困惑しているようだった。

前半のボール支配率は、パラグアイが61パーセントで圧倒的に優位に立っていた。

だが、彼らが得意とするのは、守備を固めてワンチャンスを狙うスタイルである。

スロバキア、ニュージーランド、イタリアと対戦したグループステージで残した3得点1失点という数字には、彼らの特徴がよく表れていたが、日本戦ではボールをもたされる格好になり、攻めあぐねていた。

日本にとってこれは、カメルーンとのグループステージ初戦とよく似た展開だった。しかし、カメルーン戦と決定的に違うのは、チームに自信が芽生えていたことだ。それは、ときおり見せる鋭いカウンターからはっきりと感じ取れた。

前半22分、大久保が果敢にドリブルで仕掛けていく。相手選手に阻まれたものの、こぼれ球をすかさず松井が右足で狙う。ドライブのかかったボールはバーを叩いた。

40分、右サイドを抜け出した松井のパスから本田が左足でシュートを放つ。ボールがゴール左にそれるのを確認すると、本田は叫び声をあげて悔しがった。

攻撃への意欲を持ち合わせていたのは、選手たちだけではない。

指揮官もまた、攻めの姿勢を見せた。

1トップの本田が孤立していることを感じ取ると、前半20分過ぎに、中盤の底でプレーしていた遠藤をトップ下に上げ、フォーメーションを4-2-3-1に変更して攻撃の人数を増やす。後半20分には、疲れの見え始めた松井に代えて、岡崎を送り出した。

だが、それでも試合の形勢は日本に傾かない。ゲームは終盤戦に突入し、膠着《こうちゃく》した状態は動かしがたいものになっていく——。

中村に声がかかったのは、そんなときだった。

トップ下に入った中村は何よりもまず、相手選手にプレッシャーをかけた。

猛烈な勢いでパラグアイのアンカー、エンリケ・ベラとの距離を詰め、バックパスを誘うと、今度は右センターバックのパウロ・ダ・シルバに向かっていき、横パスを誘発した。

続いて本田がプレッシャーをかけると、逃げ場を失った左センターバックのアントリン・アルカラスは前方に蹴り出すことしかできず、中村のプレスのタイミングに合わせて押し上げていた日本の守備陣は、このボールを難なく跳ね返した。

残り9分、アディショナルタイムを含めてもおそらく15分弱。

1点奪って、逃げ切るんだ——。

ベンチのメッセージをチーム全体に伝えるのに最も効果的な方法は、自らのプレーで示すことだ。前からプレッシャーをかけにいくことで、中村はベンチの意図をチーム全体に伝え、攻撃のスイッチを入れようとした。

ピッチに入って1分後、闘莉王の縦パスをトラップした中村は、素早く反転して左サイドにいた長友の足もとにぴたりとつけた。長友がクロスを上げると、ニアサイドに走った岡崎の後方から大久保が飛び込んでいく。これはゴールキーパーと接触してファウルになったが、日本の攻撃に厚みが生じ始めた。

このプレーの感触は完璧だった。イメージ通りのトラップから迷わず前を向き、狙いと寸分違《たが》わぬポイントにパスを届けた。グラウンドの感触、ボールタッチのフィーリングも良く、岡崎や大久保の動きに勢いが増しているのも感じられた。

〈よし、いけるぞ！〉

日本の攻撃に変化が生まれたことを感じ取ったのか、パラグアイのベンチ前では、アルゼンチン人指揮官、ヘラルド・マルティーノが大きなジェスチャーで選手たちに指示を出す。

対する日本のベンチ前では、岡田が険しい表情で腕を組み、戦況を見つめている。

後半43分、駒野のスローインを右サイドで受けた中村がドリブルで中央に侵入しながら3人をかわし、本田に縦パスを入れる。それがさらに駒野へとつながり、切り返してクロスを入れたが、跳ね返される。

ぎりぎりの攻防が続く。パラグアイの守備は相変わらず堅い。

時間が経過するにつれ、中村は、チームメイト全員が前に出る意欲を持っているわけでない、ということも感じ取っていた。

みんな、足が重い。パスを出しても、今までなら返って来たボールが返って来ない。無理をしたくない選手もいる――。

日本はカメルーンとの初戦からここまで、スターティングメンバーを一度も変えていない。これで4試合目となる選手たちが、肉体的にも精神的にも極度の疲労を抱えているのは明らかだった。

しかも、残り時間は5分を切っている。ここで1点決めれば、おそらく逃げ切れる。だが、逆にやられてしまったら……。

アディショナルタイムに入って1分。遠藤がフリーキックをゴール前に蹴り込む。中澤がヘディングで競り勝って折り返したが、懸命に伸ばした闘莉王の右足はわずかに届かない。

センターサークル近くからのパラグアイのフリーキックをゴール前で岡崎が跳ね返したところで後半終了の、つまり、ゲームが延長戦にもつれ込むことを告げるホイッスルが鳴った。

決められなかった2度のチャンス

つかの間の休息を得た選手たちが、芝の上に仰向けになっている。

彼らの足をマッサージするのは、スタッフやサブの選手たちだった。

中村俊輔は長友にアドバイスを送り、川口は憲剛の肩を抱き、「行けるぞ！」と声をかけた。

ブブゼラの音が一段と高まっていく。

延長戦に入る直前、23人の選手、コーチやスタッフ全員による大きな円陣が組まれた。

その中央で、岡田が檄《げき》を飛ばす。

長友、スタッフのひとりと肩を組みながら、憲剛は得点に絡むことだけを考えていた。

そして、得点に絡むチャンスは、彼のもとに訪れるのだ。1度だけでなく2度までも……。


その瞬間、憲剛は本田と目が合った。

〈来る！〉

延長前半8分のことだ。ペナルティエリア左外。ゴールからの距離、37〜38メートルのところで大久保嘉人が倒され、日本がフリーキックを獲得した。

ボールのそばには、デンマーク戦で直接フリーキックを決めた遠藤と本田が立つ。

憲剛はゴール前、ペナルティアークの中にポジションを取る。その右に大久保、闘莉王、岡崎が並び、さらに後方に中澤が備えた。

壁は3枚。本田が3歩、4歩後ろに下がり、大きく息をつく。

中村は、本田が低い弾道で狙ってくるのがイメージできた。

ボールが本田の左足に弾かれる直前、憲剛がスタートを切る。

本田の蹴った低い弾道のボールが、予想どおりのコースを辿って自分のほうに向かってきた。

まさに足を出そうとした瞬間、オフサイドかもしれない、という考えが頭をよぎる。

自分の後ろから大久保が詰めようとしていることにも気づいた。

自分の動きに惑わされたゴールキーパーが弾けば、大久保が決められるかもしれない。

本田の蹴ったボールが直接ネットを揺らすかもしれない。

しかし、自分がボールに触ってオフサイドになれば、その可能性がゼロになってしまう——瞬時に判断を下し、憲剛は足を出さずにボールをやり過ごした。

ボールはワンバウンドしてゴールに向かっていったが、ゴールキーパーが横跳びして弾き出し、コーナーキックに逃れた。

まるでストライカーのような動きで飛び出した憲剛が最終的に選択したのは、状況判断に長《た》けたミッドフィールダーとしてのそれだった。

延長の残り時間で日本がゴールを奪っていたら、今もその判断は正しかった、と胸を張って言えただろう。

しかし、ゴールは奪えなかった。

そして、実際にはオフサイドでなく、足を伸ばせば届くところをボールは通過していったのだ。

延長後半11分、さらに決定的なチャンスが日本に訪れようとしていた。

長友のクリアしたボールを左サイドのタッチライン際で本田がキープする。ふたりのマークを受けながら前方に軽く蹴り出すと、それを拾った玉田圭司がパラグアイ陣内へスピードに乗ったドリブルで攻め込んでいく。センターライン付近にいた中村も、その右斜め前方にいた岡崎も、それを見てゴール前へ猛然と走り出した。

追いかけて来たディフェンダーをかわそうと、玉田はフェイントを仕掛けた。相手の足に当たってこぼれたボールは、幸運にもペナルティエリアの中に転がっていく。

それを拾ったのは、岡崎だ。

背後からふたりのディフェンダーのプレッシャーを受けながら、岡崎がヒールキックで相手の股下からパスを通すと、再びボールが玉田にわたる。

ペナルティエリア内の左サイドから玉田がドリブルでゴールに迫って来る。

そのとき中村は、ゴール正面にいた。

目の前のディフェンダーふたりから離れるように、ポジションを取り直したのは、グラウンダーのクロスが来ることを予測したからだ。

〈タマ、こっち見て！〉

玉田は、飛び出して来た相手ゴールキーパーを鼻先でかわすような、ふわりとした浮き球のパスを送った——。

ボールは、憲剛がもといた場所にぽとりと落ちた。

そこには、誰もいなかった。


勝敗の行方はＰＫ戦にゆだねられた。

日本は3人目のキッカー、駒野友一のシュートがバーを叩く。

4人全員が決めたパラグアイは5人目のキッカー、オスカール・カルドーソがペナルティスポットに向かった。

膝をつき、みんなで肩を組み、祈った。

〈永嗣、頼む……〉

カルドーソが助走に入る。川島がわずかに早く右へ動く。カルドーソはその逆を突き、ボールはゴール左側のネットを揺らした。

その瞬間、岡田ジャパンの戦いが終わった。

憲剛は誰に声をかけ、誰と抱擁をかわし、誰と握手したのか覚えていない。

激しい喪失感に襲われ、ただただ呆然としていた。

初めてのワールドカップ。それは特別で、キラキラした場所なのだろうと思っていた。

しかし、実際にピッチに立ってみると、世界最高の舞台とはいえ、やることがサッカーであることに変わりはなかった。

試合後の取材エリア。目を真っ赤にした駒野が視線を落としたまま通り過ぎていく。

しばらく経って姿を現した憲剛は、噛《か》みしめるように気持ちを言葉に乗せた。

「ああ、終わっちゃったなって。このチーム、最後はすごく良いチームになっていたから、こうやって勝ち上がっていくんだなって思ったから、すごくもったいなかった。勝てる相手だと思っていたのに、このパラグアイに負けてしまったのかって……。自分が入って、行けると感じていたから、本当に悔しい。得点に絡めなくて、悔いが残ります……」

後悔をめったに口にしない彼にしては、珍しい言葉だった。

だが、自分を突き動かすほどの悔しさがこみ上げてくるのは、もう少し先のことだった。

渇望

3章── 高まる移籍熱

チームメイトの旅立ち

真冬の南アフリカから帰国して、2週間が過ぎた。

まとわりつくような日本の蒸し暑さにも少しずつ順応し、体のキレは戻ってきている。

しかし、ホームの等々力《とどろき》陸上競技場で大宮アルディージャとのナイトゲームを終えたとき、中村憲剛は激しい疲労に襲われ、立っているのもやっとの状態だった。

「フル出場したのは久しぶりだったから、体が90分間の感覚を忘れていたというか。コンディション的に相当キツかった。試合には飢えていたんだけど……」

中村が公式戦で90分間フル出場したのは、ワールドカップ前に行われた5月16日のジュビロ磐田《いわた》戦以来、実に2ヵ月ぶりのことだったのだ。


ワールドカップによる中断期間を終え、J1リーグが再開された2010年7月14日、4位の川崎フロンターレは16位のアルディージャに対し、痛恨のスコアレスドローを演じた。

中村はロッカールームに戻って休みたかったが、そういうわけにもいかなかった。試合後にチームメイトの川島永嗣と鄭大世《チョンテセ》を送り出すセレモニーが予定されていたからだ。

ワールドカップで日本代表の正ゴールキーパーとして全4試合に出場した川島のもとには大会後、ベルギーのリールセSKからオファーが届いた。北朝鮮代表のエースストライカーとして3試合でピッチに立った鄭大世も、ドイツ2部のボーフムに移籍することが決まった。

アルディージャ戦を欠場したふたりは、セレモニーの段になるとユニホーム姿で登場し、バックスタンド前に設けられたステージにあがった。

オーロラビジョンには川島のハイライト映像が映し出された。川島が別れの挨拶を終えると、今度は鄭大世の映像が流れ、鄭大世がマイクの前に立つ。

サポーターに挨拶をするふたりを見つめながら、中村は複雑な想いに駆られていた。

彼らにヨーロッパでプレーしたいという意志があることは聞いていた。その可能性について、彼らがシーズン前からクラブと話し合いの場を設けていたことも知っている。２０１０年１月に契約の更新を迎えた川島にいたっては、ワールドカップ後の欧州移籍を目指し、退路を断つ意味で異例の半年契約を結んでいた。

そうした覚悟を知っていたからこそ、勝って送り出したかったし、向こうでも頑張ってほしいという気持ちが強い。だが、チームのことを考えれば、レギュラーである彼らにシーズン半ばで抜けられてしまうのは痛かった。

もっとも、中村が複雑な想いでいたのは、それだけが理由ではない。

「ワールドカップが終わって、ヨーロッパでプレーしたいっていう想いが強くなっていたから、羨《うらや》ましいっていう気持ちもあった。先に旅立たれて、焦《あせ》りのような気持ちもなくはなかった。いい話があれば、俺もって。でも、ここで俺まで抜けるわけにはいかないよな、とも思った。俺は7年もいるからクラブへの想いが全然違う。海外に行くなら、タイトルを獲《と》ってからだろうと。タイトルを獲るためには、彼らに抜けられるのは正直キツいけど、やるしかないなって」

富士通サッカー部を母体にして１９９６年11月に誕生したフロンターレは、１９９９年に発足したＪ２リーグで優勝し、翌年のＪ１リーグ初昇格を決めた。

このときは1年でJ2に舞い戻るはめになり、その後3シーズンは苦汁を嘗《な》めたが、2004年になってようやく光が差し込んだ。爆発的な攻撃力を武器にJ2を独走したチームは得点104、勝ち点105という「ダブル・トリプル（得点、勝ち点ともに3桁《けた》）」を達成し、2度目のJ2優勝、J1復帰を決めるのである。

5年前と異なっていたのは、その強さがJ1でも維持されたことだ。

2006年には2位でシーズンを終え、2007年には7年ぶりにナビスコカップの決勝に進出した。ACLにも2007年以降3度出場し、フロンターレはJリーグでも指折りの強豪チームになっていく。

その中心にいたのが、中村だった。

2003年に中央大学から加入した中村は翌年、攻撃的ミッドフィールダーからボランチにコンバートされ、レギュラーに定着すると、2年後には日本代表へと駆け上がる。

チームの進撃とともに中村は成長を遂げ、中村の進化とともにチームも逞《たくま》しさを増した。

Jリーガー中村憲剛の歩みは、フロンターレの強豪への変貌の歴史でもあった。

もっとも、リーグ戦2位という輝かしい成績も、カップ戦準優勝という誇らしい結果も、6回ともなれば意味合いが変わってくる。J1では2006年、2008年、2009年に2位となり、ナビスコカップでは2000年、2007年、2009年と準優勝に終わった。

あと一歩のところまで迫っているのに、どうしてもタイトルに手が届かない。そんなチームはいつしか「シルバーコレクター」と揶揄《やゆ》されるようになる。

タイトル獲得は、クラブにとって、サポーターにとって、中村にとって、悲願だった。

悔しさと、腹立たしさと

ワールドカップを終え、海を渡ったのは、中村のチームメイトだけではなかった。サポートメンバーとしてワールドカップに帯同した香川真司と、南アフリカでピッチに立つことのできなかった内田篤人《あつと》は、大会前に契約がまとまっていたドイツのボルシア・ドルトムントとシャルケ04にそれぞれ移籍した。長友佑都のもとにはイタリアのACチェゼーナからオファーが届き、矢野貴章はドイツのSCフライブルクへ、阿部勇樹はイングランド2部のレスター・シティへ。戦友たちは続々と戦いの場をヨーロッパへと移した。

ワールドカップ前に欧州のクラブに所属していた日本代表選手は、本田圭佑、松井大輔、長谷部誠、森本貴幸の4人しかいなかったが、それが飛躍的に増えつつある。


今後の成長を考えるなら、ヨーロッパでプレーすべきなのか――。

このテーマはこの頃、中村家の最大の関心事になっていた。

フロンターレのホームゲームのあと、中村の両親を含む中村家の面々は決まって顔を合わせ、コミュニケーションを取っている。一緒にスタジアムをあとにして、食事の時間をともにする。それは中村がプロになった頃から変わらぬ習慣だ。

ふたりのチームメイトを送り出したこの日も、海外移籍が話題にのぼった。

中村の個人事務所の社長を務める父の憲英《のりひで》とは、食事のときだけでなく、事務所で今後のプランについて話し合う機会が増えていた。

南アフリカから帰国してからというもの、中村はワールドカップでのラストゲームとなったパラグアイ戦について、なかでも延長戦に入ってから迎えたふたつの得点チャンスについて、何度も思い出しては悔しさを噛み締めていた。

約20分間に訪れた2度の決定的なチャンスのどちらかひとつでもモノにしていれば、チームを勝利に導くことができた。ベスト16の壁を破り、日本サッカーの歴史を変えることができた。

ヒーローになり損ねた中村は、帰国してから何度も何度も映像を見返した。なぜ、あんな動きをしたのか自分でもわからない。だから、自分に腹が立って仕方がなかった。

どうして、圭佑のフリーキックに触らなかったのか。

ゴールキーパーに弾かれるぐらいなら、オフサイドになっても構わなかったじゃないか。

イチかバチか、足を出しておけばよかった。

最後の最後でなぜ、タマと呼吸が合わなかったのか。

もといた場所から動かなければ、シュートできたかもしれない。

いや違う、タマの視野に入るように動けばよかったんだ……。

「決めていたら人生変わっていたなって思う。本当は、年齢的にも最初で最後のワールドカップだろうなという覚悟でいた。でも、ものすごく悔いが残ったから、すぐに次も目指そうって気になった。そもそもワールドカップにはパラグアイ戦の40分ぐらいしか出ていないから、何もやってないっていう想いが強い。次こそは俺がって」

日本代表は守備的なスタイルで臨んで、ワールドカップのベスト16に進出した。守備的なスタイルに切り換えたからこそ、グループステージを突破できたのは間違いない。

大会直前になって、それまで追求していたのとは真逆のスタイルに方向転換した岡田武史の決断力と実行力に、中村は尊敬の念すら覚えていたが、守備的なサッカーではこれ以上、上には行けないとも感じていた。

もちろん、方向転換せざるを得なかったのは、自分たちの実力不足ゆえだということも認識している。だから、4年後はもっと力をつけて、攻撃的なスタイルで勝ち抜けるチームにならなければならない。

その中心選手として、4年後のワールドカップにも出場するためには、どうするべきか。日本代表を引っ張っていくには、やはり海外に行くべきではないか。

いや、今までのようにフロンターレにいても十分、成長できるのではないか。

簡単に結論が出る問題ではない。だが、どちらにしても、海外移籍の準備をしておいて無駄になることはない。

父の憲英は、ワールドカップ前にすでにコンタクトを取っていた何人かの代理人のうちのひとりに連絡をした。

その男の名は、大野祐介《ゆうすけ》といった。

商社マンから転身した代理人

「僕はね、中村憲剛のファンだったんですよ」

そう語る大野は、三菱商事の社員だった2004年の春にFIFA（国際サッカー連盟）公認エージェントのライセンスを取得した、ユニークな経歴の持ち主である。もともと野球少年だった大野が「サッカーの力」を肌で感じたのは1993年、Jリーグの開幕だった。

「僕は浦和出身なのですが、浦和レッズのホームタウンになったことで、なんの特徴もなかった街が大きく変貌していくのを目《ま》の当たりにしたんです。サッカーってすごい力を持っているんだ、世の中にいろんな影響を与えられる存在なんだなって思いましたね」

1997年に大学を卒業して三菱商事に入社したが、日韓ワールドカップの共催が決まっていたこともあり、プライベートでサッカー関連の勉強会に参加するようになる。

そこで知り合ったのが、セルジオ越後だった。

日本で少年サッカーの普及に尽力し、サッカー評論家としても知られるこの日系ブラジル人と知り合えたことがきっかけで、サッカー界への扉が大きく開かれる。

日本サッカー協会の幹部や広告代理店の局長クラス、マネジメント事務所の人間や元サッカー選手など、サッカー界での人脈が広がるにつれ、今度は自分も直接的にサッカーに携わりたいと思うようになるのは当然の成り行きだった。

どうすれば、サッカーの世界にもっと深く関われるのか。

スポーツ放映権ビジネスを扱うメディア事業部が社内で立ち上げられたばかりだということを知った大野は、さまざまな根回しをして希望どおりの異動を果たす。その部署で主にテレビ放映権の契約に携わった大野は、マネジメントやエージェントの人間と関係を築き、サッカーの世界にますますのめり込んでいく。

転機が訪れたのは、2001年のことだった。

当時、交流のあったマネジメント会社の関係者を通じて、ジュビロ磐田に所属していた高原直泰の海外移籍をサポートしてほしいと依頼されるのである。

当時はまだ、代理人のライセンスを持っていないため、交渉の席に着くことはなかったが、売り込みなどに関わり、アルゼンチンのボカ・ジュニアーズに移籍した高原が現地でデビューする瞬間に立ち会ったことで、代理人業務の醍醐味《だいごみ》を感じることができた。

その過程において、海外のクラブやエージェントとのコネクションも手に入れた。

「それまで漠然と、代理人って面白いかもなって思っていたんですけど、この一件がきっかけでより具体的に考えるようになりました。そんなとき、代理人のライセンス試験が日本で復活するという話を聞いて、よし、チャレンジしてみようと」

２００３年9月、4年ぶりに資格試験が実施された。大野を含め２００人ほどがチャレンジしたが、合格者はゼロ。だが、半年後の試験では４人が難関を突破し、そのひとりが大野だった。このとき30歳。当時、最年少での合格だった。

最初のクライアントは、日本代表のキャプテンで、ガンバ大阪に在籍していた宮本恒靖だった。

「会社の仕事の合間を縫って、練習場や試合会場に足を運んで選手にアプローチしました。ただ、契約している選手がいないわけですから、プレゼンをしても断られてしまう。これは厳しいな、と思っていたところで、宮本選手に出会ったんです」

大野は、宮本本人が望む海外移籍に加え、イメージ戦略の面でもサポートができると考えていた。宮本に「バットマン」のイメージばかりが定着していることに違和感を覚えていたのだ。

２００2年の日韓ワールドカップで黒のフェイスガードを着用してプレーする姿は、強いインパクトを残していた。だが、「日本代表キャプテン」としてのイメージをメディアで打ち出していくことが、今後のキャリアにおいても価値のあることだろう。これは大野が得意とする分野でもあった。

「海外移籍とイメージ戦略、ふたつの柱で何度かプレゼンをした結果、契約してくれることになりました。最初の1年、２００５年は、会社員として宮本選手と仕事をしましたが、その年にガンバが優勝して、日本代表が２００６年のドイツ・ワールドカップ出場も決めたので、独立するならこのタイミングしかないな、と」

２００６年のシーズン終了後、宮本はオーストリアのザルツブルクへ移籍することになる。

２００６年に独立した大野が中村憲剛にアプローチしたのは、彼が初めて日本代表に選ばれた直後だから、その年の秋のことだった。

「僕はもともとグアルディオラの大ファンでした。ほら、憲剛のプレースタイルってグアルディオラに似ているでしょう。だから彼のプレーを見るのが楽しくて。それで、憲剛くん、きみは日本のグアルディオラだ。どうしてもサポートしたい――そんな内容の手紙を書いたんですよ」

スペインの名ミッドフィールダーを持ち出したラブレターは想い人に届けられたはずだが、結果はつれないものだった。

「人づてに、〝今は代理人を付けることは考えていないみたいだよ〟って、遠回しに連絡をもらって。そのときは流れました」

もっとも、この頃、中村にフラれた代理人は大野だけではない。

２００６年10月に日本代表に選出されてからというもの、中村のもとには代理人からの売り込みが殺到していた。そのなかには出身校である都立久留米高校の先輩や後輩もいたが、そうした身近な人物からのアプローチであっても、中村が首を縦にふることはなかった。

すべてを断っていたのには、理由があった。

無名の大学生

中央大学の4年生だった中村がJ2リーグにいた川崎フロンターレの練習に参加したのは、日本列島が日韓ワールドカップの熱に覆《おお》われていた2002年6月のことである。大学のコーチのツテを頼ってなんとかこぎ着けた2日間の練習参加には、入団テストの意味合いが込められていた。当時チームを率いていた石崎信弘《のぶひろ》は、中村の存在をまるで知らなかったというが、それも仕方のないことだった。

なにせ中村は、高校時代に全国大会に出場した経験がなく、年代別の日本代表はもちろん国体選抜にすら選ばれたことがない。大学生になっても大学選抜とは無縁だったから、ユニバーシアード代表に選出されたこともなく、しかも中央大学はこの年、関東大学リーグの2部だったからだ。

中村がフロンターレの練習に参加できることになったのは、中央大学サッカー部のコーチを務めていた佐藤健が尽力したおかげだった。

その年にコーチに就任した佐藤は5月のある日、4年生全員と進路面談を行った。そこで中村から「プロに行きたい」という相談を受けたのだ。

「憲剛の意志は固かったし、両親も理解を示していたようでしたから、なんとか力になりたかった。実力的には、J2ならやれるだろうと。ただ、あの年は深井正樹《まさき》（駒澤大学を卒業後、鹿島アントラーズに加入）、巻誠一郎（駒澤大学を卒業後、ジェフユナイテッド市原に加入）といったユニバーシアード代表の主力がそろってプロに進む年だった。うちは2部だったし、憲剛は代表にも選ばれてなかったから、待っているだけでは難しかった」

佐藤にとっても教え子をプロに送り込むのは初めての経験である。なんとしてもプロにしてやりたい。しかも入団後に成長できるクラブに入れてやりたい——。そのとき、頭に浮かんだのが、フロントに昔からの知人がいるフロンターレだった。

「フロンターレは若手を中心にこれから強くなっていくクラブ。麻生の練習場はあいつの実家からも近いし、ちょうどいい。良い選手がいるからぜひ見てもらえませんか、と頼んだんです」

こうして中村は、練習参加の機会を得たのである。

プロに混じっても物怖じせずに堂々とプレーした中村は、首脳陣の目をひいた。

監督の石崎は「技術はしっかりしているが、フィジカル的な強さはまだまだこれから。ただ、ボールを持ったときの発想には非常に光るものがある」という印象を抱いた。

フロンターレの強化本部長を務めていた福家三男《ふくやみつお》の評価も高かった。

「練習に参加しにきた大学生をゲームに使っても、能力を判断するのは難しいんですよ。45分間プレーさせても、ボールに触れるのは2〜3回程度だから。もちろん、それも実力のうちだけど、憲剛は明らかに違ってね」

練習試合にボランチとして出場した中村は、絶妙な位置に顔を出してボールを受け、的確に展開していった。

「なぜ、それができたのかというと、憲剛は練習中にうちがどんなサッカーをするのか観察していた。彼にはそういう賢さがある。そうそう、ボランチもできると言うから、やってもらったんだけど、あとで聞くと、ほとんどやったことがなかったという。大したもんだなと」

もっとも、クラブが中村に獲得の意向を伝えるのは、ずっとあとのことだった。2000年に初めてＪ１リーグに昇格したものの強化に失敗し、１年でＪ２に舞い戻っていたクラブは、同じ過《あやま》ちを繰り返すまいと、慎重に議論を重ねていたのだ。

中村のもとに朗報が届いたのは、練習参加から3ヵ月が経った9月末のことだった。

そのときの喜びを、彼は今でもはっきりと覚えている。

「ボランチなんてやったことないのに、できるって嘘をついて、もう必死。就職活動もしないで、フロンターレ一本に懸けてたから、まだか、まだか、まだかって待ちくたびれた。内定をもらったときは最高に嬉しかったけど、とにかくホッとした。フロンターレに断られていたら、今頃どうなっていたのか、想像もつかないな」

スカウトされてプロになった選手とは違う。自ら売り込んで拾ってもらったからこそ、恩返しがしたい――中村のクラブへの愛着はそこから来ている。

Ｊリーガーになれたのも、日本代表になれたのも、すべてはフロンターレが手を差し伸べてくれたおかげだった。

フロンターレなくして今の自分はない。そんなクラブから移籍することなど考えたことがない。だから、代理人のオファーをすべて断っていたのである。

しかし、南アフリカ・ワールドカップが近づくにつれて、心境は変わりつつあった。

国内で移籍するつもりはなかったが、海外のクラブであれば、タイトルを獲得したあとであれば、チャレンジするだけの価値があるクラブからのオファーであれば……。

すぐにでも、というわけではなかったが、ワールドカップ後やその先の海外移籍を視野に入れ、憲剛と父の憲英は２０１０年に入ってから何人かの代理人とコンタクトを取り、情報を収集するようになる。そのうちのひとりが大野だったのだ。

オランダの名門が示した興味

〝フラれた〟あともファンのひとりとして中村憲剛のプレーに注目していた大野祐介が、中村サイドとの太いパイプを築く機会を得たのは、2009年頃のことである。

共通の知人に、父の憲英を紹介されたのだ。

「それから、お父さん、その知人、僕の3人で食事をする機会が増えていきました。そんな風にして2010年を迎えた頃、お父さんが〝ワールドカップのあと、どうしようか考え始めている〟と言うので、〝でしたら、プランがありますから、プレゼンさせてください〟と言ったんです」

ヨーロッパのクラブが選手を獲得する際の決め手として、その選手の能力が一番であることは当然だが、「育てて売る」という投資の意味合いも強いため、年齢も重視される。

このとき、中村は29歳。いくら選手としてのクオリティが高くても、ヨーロッパでのプレー経験がない30歳近くの選手を獲得してもらうのは、簡単なことではない。

もし、海外でプレーしたいという希望が本当にあるのなら、悠長にしてはいられない。ワールドカップ直後の夏か、遅くとも冬には実現させたい、と大野は考えていた。

後日、大野が提案したのは、オランダ、スペイン、イングランドをターゲットにした海外移籍のプランだった。

「第一にオランダの上位クラブ、次にスペインの中堅クラブ、3番目がイングランドの中堅や下位クラブという優先順位で狙いましょうと。ヨーロッパのエージェントにも連絡を取って、〝このあたりなら可能性があります、このクラブなら年俸はこれぐらいです〟という話もして。お父さんはすごく関心を持ってくれたようでした」

大野が海外移籍を強く勧めたのには、理由があった。

海外のリーグで揉《も》まれれば、中村はさらに成長できる。大野自身がそう確信していたことはもちろんだったが、イビチャ・オシムの意向によるところも大きかった。

大野は、オシムともマネジメント契約を交わしている。そのため、オシムが日本を離れ、グラーツにある自宅に戻ってからも、連絡を取ったり、自宅を訪ねたりする機会が何度もあった。

その際、オシムは教え子である中村のことをいつも気にかけていたという。

「オシムさんは、〝憲剛はどうしてる〟って、しょっちゅう聞いてきました。〝もう一段レベルアップするには、こっちでプレーするほうがいいんじゃないか、ボランチでは難しいかもしれないが、憲剛は2列目もできる。チャレンジしてみたらいいんじゃないか〟とも言っていたんです。だから、僕も強く推したんです」

もっとも、この時期に中村サイドにプレゼンをしたのは、大野だけではなかった。

「他のエージェントにも話を聞いてるから、検討させてほしいということでした」

中村サイドが話を聞いた代理人は、大野を含めて3人いた。その中から誰を選ぶのか結論の出ないまま、南アフリカ・ワールドカップを迎えることになる。

大野の携帯電話に父の憲英からしばらくぶりの連絡があったのは、ワールドカップが終わった直後のことだった。

「話がしたいということで食事をしました。お父さんは南アフリカで日本代表の試合を観戦し、帰国後に憲剛と話し合ったところ、憲剛が相当悔しがっていると。もう一回、ワールドカップに出場したい。それにはどうしていくのがベストなのか、この時点から考えたいということでした」

中村サイドとしては、日本代表のレギュラーとして次のワールドカップに出るためには、海外に行くべきではないか、との考えが強まっていた。

だが一方で、フロンターレにいてもこれまでのように成長できるのではないか、移籍するならタイトルを獲ってからではないか、との想いも捨て切れないでいた。

「僕は海外移籍を推しました。そこで良い話し合いができて、お父さんから〝ワールドカップの直後で申し訳ないが、まずはこの夏の移籍の可能性を探ってほしい〟と言われたんです」

大野はすぐさま売り込みのための資料を作り、ヨーロッパに飛んだ。

現地のエージェントに中村の映像を見せたなかで最も感触が良かったのは、睨《にら》んだとおりオランダのクラブだった。なかでも攻撃的なボランチを探しているというPSVアイントホーフェンの反応がすこぶる良かった。

PSVは当時、オランダリーグで21度の優勝を誇り、1987-88シーズンにはヨーロッパのクラブ王者にも輝いた名門である。クラブの格としては申し分なかった。

PSVが本気だったことは、彼らが大野の用意したハイライト映像のみならず、中村が出場した試合のフルマッチ映像を自分たちで取り寄せて調査していたことからも窺える。ヨーロッパの移籍市場は年に2回あり、夏は8月31日まで開かれているが、その間際までPSV側の調査は続いた。

一方、PSVが強い関心を示している、という話を大野から伝えられた中村も、家庭教師を雇ってオランダ語の勉強をスタートさせ、移籍に備えた。

しかし、残念ながら、移籍は実現しなかった。

中村の獲得は、ぎりぎりのところで見送られることになった。この夏に加入した27歳のカナダ代表ミッドフィールダー、アティバ・ハッチンソンに起用のメドが立ったためである。

「いいところまで行ってたので残念でした。そのことを憲剛に伝えたら、〝PSVに移籍できたら、儲《もう》けもんだと思ってたから、大丈夫ですよ〟って、前向きに言ってくれた。だから僕も〝チャンスは必ずあるから引き続きやっていこうよ〟って。彼も〝お願いします〟と言ってくれました」

その後、大野は、日本人選手獲得のブームが起こりつつあったドイツも視野に入れ、冬の移籍実現に向けて水面下でアプローチしていく。

香川真司とのホットライン

ヨーロッパの主要リーグの移籍市場が閉じられ、中村の夏の移籍の可能性が消滅するまさにその日の8月31日、東京プリンスホテルでは日本代表の新監督就任会見が開かれていた。

新監督の名は、アルベルト・ザッケローニ。

日本代表史上、初のイタリア人監督である。

ザックの愛称で知られる彼は、30歳の若さでイタリア4部リーグにあたるセリエC2のクラブを指導し、その後C1、B、Aと、率いるクラブのランクをステップアップさせていった叩き上げの指導者だった。

サッカーシーンにその名を轟かせたのは、ウディネーゼという地方都市のクラブを率いて3年目を迎えた1997－98シーズンのことだ。4バックが主流だった当時のイタリアで、ディフェンダーをひとり削ってフォワードを増やした3－4－3という攻撃的なシステムで旋風を巻き起こし、ユベントス、インテルの両名門に次ぐ3位という好成績を残し、セリエAの歴史に名を刻むのだ。その手腕が評価され、翌シーズンに名門、ACミランに引き抜かれると、就任1年目にしていきなりチームをリーグ優勝へと導いた。

もっとも、それ以降は目立った成績を残すことができず、インテルやユベントスでも指揮を執ったが、いずれも前任者の解任を受け、シーズン途中からの緊急就任だった。

イタリアでは「すでに終わった監督」との風評も立っていて、実際に彼の監督としての履歴書は近年、〝虫食い〟が目立つ状態だった。

これまでクラブチームの指揮しか執ったことがなく、代表チームを率いるのが初めてということも気がかりだったが、いずれにしても、ザッケローニが日本代表監督史上、最も実績のある人物だということは間違いない。

ザッケローニがそのキャリアにおいて最も輝いていた時代は10年以上前のことだが、中村も当時のことはおぼろげながら覚えていた。

「大学の頃だったかな。ミラン時代は見ていました。当時としては新しいことをやっていて、戦術家というイメージ。オシムさんのように新しいサッカー観が学べるんじゃないかと思って、楽しみでしたね」

9月にはさっそく2試合の親善試合が組まれていた。4日に横浜でパラグアイと戦い、その3日後には大阪でグアテマラと顔を合わせる。

ザッケローニは就労ビザの都合で指揮を執ることができないため、新監督の招聘《しょうへい》にあたった日本サッカー協会技術委員長の原博実が代行監督を務めた。

9月4日の親善試合は、ワールドカップ後に迎える最初の代表戦だった。ましてや相手は、そのワールドカップで日本の前に立ちはだかった因縁の相手、パラグアイである。空席が目立っていたワールドカップ前とは打って変わって、横浜の日産スタジアムは6万5157人の観客で膨《ふく》れ上がった。

日本は前線に森本貴幸ひとりを置き、その背後に香川真司、本田圭佑、松井大輔と攻撃的ミッドフィールダー3人を並べる布陣を採用した。

その後方で、4人のアタッカーを操る役目を託されたのは、中村である。

中村が日本代表のゲームで先発出場するのは、その年2月の東アジア選手権、韓国戦以来のことだった。さらに、最も得意とするボランチのポジションで最後に先発したのは、2009年1月のバーレーン戦までさかのぼらなければならない。

日本は2列目に並んだ3人を生かすため、積極的に前線にボールを入れてサイドから仕掛けていく。前半16分には中村のサイドチェンジから本田が左サイドを突破して、松井の惜しいヘディングシュートを演出した。

だが、ほぼベストに近いメンバーを先発起用させてきたパラグアイも負けてはいない。ワールドカップでも見せたように、インサイドとアウトサイドが巧みに入れ替わり、マークする日本の選手を惑わせてくる。22分にはエースストライカーのロケ・サンタクルスが、その2分後にはドルトムントで香川と同僚のルーカス・バリオスが決定的なチャンスを迎えた。

日本にとって大きかったのは、この〝パラグアイの時間〟を凌《しの》げたことだ。

横浜F・マリノスのチームメイト、中澤佑二と栗原勇蔵が組むセンターバックを中心にパラグアイの攻撃を弾き返すと、35分には本田、森本、香川と繋いで速攻を仕掛け、前のめりになっている相手の喉元に、〝鋭利なナイフ〟をちらつかせてみせる。

日本は前半のうちに流れを引き戻し、ゲームを折り返した。

後半は必ず、日本の流れになる――。ハーフタイムに、中村はそう確信していた。

パラグアイは前半、想像以上にハイペースで攻撃を仕掛けてきた。だが、それは後半になれば、彼らの動きが鈍る可能性の高いことを意味している。

中村の見立ては当たった。

日本がテンポ良く、ボールを左右に散らしてパラグアイを揺さぶると、スタミナが削《そ》がれた彼らの足が止まり始めた。

そして、後半19分、ゲームが動く。

香川からパスを受けた中村は、左サイドからゴール前に走り込む香川の姿を、パラグアイの選手たちが捉えられていないことを見逃さなかった。逆サイドにいる松井を見たかと思うと、矢のような鋭いパスを香川の足元に通した。

香川はスピードに乗ったままボールを巧みにコントロールすると、流れるようにスムーズな動きで右足を振り抜き、ネットを揺らした。

このゴールが決勝点となり、日本は因縁の相手、パラグアイに勝利した。

フル出場した中村は試合後の取材エリアで、落ちついた口調で得点シーンを振り返った。

「真司の動きは見えていたから、(松井)大輔のほうをチラッと見てフェイントを入れて、真司の足元目掛けてパスを出したんです。真司が足元で受けるのが得意なのもわかっていましたから。真司とは試合前、ちゃんと見てるから、パス出すからなっていう話もしていた」

香川も、中村との相性の良さを認めていた。

「あれは自分が得意としている形。僕は常にふたりのボランチや、ボランチとセンターバックの間を狙っていて、そこが空いていたら、どんどん走り込んで、パスを引き出すことを考えている。もし、ボールが来れば一発でチャンスになりますから。憲剛さんは僕の動きを常に見ていてくれるから、一緒にプレーしていて、すごくやりやすい」

なぜ、ふたりは同じ絵を描くことができたのか。

ふたりの間に存在するホットラインについて、中村はこんなふうに語った。

「真司が初めて代表に来たときから相性の良さは感じていたけれど、真司との関係がしっかりと築かれたのはワールドカップのとき。紅白戦では俺も真司もサブ組だったけど、あのときの真司はキレキレで、俺のパスから真司が抜け出す形で何度も崩していたんです。それにしても真司はドイツに行ってから、受け手としての能力がさらに研ぎ澄まされたように思う」

中村の言うように、この頃の香川からはプレースタイルの変化が感じられた。

セレッソ大阪在籍時の香川はドリブラーという印象が強かったが、大柄な選手が多いドイツでプレーするようになり、接触プレーを避ける術《すべ》に磨《みが》きがかかったのかもしれない。シンプルにボールを手放し、スペースに走り込んで再びボールを受ける。スピードを落とさないでトラップし、次のプレーに移る。そうしたレシーバーとしてのクオリティが一層高まっていた。

一方、中村は自身のプレーにも手応えを感じていた。

「パラグアイはガツガツ来たけど、プレッシャーは感じなかった。むしろ、代表でボランチとして使ってもらえたことの喜びを感じながらプレーしていた」

中村がボランチとして出場したのは、長らくこのポジションのレギュラーだった長谷部誠と遠藤保仁が負傷で離脱したことと無関係ではなかった。

だが、代表監督が替われば、すべてが白紙に戻され、横一線のスタートになる。日本のことを知らない外国人監督であれば、なおさら自分の目で確かめて、選手を起用する可能性は高い。最も自信のあるポジションで起用され、ゲームをコントロールした。香川の能力を最大限に引き出せるのは自分だという自負もあった。そして、それを新監督にアピールできたという手応えを、中村は感じていた。

2対1で勝利した3日後のグアテマラ戦はメンバーを入れ替えたことに加え、中村は翌日に川崎フロンターレの試合を控えていたため、サブに回った。

出番が訪れたのは後半38分だった。わずか10分弱の出場だったが、彼にとってこれが記念すべき国際Aマッチ50試合目の出場になった。

失意の初陣と韓国遠征

小雨が舞う埼玉スタジアムのサブグラウンド。ザッケローニがディフェンダーだけを集め、基本的な動きについて、細かくレクチャーしている。

今野泰幸や長友佑都、内田篤人といった選手たちがときおり頷《うなず》きながら、監督の言葉に耳を傾ける。その〝講義〟は実に30分以上にわたるものだった。

グアテマラ戦から約1ヵ月後、ザッケローニ体制の初陣となる10月8日のアルゼンチン戦に向けて、日本代表は4日から埼玉で合宿に入っていた。

「これまでやって来たことと正反対でした。学校の先生に授業を受けているような感じ」

守るときの体の向きなど、細かい指示を受けた槙野智章《ともあき》は、興奮気味に語った。

「相手との距離は1メートルを保つ」「ボールホルダーにはペアで対応する」というように、細かい約束事はほかにもあった。

「しっかり理解して、早く吸収していきたいと思います」

駒野友一も、意欲的な姿勢を見せた。

中村はどう感じているのだろう。

練習後に呼び止めて話を聞いたが、彼の言葉は、どうにも歯切れが悪かった。

「基本に忠実な感じがしますね」

「まだ始まったばかりだから」

言葉に冴《さ》えが感じられないのは、アルゼンチン戦の前日になっても変わらなかった。

「現代サッカーで、お、すげえ、っていうのは、もうあまりないですから」

「4日ですべてを語れることとなんてない」

合宿の2日目からは報道陣を締め出し、練習を非公開にすることもあったため、練習内容について選手が口にできることは多くない。だが、それを差し引いても、新チームでのチャレンジを心待ちにしていた彼の口数が少ないことは、気がかりだった。

その理由が、翌日のアルゼンチン戦で明らかになる。

攻撃陣には、森本、香川、本田、岡崎慎司の4人が起用された。彼らは9月のパラグアイ戦に出場した選手たちである。

しかし、ボランチに入ったのは前体制と変わらぬふたり、遠藤と長谷部だった。このとき遠藤は右太ももの裏や左ふくらはぎに痛みを抱えていたが、それでもザッケローニは先発出場させた。ディフェンスラインには、内田、栗原、今野、長友の4人が並び、ゴールキーパーには川島永嗣が指名された。

中村は後半32分から、しかも、一緒にピッチに立てば能力を最大限に引き出せると自負している香川との交代での出場だった。ボランチではなくトップ下に入り、トップ下の本田が香川のいた左サイドに回った。

のちにわかったことだが、中村は合宿が始まってから一貫して控え組のトップ下に入っていた。ボランチでプレーすることも、レギュラー組に入る機会もなかったのだ。

「俺みたいに線の細い選手は、ボランチで起用するつもりがないのかもしれないなって感じた。それならそれで仕方ないけど、一度ぐらい試してくれればいいのに……」

試合は前半19分、長谷部のシュートをゴールキーパーが弾いたところに岡崎が詰め、日本が先制する。この1点を守り抜いた日本は、リオネル・メッシ擁するアルゼンチンから大金星を奪った。チームが最高の船出を飾ったのとは対照的に、心が晴れない中村は悔しさを押し殺し、4日後にソウルで行われる韓国戦に向けて気持ちを切り換えた。

ソウル・ワールドカップ・スタジアムは、２００2年のワールドカップ開催のために建設されたスタジアムである。収容人員は6万６８０６人。サッカー専用競技場としてはアジア最大規模を誇り、韓国代表の試合が開催されるほか、ＦＣソウルのホームスタジアムとして使用されている。

10月12日の午後8時、スタジアムは熱気に包まれていた。

南アフリカ・ワールドカップでは日本も韓国もベスト16に進出している。自国開催ではないワールドカップでグループステージを突破したのは、ともに初めてのことだった。新監督を迎え、新チームが始動してまもないライバル同士が顔を合わせる。加えてこの一戦は、3ヵ月後に開幕するアジアカップの前哨戦の意味合いも含まれている。サポーターの期待は、いやがうえにも高まっていた。

スタジアムは9割方が赤のユニホームで染まり、「テーハミングッ（大韓民国）！」の大合唱が鳴り響く。キックオフ直前にゴール裏で発煙筒が焚《た》かれると、ボルテージはさらに上がった。

日本のスターティングメンバーはアルゼンチン戦から4人が入れ替わっている。負傷した岡崎と川島に代わって松井と西川周作が起用され、右サイドバックには駒野、センターフォワードには前田遼一が入った。

トップ下の本田、ボランチの遠藤と長谷部は替わらなかった。

試合は立ち上がりから韓国がラッシュを仕掛けてきたが、それを耐え抜くと、流れは徐々に日本へと傾いた。ロングボールによる韓国の大味な攻撃を跳ね返しながら、日本はゆったりとした攻撃と素早い攻撃を織り交ぜて攻め込んでいく。

0対0のまま、ゲームは後半を迎えた。日本は依然として攻勢だったが、ゴールを奪えない。

タッチラインの近くで体を温めながら戦況を確認していた中村は、ウォーミングアップのペースを早め、出番に備えた。

中村にようやく出番が訪れたのは、後半40分のことだ。

遠藤との交代で、インサイドハーフと呼ばれる攻撃的なポジションに入るよう指示された。残り時間はほとんどない。自分のポジションに素早くつくと、全力でボールを追いかけた。

44分、この日最大のチャンスが訪れる。

敵陣でボールを奪った本田がドリブルで攻め上がる。このとき、日本は3人の選手が攻め込んだのに対し、韓国のディフェンダーはふたりしかいない。理想的なカウンターだった。

本田はこの日、2本のミドルシュートを放っていた。それを警戒した韓国のディフェンダーが本田との距離を詰めようとする。

その瞬間、本田の右側から中村が駆け上がっていく。

そこにパスが出てくれば——。

ところが、本田が選択したのはシュートだった。中村の動きを囮《おとり》にして中央に切れ込むと、左足を振り抜く。渾身の一撃は、しかし、ゴールキーパーに弾き出されてしまう。

タイムアップの笛が鳴ったのは、それからしばらくしてからのことだった。

通算70回目の記念すべき日韓戦は、日本が押し気味にゲームを進めたが、0対0に終わった。

試合後、取材エリアに姿を現した中村は、落胆を隠せなかった。

「うーん、あの時間だけで何かするのは難しかったですね。フリーだったから、あそこでパスしてくれれば……。まあ、圭佑も〝ゴメン〟って言ってたし、あそこで狙うのが、あいつの良さだからいいんですけどね。このシリーズは消化不良のまま終わっちゃったけど、アジアカップがあるから、選ばれたら、頑張りますよ」

この遠征のさなか、中村を打ちのめす出来事がもうひとつ起きていた。

韓国戦の2日前、日本で行われたナビスコカップの準決勝第2戦で、川崎フロンターレが1対3でジュビロ磐田に敗れたのである。アウェーの第1戦に1対0で勝利していたが、2試合合計スコアは2対3となり、決勝には進めなかった。

中村にとってみれば、「後は任せたぞ」とチームメイトに託してチームを離れたつもりだったから、結果を知ったときは唖然とした。

「バスで練習に向かう最中に結果が出て。その場には（前田）遼一と駒ちゃん（駒野友一）もいて、磐田の勝利にすごく喜んでた。あれはショックだった。引き分けでも決勝に行けたのに……」

J1リーグの第10節が終わったとき、フロンターレは2位につけていた。しかし、ワールドカップ後に川島永嗣と鄭大世が海を渡り、起用法に不満を訴えたレナチーニョも退団すると、チームは優勝争いから少しずつ後退していった。

さらに、中村が日本代表に合流している間に、最も可能性があると思われていたナビスコカップでのタイトル獲得も消滅したのである。

タイトルをもたらし、恩返しをしてから海外に旅立つというプランは崩れ始めていた。

日本代表での不遇もあって、心の中は乱れるばかりだった。


韓国戦の夜、中村は代理人の大野と会った。

「メシでも食おうか」と誘われたが、気分が乗らなかったため、ホテルのロビーで少しだけ話をすることにした。

そう長くはない会話のなかで中村は、香川から言われたことを話して聞かせた。

「真司がね、〝ドルトムントは良いチームなんだけど、若い選手が多くてまだまだだから、憲剛さんが入って縦パスを出してくれたら最高なんですけどね〟って言うんです」

ドルトムントへの移籍が簡単なことではないと理解しながら、中村は「難しいのはわかっているんですけど、ああいうチームでプレーする自分も、想像してみたりするんです」とも伝えた。

ドイツも含めてあたってもらえませんか——。

その言葉を大野は心にとどめ、その夜、ふたりは別れた。

金浦空港での告白

韓国戦の翌日、僕は金浦《キンポ》空港の出発ロビーで搭乗時刻が来るのを待っていた。膝の上にノートパソコンを広げて原稿を打っていたが、周囲がざわつき始めたので顔を上げると、同じ便で羽田に向かう日本代表の面々がやって来るところだった。おそらく直前まで上階のラウンジで過ごしていたに違いない。

今野泰幸と並んで歩いてきた中村憲剛がこちらに気づき、ゲートに向かう選手たちから離れて、今野とともに歩み寄ってきた。

「隣、いいですか」

周りには大勢の日本人がいた。明らかに日本代表のサポーターと思《おぼ》しき女性たちもいる。ところが、中村はそんなことにはおかまいなしだ。搭乗寸前にわざわざ話しかけてくるなんて、今までにないことだった。

今野は、こんなに大勢の日本人がいるところに座るの？　と驚いたような表情を浮かべていたが、「ちょっと話したいことがあって」と言って中村が腰をおろしたので、彼も隣に腰かけた。

「海外に移籍しようと思ってるんです」

中村が切り出した。

「え、そうなの？」

「代理人とも契約を結んだんです」

「誰？」

「大野さん。知ってます？」

「ああ、宮本さんとか、オシムさんの」

「うん、そうです」

これまでにも彼から「海外でプレーする機会があれば行ってみたい」という言葉を聞いたことはあったが、ここまではっきりと海外行きの希望を聞いたのは、初めてだった。

中村が言葉を続ける。

「ナビスコも負けたし、リーグ優勝も厳しいし、永嗣もテセもいなくなったし……。代表だって今のままじゃ難しいと思うんですよ」

「まあ、たしかにね……」

気がつくと、数人の女性が様子をうかがうようにして集まっていた。

やがて、ふたり組が勇気を振り絞って「写真、撮らせてもらっていいですか」と中村に声をかけてきた。その後も代わるがわる、何組かが「サインを頂けませんか」などと頼んできた。

そのたびに中村は「すいません、プライベートなんで」「今はちょっと」と丁寧に断って話を続けていたのだが、困ってしまったのは今野である。

中村が話し終わるのを待っている今野は、手持ち無沙汰で、断るに断れない。もう、憲剛さんがこんなところに座るから……とでも言いたそうな様子で、しぶしぶ写真撮影に応じる今野の姿を横目で見ながら、僕は中村の話に耳を傾けていた。

「このままだと選手として終わっちゃうというか、成長できないいんじゃないかと思って。刺激を求めたいんですよ。どう思います？」

切々と訴える様子を見て、これは相当思いつめているな、と感じた。

日本代表のチームメイトは続々とヨーロッパのクラブに移籍し、香川も、内田も、長友もレギュラーとして試合に出場している。彼らがヨーロッパでプレーするようになってから2ヵ月ほどしか経っていないが、逞しさが増し、自信をつけているのが見ていてわかる。合宿を通して彼らと身近で接した中村は、なおのことそう感じているに違いない。

個人的には、鋭く正確な縦パスでチームに推進力をもたらせる中村は、速い攻撃を志向するザッケローニの好みに合致しているのではないか、と考えていた。

とはいえ、わずか2試合の親善試合をこなしただけで、3ヵ月後にアジアカップを戦わなければならないのだから、多くのメンバーを試している余裕はない。ワールドカップのレギュラーをそのまま送り出したザッケローニの采配も、納得できるものだった。

しかし、アピールに努めたい選手の立場からすれば、たまったものではないだろう。

再びポジションを取り戻すには、彼ら以上の成長を遂げるしかなく、それにはヨーロッパのリーグで揉まれるのが一番――そんな考えに彼が至ったのも理解ができた。

「気持ちはわかるよ。挑戦してみるのは、いいことだと思う。俺は賛成だけどね」

僕自身、彼がヨーロッパのクラブでプレーする姿を見てみたかった。

「進展があったら、連絡します」

中村はそう言うと、席を立った。

続いて今野も立ち上がり「お疲れっす」と軽く会釈すると、ふたりは搭乗ゲートのほうへと消えていった。

波瀾

4章—— 思わぬすれ違い

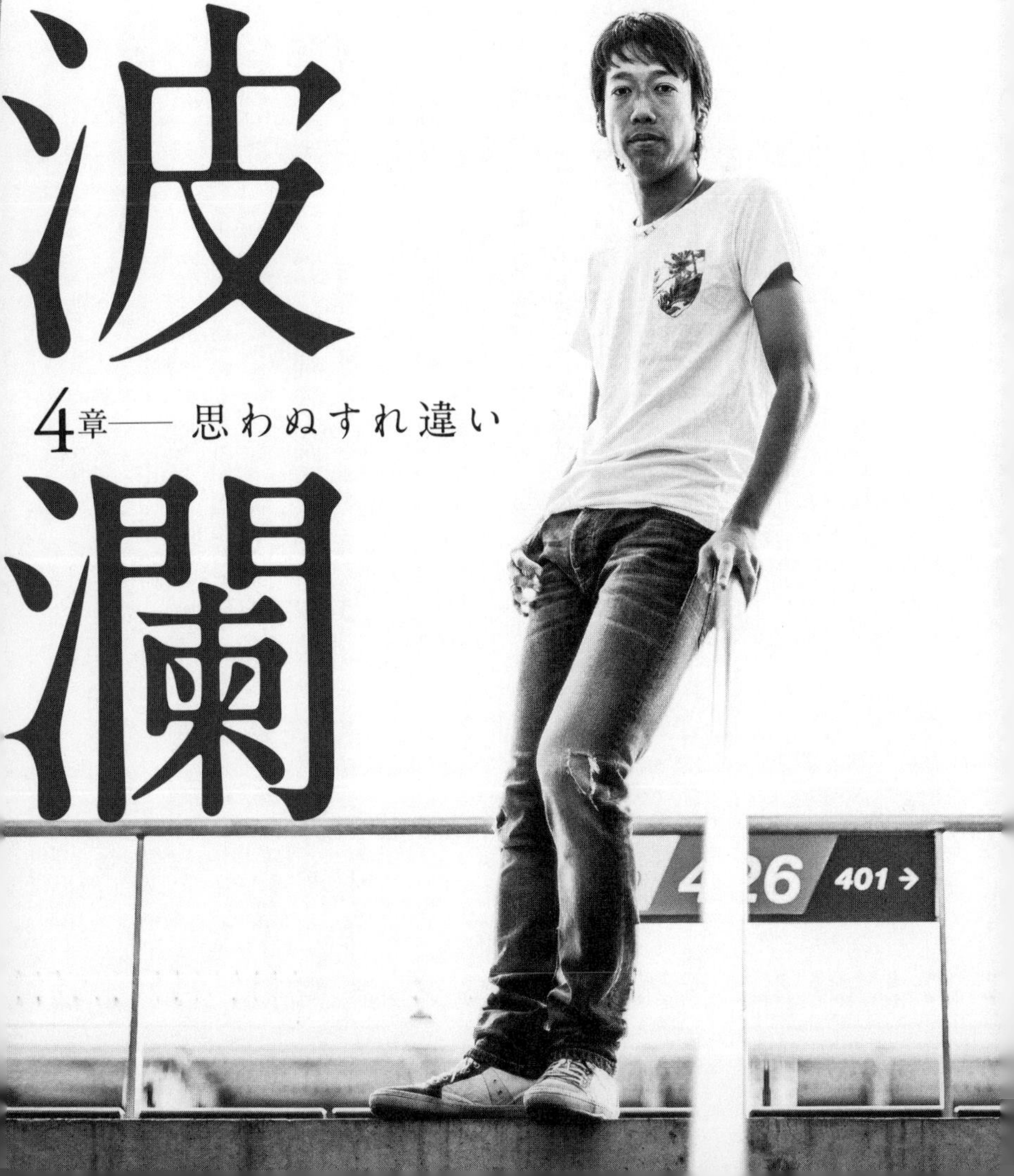

アジアカップメンバー落選

2010シーズン、川崎フロンターレはまたしても無冠に終わった。

中村憲剛が不在の間にナビスコカップで敗退すると、11月14日、J1リーグ第30節で鹿島アントラーズに敗れ、4節を残してリーグ優勝の可能性も消えた。その3日後、J2のモンテディオ山形と顔を合わせた天皇杯の4回戦は、延長戦を終えても3対3で決着がつかず、PK戦の末、早くも大会から姿を消すことになった。

いずれも、タイトルは程遠いところにあった。

11月末には最終節を待たず、高畠《たかはた》勉《つとむ》監督の退任が発表された。

2001年にフロンターレのコーチとなった高畠は、石崎信弘、関塚隆の両監督を支え、2008年に関塚が体調不良で休養した際には後任を務めた人物だ。2009年に関塚が監督に復帰すると、再びコーチに戻ってチームをサポートした。

2009シーズンはJ1、ナビスコカップ、ACL、天皇杯の4タイトルすべてを狙える位置に立っていたが、そのことごとくを逃し、関塚は責任を取って退任してしまう。

種は蒔《ま》かれ、稲は育っている。あとは実った穂を刈り取るだけ——。

その任を託されたのが、高畠だった。チームに長く携わり、チームのストロングポイントも、修正すべきポイントも知り尽くしていたため、適任に思われた。

しかし、ことはそう簡単には進まない。

２０１０シーズンのフロンターレの前線には、ジュニーニョ、レナチーニョ、ヴィトール・ジュニオール、鄭大世といった頼もしくも、アクの強いメンバーが揃っていた。彼らの能力と個性を最大限に生かすため、高畠は戦術で縛ることなく自由を与えたが、逆に言えば、彼らにディシプリン（チーム全体の共通理解・規律）を植え付けることができなかった。

彼らを操る中村も、ベストパフォーマンスを維持できたわけではない。

前半戦はアゴの骨折によって約1ヵ月半を棒に振った。

ワールドカップ後、ザッケローニ体制となった新生・日本代表では失望を味わった。

海外移籍が頭にちらつき、フロンターレでプレーすることから気持ちが離れつつあった中村自身のプレーも、決して満足のいくものではなかったのだ。

「永嗣とテセに置いて行かれた感覚もあったし、ワールドカップで高みを知ってしまったから、すごく焦っていた。この先、どうしたらいいんだろうって、移籍の考えもあったから、悶々として、集中できていなかった」

フロンターレはこのシーズン、序盤こそ2位につけたものの、その後は優勝争いに絡むことなく5位に終わった。

最終節から3日後の12月7日には、寺田周平と佐原秀樹の現役引退が発表された。

中村の5歳上の寺田は１９９９年に、2歳年上の佐原は１９９７年に、それぞれ大卒、高卒ルーキーとしてフロンターレに加入した選手たちである。ふたりともスタジアムに観客が３０００人ほどしか集まらなかった不遇のＪ2時代、5シーズンぶりのＪ１復帰といったクラブの歴史を知る男たちだ。

その彼らがスパイクを脱ぎ、２００１年からコーチ、監督として指導にあたってきた高畠もトップチームから離れる――。

ひとつの時代が終わろうとしていた。

日本サッカー協会のスタッフから中村のもとに連絡があったのは、２０１０年のクリスマス直前のことである。

技術委員長の原博実からのメッセージとして伝えられたのは、こんな言葉だった。

今回は若手を呼びたい。来てもらってもスタメンじゃないし、ベテランを長い時間ベンチに座らせておくわけにはいかない。今回はしっかり休んで新シーズンに備えてくれ――。

２０１１年１月７日にカタールで開幕する、４年に一度のアジアカップ。その日本代表メンバーから落選したことを告げる電話だった。

12月24日に発表されたメンバーリストを見ると、半年前の南アフリカ・ワールドカップに出場したメンバーは23人中10人しかいない。

ブラジル・ワールドカップを見据え、20代前半の槙野智章や柏木陽介、20歳になったばかりの酒井高徳ら、代表経験が浅く、フレッシュな顔ぶれがそろっている。登録メンバーの平均年齢も、ワールドカップのときの27・9歳から24・6歳とずいぶん若返った。

一方、中村は10月31日に30歳になっていた。

〈え、マジか……〉

スタッフからの連絡に、中村が言葉を失ったのには理由があった。

Jリーグの全日程が終了したあと、日本代表のコーチングスタッフから「調子はどうだ？　ちゃんと準備しているか？　アジアカップに向けてコンディションを作っておいてくれよ」という連絡を受けていたのだ。

「〝大丈夫です、ちゃんとやってます〟って。シーズンが終わって家族でハワイに旅行したんだけど、体がなまらないように浜辺をずっと走ってたし、旅行自体も早く切り上げて、アジアカップに備えていた。だから、びっくりしたというか……。落選は仕方ないにせよ、そんな考えがあったなら、もっと早く伝えてくれればいいのに……」

自宅で開いたクリスマスパーティーは、残念会になった。

「みんなにイジられた。〝頑張れよ、アジアカップ〟とか言われて、〝入ってねえし！〟って。そのときは笑っていたけど、心の中では泣いていた……」

中村にとってアジアカップは初めて出場した国際大会で、代表定着への足がかりともなり、サッカー人生のターニングポイントになった大会だ。２００７年の前回大会、監督のイビチャ・オシムからボランチのレギュラーに指名され、２列目の中村俊輔、遠藤保仁を攻守両面においてサポートし、6試合すべてに先発した。

結果として4位に終わっていたため、その雪辱を果たすべく、気持ちを高めていた。

たとえベンチスタートになったとしても、国際大会で勝ち進んでいくためには控え選手の存在がいかに重要であるか、よく理解している。大会が開幕すれば、そのときに好調で、結果を残した選手がポジションを奪ってしまうことだって珍しくない。

ところが、ザッケローニに再アピールするためにパワーを蓄え、コンディションの維持に努めてきたことが徒労に終わろうとしている……。

アジアカップに注ぐはずのエネルギーは行き場を失い、体の中を駆けめぐるばかりだった。

トルコか、残留か、フランスか……

2010年秋、ドイツのブンデスリーガでは、ちょっとした日本人ブームが起きていた。火付け役となったのは、香川真司と内田篤人である。

ドルトムントのトップ下で輝きを放つ香川は、11月に3ゴールを奪って通算ゴール数を7に伸ばし、首位に立つドルトムント躍進の立役者になっていた。シャルケの内田も右サイドバックのレギュラーに定着し、タイミングを心得た攻撃参加と粘り強い守備対応で、監督のフェリックス・マガトやチームメイトの信頼をつかんでいた。

日本人選手はヨーロッパや南米の選手と比べて移籍金が低く、マーケティング収入の増加も期待できる。それでいて技術がたしかで、チームや戦術に対しての忠誠心も高いため、〝第二の香川〟〝第二の内田〟の発掘を狙ったスカウトやエージェントが続々と来日した。

「どんな選手と契約してるんだ?」

代理人の大野祐介のもとにも、ドイツのスカウト、エージェントから問い合わせが届いた。

大野が契約する選手のなかで日本代表に選ばれているのは、中村憲剛と、浦和レッズの細貝萌《はじめ》、ベガルタ仙台の関口訓充《くにみつ》の3人だった。

彼らには欧州移籍のチャンスがあると考えていた大野は、来日したスカウトやエージェントを等々力陸上競技場や埼玉スタジアムに連れて行き、実際のプレーを確認してもらう機会を設けた。

「すると、みんな言うんですよ、〝ナカムラはすごく良い選手だ〟って。ただ、年齢が問題で、ドイツではノーチャンスだと。ドイツでは若い選手と3年ぐらいの契約を結び、活躍させてから高く売る（移籍させる）ことを考えている。だから、〝20代半ばでもギリギリだ〟って言うんです」

だが、強い関心を示してくれたクラブが1チームだけあった。

長谷部誠が所属していたヴォルフスブルクである。

２００８－09シーズンにリーグ王者に輝いたこのクラブのフロントには、オシムの知り合いがいた。その人物を介してプレー映像を送ったところ、中村に興味を示してくれたのだ。

ヴォルフスブルクには、かつて大久保嘉人も所属していたことがある。さらに、ジェフユナイテッド市原で活躍し、横浜FCやアビスパ福岡を率いたことのあるピエール・リトバルスキがアシスタントコーチを務めていたから、ほかのクラブよりも日本人選手に対する理解が深いという面があったのかもしれない。

大野は粘り強くヴォルフスブルクに働きかけながら、一方で、イングランドやオランダ、さらにフランスにまで手を広げ、情報収集や売り込みに励んだ。


思いがけないオファーが舞い込んできたのは、川崎フロンターレが２０１０シーズンの全日程を終えた12月上旬だった。

大野が懇意にしているベルギー人のエージェントから連絡が届き、「今すぐにでもオファーを出したい、と言っているクラブがある」という。

そのクラブは、トルコのカイセリスポル、だった。

ベルギー人エージェントが声をかけた関係者のひとりに、オランダのアヤックスやＡＺアルクマールで活躍した元グルジア（現ジョージア）代表の英雄、ショタ・アルベラーゼがいた。その彼が率いているのがカイセリスポルで、映像で見た中村のプレーをひと目で気に入り、獲得したいと熱望したのだ。

え、トルコ⁉　そのオファーはどこまで本気なの？　まったく知らないクラブだけど……。

それが、大野から連絡を受けた中村の、正直な感想だった。

大野は急いで情報をかき集め、クラブの状況や契約条件などを確認する。

トルコ中央部に位置する人口約54万人の都市、カイセリをホームタウンにするカイセリスポルは、トルコリーグで5位から8位の間をさまよう中堅クラブだ。２００７‐08シーズンにトルコカップで優勝すると、翌シーズンにはトルコ・スーパーカップも制し、念願のチャンピオンズリーグ出場を実現させるため、まさに資金を投入し、チームの強化に取り組んでいるところだった。

「年俸は破格で、税別で2ミリオンユーロ（当時約2億円）とのことでした。スタジアムは映像で見る限り……そう、レアル・マドリーの本拠地、サンチャゴ・ベルナベウのような感じで、近代的。発煙筒がバンバン焚かれていて、サポーターも溢れかえっていて――」

面白いな、と大野は思った。

ここで活躍すれば、トルコのビッグ3と言われるガラタサライ、フェネルバフチェ、ベシクタシュのいずれかに引き抜かれる可能性もありそうだ。そうすれば、スカウトやエージェントの目に触れる機会が増えて、イングランドやドイツへの道も拓《ひら》けるかもしれない。

ヨーロッパでのプレーのとっかかりだと考えれば、悪くない話に思えた。

「向こうは積極的で、往復の航空チケットも用意するから、とにかく一度スタジアムを見に来ないかと。しかも2億円の年俸のうち1億は前払いするという約束までしてきたんです」

試合映像も収集した大野は、中村の自宅までやって来て、熱く説いた。

しかし、数日後に中村が出した結論は、「見送る」というものだった。

「大野さん、すいません。俺、家族がすごく大事なんです。自分ひとりだったら行ったけど、イスタンブールでもアンカラでもない、よく分からないところに家族を連れて行くのは、正直怖い。大野さんの熱心さはわかるんだけど、家族のことを考えたら難しいです」

ヴォルフスブルクが示した興味は、正式なオファーへと発展しなかった。

カイセリスポルから届いたオファーのほかには、イングランド2部リーグに所属するリーズ・ユナイテッドが興味を示しているという状況で、２０１０年の年末を迎えた。

タイムリミットは迫っていた。

中村が本当に移籍するなら、ブラジルから代表クラスのボランチを獲得するぐらいでなければ、その穴は埋まらない。中村の去就は、フロンターレにとって新シーズンの編成を根幹から覆《くつがえ》しかねない問題だった。

しかも、中村とフロンターレの契約はこの年限りで切れるため、契約を延長する場合と、移籍金ゼロで放出し、新外国人選手を獲得する場合とでは予算にも大きな違いが出る。

いずれにしても、年内には結論を出してくれ――。

それが、フロンターレの強化部から中村と大野に出された要望だった。

もっとも、ヨーロッパの移籍市場は1月31日まで開いている。マーケットが熱を帯びてくるのは、むしろ年が明けてからのことで、1月31日の最終日にいわゆる〝滑り込み〟で移籍が成立するのも日常茶飯事だった。

だから、大野は引き続き移籍の道を探るべく、中村に言い聞かせた。

「今回は契約が切れる数少ないタイミングだよ。少しわがままを言ってもいいんじゃないか。僕が悪者になってもいいから1月まで頑張ろう。何が起きるかわからないから」

しかし、中村は明確な返答を避けた。

中村にとって海外移籍は初めての経験だから、1月にどれだけマーケットが動くものなのか、よくわかっていなかったこともある。年末の時点で獲得を申し出たクラブや、興味を示しているクラブが、トルコやイングランドの2部しかないということは、今回は難しいのかもしれない、とも思い始めていた。

フロンターレの新監督が相馬直樹《そうまなおき》に決まったことも大きい。

ふたりは2004年から2年間、フロンターレでチームメイトだった。中村にとって相馬は初めて一緒にプレーするワールドカップ出場選手だった。相馬が鹿島アントラーズから加入することが決まったときには「うわ、あの相馬直樹とチームメイトになるんだ!」と興奮したものだった。

その年、相馬は左サイドバックからボランチに、中村はトップ下からボランチにコンバートされたため、ボランチというポジションについて、ふたりはよく話し合った。

「現役の頃から〝理論派〟として鳴らしていたし、当時から監督みたいな人だった。いろいろアドバイスしてくれたし、俺からもよく質問した。俺のことをよく知ってくれてる相馬さんなら、一段上に引き上げてくれると思ったし、チームに鹿島のような勝者のメンタリティを植え付けてくれるんじゃないかっていう期待もあった」

さらに、中村の心を揺さぶる出来事があった。

12月23日、クラブハウスに顔を出すと、思わぬ光景を目の当たりにする。

どこで聞きつけたのか、フロンターレのサポーターグループ、川崎華族のメンバーを中心とした50人以上のファン、サポーターが練習場に集まり、慰留を訴えてきたのだ。

「嬉しかったな。これだけ応援してくれる人がいるのに、一緒に戦おうって言ってくれる人がいるのに、この人たちを置いて出て行っていいものなのかって悩むようになってきて……」

年の瀬も迫ったある日、クラブに促された中村は、再びクラブハウスを訪れた。

家族会議を何度も重ね、これまでとは違うユニホームを着てプレーする自分を思い浮かべ、悩みに悩んだ中村はこの日、結論をクラブに伝えた。

「フロンターレを出ようと思ったのは初めてのこと。恩返しをしないまま移籍していいものか、移籍金を残さないで行くわけだし、こんなに悩んだことはないっていうぐらい悩んだ。チーム編成のこともあるし、年内に決めなければいけない、それだけは守ろうと思ってた。それで、これ以上待っても、これ以上のオファーは来ないんじゃないかなって。クラブに迷惑はかけられないから、残りますって伝えた」

その夜、中村は大野に連絡を入れた。

残留するという報告を受けた大野は、もどかしさでいっぱいになった。

「ちょっと待ってよ。僕はエージェントにストップはかけないよ。本当に海外に行きたいのなら、もう少し粘ろうよ。もし年明けに話が来たら、もう一回、フロンターレと話し合おう」

大野は中村にそう告げて、電話を切った。

「ナカムラはまだ契約していないか？」

フランス人エージェントから大野が連絡を受けたのは、年が明けた２０１１年1月4日のことである。電話の内容は、ブラジルのスター選手、ロナウジーニョも所属したことのあるフランスの強豪、パリ・サンジェルマンが中村に興味を持っている、というものだった。

バイヤー・レバークーゼンへの完全移籍が決まり、まずはアウクスブルクに期限付き移籍でレンタルされることになった細貝に付き添ってドイツに来ていた大野は、すぐに中村に連絡を入れた。

「あのフィリップ・トルシエがすごくプッシュしてくれたらしい。これは大きなチャンスだと思うから、話を進めていこう」

え、あのパリ・サンジェルマン――⁉

チーム名を聞いた中村のテンションは一気に上がった。だが、「そんな話が来たんですか⁉ でも、もう残るって言ってしまったし……」と、悩ましげな声を出した。

まだ正式に契約を延長したわけではなかったが、元旦のスポーツ紙には『憲剛、今年もフロンターレ宣言』との見出しが打たれた記事が大々的に出ていたのだ。

大野は説得するように、中村に訴えかけた。

「まだサインもしてないし、ハンコだって押してない。事情を言えば、みんなも理解してくれるはずだよ。ここはチャレンジしてみないか」

すぐに帰国するから戻ったら話を詰めよう、と大野が伝えると、中村も「はい、ちょっと考えてみます」と答えた。

しかし翌日、中村から届いたメールには、こう書いてあった。

やっぱり、フロンターレでやります――。

「クラブには伝えているし、新聞にも残留宣言って出てしまった。ここで反故《ほご》にしたら完全な裏切り行為。みんなに迷惑がかかるし、サポーターの顔もちらついて……。それに、年が明けた時点で自分の気持ちを切り換えたっていうのもあった。これまでJリーグで、フロンターレで成長してきたし、日本にいても、まだまだ成長できるんだっていうのを見せつける――それも大きな挑戦なんじゃないかって」

ヨーロッパの冬の移籍市場が閉じられるまで、まだ4週間弱あった。

しかし、パリ・サンジェルマンほどの強豪クラブが興味を示しているというのに見送るのなら、ヨーロッパのエージェントにこれ以上動いてもらっても、迷惑をかけるだけになる。

手応えを感じていた大野にとっては苦渋の決断だったが、中村の冬の移籍については、終了キーを押すことにした。

その冬も、多くの日本人選手が海を渡った。

細貝と同じタイミングで槙野智章がサンフレッチェ広島からドイツの1FCケルンへの移籍を決めた。さらに、期限ギリギリの1月30日に清水エスパルスの岡崎慎司が同じくドイツのシュトゥットガルトに移籍することになった。

セレッソ大阪の家長昭博はスペインのマジョルカへ、ガンバ大阪の安田理大《みちひろ》はオランダのフィテッセへ、ロアッソ熊本のカレン・ロバートもオランダのVVVフェンロへと旅立った。

中京大中京高校の宮市亮《みやいちりょう》はJリーグのクラブには加入せず、イングランドのアーセナルと5年契約を結び、オランダのフェイエノールト・ロッテルダムに期限付き移籍することが決まった。

宮市を除く6選手に共通するのは、2008年の北京オリンピックへの出場資格を持っていた、いわゆる〝北京五輪世代〟という点だ。カレンは1985年生まれ、細貝、家長、岡崎の3人は1986年生まれ、槙野と安田は1987年生まれ——日本人選手がヨーロッパに移籍する際の基準が25歳以下という年齢にあったことがよくわかる。

だから、パリ・サンジェルマンが30歳の中村に興味を示したのは、異例のことだった。

しかし、中村はJリーグで成長するという、意地にもプライドにも似た覚悟で、新シーズンを迎える決意を固めたのである。

「華族」と「家族」

中村憲剛より1年早い1979年生まれの山崎真は、川崎フロンターレのサポーターグループ、川崎華族のリーダーである。

2010年のシーズンオフ、中村がクラブハウスに顔を出すことを聞きつけた彼は、すぐに仲間たちと連絡を取った。12月に入ってからというもの、スポーツ紙や専門誌では中村の海外移籍の可能性が取り沙汰されていた。そうした報道を目にするたび、山崎はいてもたってもいられなくなった。

「憲剛とは相思相愛だと思っていたのに、それだけ悩むっていうことは、俺たちの気持ちが伝わり切ってないいんじゃないかって。だから、残るにしても出るにしても、〝俺たちはおまえのことを川崎の宝だと思ってる。憲剛抜きのフロンターレなんて考えられない〟ってことをちゃんと伝えなきゃいけないと思って。それでみんなで会いに行くことにしたんです」

その日、麻生グラウンドには山崎の呼びかけに応じた50人以上のサポーターが集まった。

クラブハウスから出てきた中村を呼び止め、彼の応援歌を大合唱したあと、仲間を代表して山崎が気持ちを伝えると、中村は嬉しそうな、ちょっと照れたような表情を見せた。

「憲剛はそのとき、移籍か、残留か、明言はしなかったけど、俺たちの気持ちにはすごく感謝してましたね。憲剛にとって難しい選択なのは、わかっていたんです。野球選手が一生に一度はメジャーリーグでやりたいというのとおんなじで、サッカー選手が一度はヨーロッパでプレーしてみたいって思うのは、当たり前のことだから……」

川崎で生まれ、川崎で育った山崎がフロンターレと出会うのは、クラブが創設されたばかりの1997年のことだ。当時、彼はまだ高校生だった。

ある日、JR南武線の平間《ひらま》駅で、ひとりでポスターを貼っている男性の姿を目撃した。

「何やってるんですか？」と山崎が声をかけると、Jリーグ入りを目指している川崎フロンターレというプロサッカークラブの告知だという。サッカー好きでも、Jリーグファンでもなく、野球少年の山崎だったが、地元のチームが盛り上がってほしいという気持ちがあった。

「だって川崎って、ロッテもダメ、大洋もダメ、ヴェルディもダメ、スポーツが根付かない街って言われてたから。自分の街がそんな風に言われるの、悔しいでしょ。でも、その人は〝川崎市民の誇りになるようなサッカークラブを作りたいんだ〟って言うわけ。その言葉に感激しちゃってポスター貼りを手伝ってあげた。そしたら、〝一度、見に来なよ〟って言われて。それからですね、フロンターレの試合を見に行くようになったのは」

その男性の名前は、天野春果《はるか》といった。のちにプロモーション部長兼広報部長としてユーモア溢れるイベントやPRを仕掛け、フロンターレの地域密着とスタジアムへの集客に大きく貢献する人物である。

友人を誘ってバックスタンドやゴール裏で観戦していた山崎が川崎華族を結成したのは、1年でJ2に舞い戻った2001年のことだ。

このチームを、俺たちが支えなきゃいけない——。

使命感に衝き動かされた山崎は、自分と同じように、サッカーが好きというよりも川崎という街が好きで、好きな街のチームだからフロンターレを応援したいという若者たちに声をかけ、メンバーを募《つの》った。

「J2に降格して苦しいときだったし、どんなときでも挫《くじ》けずにクラブをサポートできる芯の通ったサポーター集団を作りたかったんですよ。フロンターレが川崎という街の華になるために活動できる集団をね——」

それが、川崎華族という名前の由来だった。

「最終的に憲剛が移籍を選ぶなら、それはそれで仕方がないし、押しつけるようにして残留させてはいけないとも思ってた。ただ、選択肢のひとつとして、〝川崎のレジェンド〟〝ミスター・フロンターレ〟として現役をまっとうする道があってもいいんじゃないかと思ったし、〝一緒にタイトル、目指そうぜ〟って。その気持ちだけは、伝えたかったんですよ」

どうしても届けたかった想いは、彼らにとっての〝レジェンド〟の心に確かに響いたのである。

妻の加奈子には、憲剛が望みさえすれば、どこにでも付いていく準備があったという。

「家族を残してひとりで行くっていう選択肢は、なかったんです。だって、うちの旦那、子どもたちがいないと干からびて死んじゃいますから。行くなら、家族みんなで。私、子どもは日本で育てたいっていう考え、あまりないんです。むしろ、子どもにはいろんな国を見せてあげたくて。だから、憲剛がトルコに行きたいって言えば、家族みんなで行くつもりでした」

2010年末の時点で長男の龍剛《りゅうご》は2歳、長女の桂奈《けいな》は生まれてまだ8ヵ月しか経っていない。それでも彼女に尻込みする気持ちはまるでなかった。

「これは私の推測なんですけど……」と前置きして、彼女は話を続けた。

「行けば、そこから道が開けたのかもしれないですけど、憲剛には〝とりあえずヨーロッパ〟とか、〝どこでもいいからヨーロッパ〟っていう考えはなかったんじゃないかなって」

なぜ、そう思うのか——。

加奈子が思い出すのは、翌年に結婚することが決まった2003年、中村がプロ1年目のときのある出来事だ。

「当時、私はPR会社で翻訳のバイトをしていたんです。大学の頃から英語をもっと勉強したくて、将来もそっち方面の仕事に就きたかったので留学する予定だったんですね。憲剛が本当にプロでやっていけるのかわからなかったこともあって、夫婦共働きを考えていて。それで憲剛に〝留学が1年か2年かで結婚の時期がズレるけど、2年コースでもいい？〟って聞いたら、〝その2年って、本当に海外じゃなきゃできないこと？　自分の気持ち次第でしょ。1年は日本で必死になって勉強すれば同じなんじゃないの？〟って言われて……」

ネイティブスピーカーのいる環境で生活すれば耳が慣れ、飛躍的に英語が上達するに違いない。同じような志《こころざし》で留学している友人ができれば刺激になるし、大金をはたいて海外までやって来たのだから、頑張って勉強するはずだ——。

そんな風に考えていたが、たしかに海外でなければならないことはなく、自分の強い気持ちとやる気があれば、日本でも上達できないことはない。

「すごくハッとさせられたんです。日本人ってどこか、外国に行ったら凄《すご》いとか、偉いっていう感覚がありますよね。欧米に対するコンプレックスというか。実は私にもあって、英語を本格的に勉強するなら、海外に行かなきゃいけないって考えていて。環境が日本だからっていう甘えがあったと思うんです」

加奈子は翻訳学部の1年コースを選んだ。ハイレベルだから卒業できないかも、と弱音を吐く加奈子を、憲剛はひとつの条件を付けて送り出した。

「冗談っぽくですけど、〝卒業してこなかったら婚約破棄だから〟って言われて。でも、憲剛はもともとそういう考えの持ち主だから、ヨーロッパに行くことが偉いわけじゃないし、向こうで何ができるかが重要で、1年行ってすぐ帰ってくるなんて中途半端なことをするぐらいなら行かないほうがいいって考えていたと思うんです。それで、フロンターレでも、Jリーグでも自分次第で成長できるっていう考えに心が傾いていったんじゃないかなって」

2004年、彼女は留学先のオーストラリアと日本を何度も往復することになる。憲剛がこの年、レギュラーに抜擢されたからである。

試合を見るために何度も空を飛びながら勉強に励んだ彼女は、1年コースを無事、卒業し、シーズン終了後の12月8日、ふたりは無事に入籍した。

中央大学サッカー部のキャプテンとマネージャーとして出会い、付き合い始めて3度目の冬のことだった。

39歳の青年監督

2011年の新シーズンを迎えるにあたり、川崎フロンターレが新監督に迎え入れたのは、39歳の相馬直樹だった。OBの監督就任は1997年のプロ化以来、初めてのことになる。

現役時代の相馬は、突出したスピードがあるわけでも、華麗なテクニックを備えているわけでもなかった。にもかかわらず、彼が名サイドバックとして日本サッカー史に名を残しているのは、明晰な頭脳と弛《たゆ》まぬ努力によるところが大きい。

左足で自在にクロスを放つ姿から、相馬の利き足が左だと思っている人もいるかもしれないが、利き足は右である。自らの生きる場所を左サイドバックに見出し、右足以上に左足を磨いたのだ。

〝サッカー王国〟静岡県清水市（現静岡市清水区）で生まれ育った相馬は、清水東高校から早稲田大学に進学し、１９９４年にジーコが現役として在籍していた鹿島アントラーズに入団する。

その年に早くも左サイドバックのポジションをつかむと、翌年、日本代表に選出され、１９９８年にはフランス・ワールドカップに出場した。

アントラーズでは１９９６年のリーグ優勝を皮切りに、ナビスコカップ、天皇杯を合わせて８つのタイトル獲得に貢献し、彼のキャリアは栄光で彩られていく。

２００２年には東京ヴェルディに期限付き移籍し、１年後にアントラーズに復帰すると、２００４年、32歳のときにフロンターレに加入する。このとき、チームにはプロ２年目、23歳の中村がいた。

しかし、相馬と中村がチームメイトでいられた期間は決して長くなかった。２００５シーズン限りで、相馬がスパイクを脱いだからである。小学生の頃から日の丸を背負って戦い、酷使してきた彼の足は、すでにボロボロだったのだ。

引退を決意したとき、相馬の胸にまず思い浮かんだのは、日本サッカー界のために尽力し、レールを作ってくれた人たちへの感謝の気持ちだった。

「Ｊリーグが誕生していなければ、日本はワールドカップに出られなかっただろうし、ジーコがいなければ鹿島が強くなることもなかった。そう考えると僕は、たまたま1971年に生まれたおかげで、いろんな人が作ってくれたレールに乗っかることができて、幸せなサッカー人生を送らせてもらえたと思うんだ」

だから、今度は自分の番だと考えるようになった。

日本サッカー界に恩返しがしたい。

かつての自分がそうだったように、後輩たちに満員のスタジアムでプレーさせてあげたい。

プロである以上、魅力のあるサラリーや名誉が得られるような環境を作ってあげたい。

そのために、自分に何ができるのか――。

それを模索するところから、相馬のセカンドキャリアはスタートした。

解説者としてメディアの仕事を経験し、サッカースクールを開いて子どもたちの指導にもあたった。スタジアムを満員にするという夢を叶《かな》えるためには仕組みを学ぶ必要があると考え、スポーツマネジメントの勉強をするために大学院にも通った。

「マネジメントの勉強は面白かったし、タメになったけど、勉強して痛感したのは、組織を動かせるようになるには自分はまだ若く、経験がなさすぎるっていうこと。今の自分がスタジアムを満員にするには、魅力的なサッカーを見せられる監督になることが近道なんじゃないか、って思うようになったんだ」

2008年からS級コーチライセンスの講習を受け、その1年後に無事、ライセンスを取得した相馬は、ある想いを強くしていた。

現場に戻るなら、コーチではなく監督からスタートしたい――。

現役時代に数多くの監督、コーチのもとでプレーした経験から、監督とコーチはまったく違う職業だと感じていた。

「コーチはあくまでも監督のサポート役。リスクを負って勝負するためには、やっぱり決定権のある監督をやらなければいけないなと。そんなに甘いものではないだろうとは思っていたけど、できるなら、監督としてスタートを切りたいっていう結論に至ったんだ」

監督だからといって、すべての決定権を得られるわけではない。望む選手を獲得できないこともあれば、クラブハウスや練習場といった環境面の不備に悩まされることもあるだろう。だが、その制限のなかであれば、自分の意思ですべてを決定できるのが監督だ。リスクを負って勝負したい。失敗を恐れるくらいなら最初から指導者になんてならないほうがいい……。

準備した者にだけチャンスが訪れるように、決意を固める相馬のもとに、ある連絡が届く。当時J2の下のカテゴリーであったJFLに所属する町田ゼルビアからだった。

1年後のJ2昇格を狙うクラブが、勝負の年を預ける監督として相馬に興味を持ったのだ。相馬の監督就任が発表されたのは、クラブと相馬が何十時間も話し合い、互いの方向性を確認してからのことだった。

2010年、相馬は与えられたミッションを成し遂げ、ゼルビアはJ2参入条件を満たすリーグ3位でフィニッシュする。

しかし、J2昇格はならなかった。

スタジアム設備など、成績以外の条件でJリーグ基準を満たせなかったのだ。

ゼルビアから契約延長を望まれた青年監督は、それを断った。理由は、新しいチャレンジのため、だった。ちょうどその頃、古巣からも監督就任のオファーを受けていたのだ。

JFLのクラブの監督をわずか1年務めただけで、J1の、それも悲願の初タイトル獲得を目指すチームの監督に就任する――。これもリスクを負った決断だった。

いったい、どうしちゃったんだ――⁉

新シーズンの指揮を執ることが決まり、さっそく2010シーズンのフロンターレの試合映像を取り寄せた相馬は、驚かずにはいられなかった。

映像のなかの中村はプレーに集中しておらず、イライラしていることが多かった。

相馬が見た映像は、チームの成績が上がらず、海外移籍か残留かに悩み、日本代表でも出番がなく、中村の心が揺れている時期のものだったに違いない。

「僕の知ってる憲剛じゃなかった。スタッフに聞いても、最近はあんな感じだって言う。これじゃあ憲剛にとっても、チームにとってもいいはずがない。チームが優勝するためにも、憲剛が代表でレギュラーになるためにも、憲剛に我慢を覚えさせなきゃいけないって思った」

それと同時に、憲剛とジュニーニョ頼みのチームから脱却を図らなければ――。

若き指揮官は、そう胸に誓った。

相馬は、中村を変えることが彼の蘇生と、チームの強化につながると考えた。

一方の中村も、自分のことをよく知る相馬なら、自分とチームをもう一段高みに引き上げてくれるに違いないと期待していた。

ふたりのベクトルは、その時点では同じはずだった。

だが、ふたりの想いはすれ違っていくことになる。

引導を渡されるのか——

最初に違和感を覚えたのは、プライベートでかけた電話でのやり取りだった。

新シーズンもフロンターレに残ってプレーすることを決めた中村は、あいさつもかねて、かつてお世話になった先輩の携帯電話を鳴らした。

おお、憲剛か、残ってくれるんだってな。一緒に頑張ろうな——。

そんな言葉を期待したわけではなかったが、一緒にタイトルを獲りましょう、という気持ちを伝えるために、晴れやかな気持ちで電話をかけた。

だが、受話器から聞こえてきたのは、低いトーンの声と、突き放すような言葉だった。

「お前もジュニーニョも、特別扱いするつもりはないから」

引っかかるものを感じないわけではなかったが、たしかにその通りだな、と思い直した中村は、「俺らがあまりに前に出すぎているから、当然だと思います」と答えるにとどめた。

特別扱いされないどころか、信頼されていないのかもしれない——そう感じるようになるまでに、さほど時間はかからなかった。

キャンプが始まると、まずボランチから4－4－2のサイドハーフにコンバートされた。

ゲームキャプテンの役職も外された。

これまで中村が担ってきたゲームメイクの役割は、東京ヴェルディからやって来た新加入選手、柴崎晃誠《こうせい》に託されようとしていた。

それまでのフロンターレは、ディフェンダーが体を張って相手の攻撃を跳ね返し、中村のパスから個性豊かなフォワードが爆発的なアタックを繰り出す、堅守速攻のサッカーをしていた。攻撃と守備が分断しがちではあったが、両ゴール前の迫力が魅力だった。

しかし、相馬の目指すスタイルは、それとは大きく異なっていた。

少ないタッチでボールを動かし、複数の選手が連動してスペースに飛び出していく。ボールを失ったら近くの選手がすぐに奪い返しにいき、それに呼応するように後ろの選手たちもパスコースを潰《つぶ》し、相手に襲いかかっていく。フィールドプレーヤー全員が能動的に躍動する全員攻撃・全員守備のサッカーである。

そこに、中村の作り出す緩急のリズムが入り込む余地はなかった。

ポジションはサイドに押しやられ、指示されるのは守備のことばかり。チームメイトの前で厳しい言葉をぶつけられることもあり、中村は自らの存在価値を見出しにくくなっていく……。

チームの中心選手にあえて厳しく言うことで、周りの選手たちの心にも響かせるというチームマネジメントの手法はたしかにある。

相馬と中村がかつて一緒にプレーしていたという事実は、チームの誰もが知っている。その中村に厳しく言うことで、「特別扱いはしない」「ポジション争いは横一線だ」ということを示そうとする監督心理は、理解できる。

相馬にも考えがあった。

中村がチームの中の誰よりもうまく、サッカーIQの高いことは相馬も認めるところだった。だが、ひとりの選手に依存するようなチーム作りでは、その選手の能力以上のチームにはならない。誰かに〝おんぶに抱っこ〟のチーム作りをするつもりは、相馬にはなかった。

それに、選手の成長は技術面に限らない。心持ちが変われば、思わぬところが伸びる可能性もある。それがひいては代表における中村の評価にもつながるはずだと、相馬は考えていた。

もっとも、中心選手の扱いに「こうすればうまくいく」というテキストはない。適切なフォローが必要だったのかもしれないし、ある種の共犯めいた信頼関係が必要だったのかもしれない。以前はたしかにあったはずの信頼関係は、徐々に薄れつつあった。

もしかして、相馬さんは俺に引導を渡そうとしているんじゃないか——。

中村の頭の中では、警鐘が鳴っていた。

その音とともに、前年の伊藤宏樹の姿が脳裏によみがえってくる。

中村の2歳上で、立命館大学から2001年にフロンターレに入団した伊藤は、1年目からレギュラーとして起用され、2005年にはキャプテンにも指名されたセンターバックだ。

「宏樹さんほど美しくボールを奪うディフェンダーは、ほかにいないと思う」

スピードと的確な読み、ボール奪取に秀でた伊藤の守備力に、中村も賞賛を惜しまない。

中村が加入2年目の2004年から親しくなったふたりは、年齢の差を越え、何でも言い合える間柄だった。

その伊藤が2010年になって控えに回る機会が多くなる。伊藤をベンチに座らせたのは、伊藤や中村が兄のように慕う高畠勉だった。

2010年にコーチから監督になった高畠は、かつて自身がコーチに就任した年に大卒ルーキーとして加入した選手に、成長していく様子をそばで見守り、いかに優れたディフェンダーかを知り尽くしている選手に、引導を渡したのである。

絶対的なレギュラーという立場からサブに降格したことで、心と体のバランスが崩れてしまったのか、過去4度、シーズンフル出場を果たした伊藤は、ケガに悩まされるようになった。

「よりによって自分のことをよく知るツトさんに外されて、宏樹さんはショックだったと思う。急に体にガタが来るようになったから〝心の肉離れじゃないの〟って冷やかしていたんだけど……」

それと同じことが、自分にも起ころうとしている——。

経験したことのない衝撃に、目の前がゆがむような感覚を、中村は味わっていた。

スタンドから眺めた快勝

2011シーズンのJ1開幕戦で、川崎フロンターレはモンテディオ山形に2対0で勝利した。相馬フロンターレにとっては、幸先のいいスタートに思われた。

しかし、その6日後に起きた東日本大震災によってJリーグは約1ヵ月の中断に入った。4月23日にリーグ戦が再開されると、ベガルタ仙台に2対3の逆転負けを喫する。

選手一人ひとりの運動量が多い割には流動性に欠け、なかなか攻撃にダイナミズムが生まれない。チームは生みの苦しみを味わっていた。

名古屋グランパスやヴィッセル神戸に敗れたかと思えば、鹿島アントラーズやジュビロ磐田に勝利する。そんな不安定な戦いを続けながらも、チームは少しずつ形をとり始めていく。

サイドハーフにコンバートされた中村も、稲本潤一の負傷によって再びボランチでプレーする機会が増えていく。

5月29日、雨中のガンバ大阪戦では、後半10分にミドルシュートを突き刺すと、アディショナルタイムにフリーキックを直接叩き込み、チームを2対1の逆転勝利に導いた。

しかし、それで中村の心が完全に晴れたわけではなかった。

「憲剛である必要はなかった。そういうサッカーだったのは、たしかですね」

そう振り返るのは、伊藤である。

「フロンターレはこれまで、良くも悪くも憲剛と成長をともにしてきた。憲剛にゲームメイクを任せる。ディフェンダーの僕らも、憲剛が攻撃に専念できるようにサポートして、それがうまくいっていた。相馬さんのサッカーが悪いというわけじゃないんです。でも、あのサッカーをやるなら憲剛である必要はなかった。それを憲剛も感じてしまったんだと思う」

伊藤が言うように、中村も相馬の目指すサッカーを否定していたわけではない。

6月15日の大宮アルディージャ戦でのことだった。

ケガのため、スタンドからこの試合を見守っていた中村の目に映ったのは、素晴らしくバランスの取れた中盤と、ハードワークをして相手を追い詰めていくチームメイトの姿だった。

矢島卓郎と小林悠の2トップが相手陣内で果敢にボールを奪いに行き、それと呼応するように、後ろの選手たちが連動して相手のパスコースを塞ぎに行く。中村が不在のため、攻撃に緩急やイマジネーションがあるわけではない。だが、山瀬功治、田坂祐介、稲本潤一、柴﨑晃誠で形成された中盤はハードワークを続け、互いにカバーし合って、攻守の手を緩めない。

「中盤のバランスもすごく良いし、得点もたくさん入るから見ていて面白い。これなんだな、相馬さんのやりたいサッカーは、って思った。そうなると、たしかに自分の居場所はない。俺がいないほうが、良いサッカーをしてるんだから」

フロンターレはその試合、アルディージャに5対0で快勝した。

さらに3日後のサンフレッチェ広島戦に2対0で勝利し、チームは3位に浮上する。負傷が癒《い》えた中村はこの日、後半途中からピッチに立った。

首位に立つ柏レイソルの背中が、はっきりと見えていた。

移籍しておけばよかったんだろうか……。

そう悔やんだのは、一度や二度のことではなかった。

ワールドカップという高みを知って、もっと成長したいと思った。日本代表のチームメイトが次々と海を渡り、置いていかれるという焦燥感もあった。それでもJリーグで、フロンターレで、さらなる高みを目指す道を選んだはずだったのに……。

梅雨が明け、本格的な夏を迎えると、中村の苦悩はさらに深まっていく。

今度は、チームが勝てなくなったのだ。

まるで何かに呪われたかのように、ケガ人や体調不良の選手が続出した。稲本、柴崎、矢島、小《こ》宮山尊信《みやまたかのぶ》らレギュラー陣が次々と戦列から離脱し、中村自身も急性扁桃炎《へんとうえん》を患った。

さらに、猛暑と過密スケジュールによってチーム全体に疲労が蓄積し、生命線である運動量に陰りが見え始めた。相手チームによる対策も進み、不運なPKや退場の判定にも苦しめられた。

一度狂った歯車は、なかなか元に戻らない。

7月23日のアルビレックス新潟戦からチームは6連敗を喫し、順位を11位にまで落としてしまう。泥沼に足をとられたようだった。

首位を走るレイソルの背中は瞬く間《またたくま》に遠く霞《かす》み、見えなくなった。

そんな時期のことだったから、中村自身も驚かずにはいられなかった。

「チームも勝てなかったし、自分も輝いているとは思えなかった。だから、まさか代表に呼び戻してもらえるなんて、これっぽっちも考えていなかった」

自分がいないほうがチームは良いサッカーをしている、とまで思った中村だったが、それでもやる気を失くしたり、パフォーマンスを落としたりすることはなかった。

ピッチに立てば目の前の相手に負けたくない。それはプロサッカー選手としての意地である。チームを勝たせるために、自分のできることを必死にこなす中村の姿を、アルベルト・ザッケローニは見ていたのかもしれない。

中村は真のプロフェッショナル――。

代表監督は、そんな最大級の賛辞で中村を1年ぶりに日本代表に呼び戻すのである。

「中村は真のプロフェッショナル」

2011年8月25日、日本サッカー協会の会議室。

記者会見に集まった記者たちに9月2日の北朝鮮戦、6日のウズベキスタン戦に臨む日本代表のメンバーリストが配布されていく。

この2連戦をもってブラジル・ワールドカップのアジア3次予選が開幕する。2012年6月から始まる最終予選へと続く、2年弱にわたるワールドカップ予選が、いよいよスタートするのだ。

ワールドカップへの出場が日本サッカー界にとって「夢や目標」でなく「使命」となったのは、2006年のドイツ大会の予選からである。

1998年のフランス大会で初出場を果たし、地元開催の恩恵を受けた2002年の日韓大会でベスト16に進出したことで、日本代表が目指すものは「本大会出場」から「前回大会以上の成績」へと変わり、予選はあくまでも通過点との認識がなされるようになっていく。

とはいえ、ドイツ大会でも、南アフリカ大会でも、予選がスタートした頃の日本代表を取り巻く状況は、決して良好ではなかった。

ドイツ大会の予選が始まった2004年2月は、守備の基本戦術をいつまで経っても整理しないジーコの手腕に、疑問の目が向けられ始めた時期だった。また、試合直前になるまで帰国できず、コンディションの芳しくない海外組が先発で起用され、合宿の初めから参加し、親善試合までこなして万全の準備を整えている国内組から不満の声が漏《も》れ始めたのも、この頃だった。

ホームで戦ったオマーンとの初戦は1対0の辛勝に終わる。ひと月後、アウェーに乗り込んだシンガポール戦は猛暑の影響もあって、これまた大苦戦を強いられ、2対1でなんとか勝利を収めるという体《てい》たらくだった。

それ以上に不安なスタートとなったのが、南アフリカ大会の予選である。

2007年11月に代表監督のイビチャ・オシムが脳梗塞で倒れ、12月に急遽、岡田武史が後任に任命されたが、この時点で予選の開幕まで2ヵ月しかなかった。

雪の舞う埼玉スタジアムで相対《あい》したタイとの初戦には4対1で快勝したが、翌月、バーレーンで戦った第2戦を0対1で落とし、いきなり窮地に追い込まれる。

こうした過去2大会と比べても、ザックジャパンはこれ以上にない状態で、アジア予選を迎えようとしていた。

南アフリカ・ワールドカップでベスト16という結果を残し、自信を得た選手たちは、ザッケローニが監督に就任して以降、11試合戦って7勝4分け、無敗記録を継続していた。

その内容も、充実したものだった。

２０１０年10月の初陣でアルゼンチンを1対0で下して大金星を挙げると、２０１１年1月のアジアカップでは李忠成《りただなり》のスーパーボレーでオーストラリアとの決勝を1対0で制し、史上最多となる4度目の優勝を成し遂げた。

さらに圧巻だったのが、8月10日に札幌で組まれた韓国戦だ。

これまで不慣れな左サイドハーフで窮屈そうにプレーしていた香川真司が、2ゴールの活躍で輝きを放つと、本田圭佑もゴールを奪い、両エース揃い踏みでライバルを3対0で叩きのめした。この時点でチームは早くも完成形に近づいているように思われた。

それから15日後。配られたメンバーリストには、23人の選手名が並んでいる。

そのうち20人までが、韓国戦に選ばれたメンバーだった。

新たに加えられたのは、中村憲剛、権田修一、原口元気の3人である。

権田と原口はそれぞれ22歳、21歳と若く、翌年のロンドン・オリンピックへの出場を目指すU－22日本代表のメンバーだった。権田はこれまでも何度か日本代表に選出されていたが、原口の選出は将来性も加味したうえでの大抜擢だろう。

しかし、中村の選出は、彼らふたりとは意味合いがまったく異なるはずだった。

ザッケローニがワールドカップ予選に向けての意気込みを語り終え、質疑応答に入ると、さっそく「中村憲剛の招集理由を教えてほしい」との質問が飛ぶ。

通訳の矢野大輔の言葉にうなずいたザッケローニは、口を開いた。

「体調を崩していた時期もあるが、今は復帰してクオリティの高いプレーを見せているので代表に値《あたい》すると思った。中村は真のプロフェッショナルだし、フィジカル面でもメンタル面でも良い状態にある。グループの中で協調できる性格でもあり、代表チームに入って当然かと思う。これまでも言ってきたが、年齢に関係なく、代表チームの門戸は常に開かれている」

その後、原口の招集理由や、長友佑都が選考から外れた理由を問う質問が続いたが、やはり記者の関心は中村にあった。

「これまでボランチのポジションにさまざまな選手を試してきたが、なぜ、中村憲剛だったのか。また彼に期待することは何か」

質問者のほうを見つめたザッケローニは、語りかけるようにして言葉を発した。

「ひとつ目の答えは、やはりリーグでの戦いぶり、またピッチ上での結果が彼を再び代表に呼び戻させたのだと思う。ふたつ目に関して、彼は高いクオリティを持っているし、経験豊かだし、パスの精度も高く、グループの和も乱さない。これらに加えて30歳を過ぎても向上心を失わず、常に成長したいという気持ちを持っているので、そういったところを期待したい」

8月29日、埼玉で合宿がスタートした。

夕方から始まったトレーニングでは、北朝鮮が守りを固めてくることを想定した練習が行われ、4-2-3-1のフォーメーションが試された。久しぶりとなる代表での練習を楽しんでいるのか、中村の笑顔も見える。

練習後、チームバスの乗降口のそばに設けられた取材エリアで僕は中村に声をかけた。

「今回の選出に関して、どう受け止めている?」

「期待されないで呼ばれる人はいないと思う。いろんな役割があるし、前回の予選を経験しているともある。日本代表は良い流れできているけど、本番になると雰囲気は変わってくる。そういうところを話したり、コミュニケーションを取っていきたいと思います」

「ボランチじゃなく、トップ下に入っていたね」

ちょっと意地悪な質問を投げかけてみたが、彼はこともなげに言った。

「代表ですからね。トップ下でも、ボランチでも、サイドでも、やれと言われたら、どこでもやりますよ。出たところでベストを尽くします」

力強く答えた彼は別の記者の質問にも受け答えしてから、チームバスに乗り込んでいった。

アクシデント、発生

日本サッカー協会から2選手の途中離脱を伝えるリリースが出されたのは、2日後の8月31日のことだった。

ひとりは、本田圭佑である。

8月28日のロシアリーグ、スパルタク・モスクワ戦で右膝を負傷した本田は、当初は軽傷と判断されたため、29日に帰国して日本代表に合流した。だが、30日に受けた精密検査で右膝半月板損傷との診断が下される。日本代表とCSKAモスクワのドクター同士が話し合い、9月1日未明に羽田発の航空機で日本を離れることが決まった。

もうひとりは、中村憲剛だった。

本田は帰国した時点で、その度合いは別として、負傷していることが明らかだった。だが、本田に代わってトップ下を務める可能性があると考えられていた中村までも、右足親指付け根の骨にひびが入っていることが発覚する。8月28日の柏レイソル戦で痛めた箇所だった。

よりによって、なんで、こんなときに……。

自らの不運を、中村は嘆くしかなかった。

「痛みは多少あったけど、やれるんじゃないかと思ってた。でも、ひびが入っていたとは……。予選の初戦という大事な場面で呼び戻してもらい、圭佑も出られなくなったというのに、まさか自分まで離脱することになるなんて。本当に申し訳ないなって思っていたら――」

診察を終え、ホテルに戻ってきた中村を、ザッケローニが自身の部屋に呼び寄せる。

「北朝鮮戦が終わるまで、残ってくれないか。ベンチに入って力を貸してほしいんだ」

思いがけない要望だった。

その言葉に、心が燃えないわけがなかった。

「信頼をすごく感じた。チームのために、できることは何でもしようと思った」


埼玉スタジアムの電光掲示板に表示されていた試合時間はすでに消え、アディショナルタイムに入って4分が経とうとしていた。

この日、14本目となる日本のコーナーキックは、ラストワンプレーだったに違いない。ショートコーナーを長谷部誠に預け、リターンを受けた清武弘嗣がクロスを放り込む。ゴール前に飛び込んできたのは、吉田麻也《まや》だった。

その頭がボールを捉える――。

5万5000人の観衆を呑み込んだ埼玉スタジアムが、爆《は》ぜた。

ガッツポーズを繰り返しながら走り出した殊勲者を、青のユニホームが次々と追いかけ、引きずり倒された殊勲者の上に何人もの選手が乗りかかる。そこに緑のビブスをまとった控え選手たちも加わって、左コーナー付近で青と緑の歓喜の山を作った。

一方、あと数秒で勝点1を逃した白いユニホームの男たちは、膝から崩れ落ちる。

埼玉スタジアムのピッチに、明と暗のコントラストが描かれた。

日本は1対0で北朝鮮を破り、なんとか白星で予選のスタートを切った。

南アフリカ・ワールドカップでベスト16進出を果たし、ヨーロッパのクラブでプレーする選手も格段に増えた。代表チームは11戦無敗と、自信に満ち溢れていた。

だが、それでも、一筋縄ではいかない。それが、ワールドカップ予選というものだった。

試合開始直後からほとんど一方的にボールを支配した日本だったが、狭いスペースに突っ込んでいったり、相手ディフェンダーが揃っているのにクロスを放り込んで跳ね返されたり、単調な攻撃を繰り返して北朝鮮を攻めあぐねた。

日本が攻撃のリズムをつかめない理由のひとつに、やはり、本田の不在があった。

本田と中村、ふたりのトップ下を同時に失ったザッケローニがその任を託したのは、柏木陽介だった。埼玉スタジアムをホームとする浦和レッズの司令塔は、周囲と連動し、動き回って打開を試みることを得意とする選手である。

だが、4人のディフェンダーと5人のミッドフィールダーが自陣でがっちりと壁を築き、1トップの鄭大世までが自陣で守る北朝鮮を前に、柏木は働くスペースを見出せず、有効なパスを繰り出せない。

相手に囲まれながらも本田であれば、ゴールに近い位置でキープできたかもしれない。しかし、プレースタイルの異なる柏木にそれを求めるのは、そもそも無理な話だった。

ベンチから戦況を見守っていた中村にとっても、他人事とは思えなかった。

「あれだけ守られてボールをもらえないと、どうしても動きにくくなったり、動かなくなったりする。でも、諦めないでポジションを取り続けるしかない。フリーになって、受けて戻してを繰り返せばゴール前で勝負できる瞬間が必ず来る。そのときまで粘り強く続けるしかない。でも、これは陽介だけの問題じゃない」

チームが本田のスタイルを求めてしまう――。

これは、のちに中村も苦しむことになる問題だった。

第2戦の決戦地、ウズベキスタンのタシケントに向かう代表チームから離れた中村は、仲間たちの健闘を祈りながら、フロンターレに戻った。

右足親指付け根の骨のひびは極めて小さく、軽いものだった。全治2週間程度で済んだのは、不幸中の幸いだった。

日本代表の力にはなれなかったが、フロンターレも連敗中なのだ。中村は何よりもまず、早期復帰を目指した。

連敗を止めたプロ2年目のストライカー

トンネルは暗く長く、出口はまるで見えなかった。

ワールドカップ予選によるインターバルを迎えたとき、川崎フロンターレのリーグ戦での連敗は「7」にまで膨らんでいた。

その小休止の間に立て直すことに努めたが、中村の骨折というアクシデントが勃発する。

中村を欠くチームは、9月11日のヴィッセル神戸戦に0対3で完敗した。タイムアップの笛が鳴り、リーグ戦8連敗が決まった瞬間、等々力陸上競技場に決して小さくはないブーイングが起きた。ブーイングをしないことを信条とするフロンターレのサポーターも、たまりかねて抗議の声をあげたのだ。

たしかにこれまでは、主力選手が負傷離脱したり、不運とも言えるPKや退場の判定に泣かされたりと、同情の余地もあった。だが、ヴィッセル戦は、中村が不在だったとはいえ、言い訳しようのない惨敗だった。

そして3日後、一部の主力選手を休ませてはいたが、ナビスコカップの横浜F・マリノス戦にも0対4で敗れてしまう。

いったいどうすれば勝てるのか。

このままずっと、勝てないのではないか。

失点が増え、黒星がかさむから自信を失い、自信を失っているから、せっかく先制しても落ち着きのない戦い方に終始してしまい、さらに負けを重ねていく。

誰もが責任を感じ、「次こそは」と気負うから、それがプレッシャーとなって足を重くする。

チームは負のスパイラルに陥り、重苦しい空気に支配されていた。

責任を感じていたのは相馬も同じだった。いや、最も責任を感じていたのが相馬だった。

9月17日、F・マリノス戦から中2日で乗り込んだNDソフトスタジアム山形。モンテディオ山形とのナイトゲームを控え、相馬は戦術の変更を決断していた。

守るときは低い位置で待ち構え、攻撃のときはシンプルに縦のボールを増やし、サイドバックやボランチの攻撃参加は控えめにする――。勝利のために割り切って戦うことを決め、試合前のロッカールームでは、選手一人ひとりに細かく指示を伝えた。

このシーズンにブレイクし、2トップの一角を射止めたプロ2年目の小林悠も、多岐にわたる任務を授けられていた。

2010年に拓殖大学からフロンターレに加入した小林は、大学4年のときに負ったケガの影響で、プロ1年目の大半をリハビリに費やした。ようやく出場機会をつかんだのは、シーズン終盤になってからのことだ。

だが、プロ2年目の2011年、持ち前のハードワークや泥臭いプレー、得点嗅覚を相馬に高く評価され、開幕戦のベンチ入りメンバーに抜擢される。5戦目のジュビロ磐田戦では、後半33分から出場し、終了間際の後半45分にプロ初ゴールとなる決勝ゴールを決めてみせた。

さらに2試合後の鹿島アントラーズ戦でも途中出場して3対2の決勝点となるゴールを奪い、ラッキーボーイ的存在からスーパーサブに格上げされると、5月末以降、なかなか調子の上がらないエースのジュニーニョに代わって、スタメンで起用される機会が増える。

実戦でつかんだ自信や手応えは、ときとして若い選手を、特に若きストライカーを化けさせることがある。

自信が芽生えて貪欲になり、貪欲になるから結果がついてきて、それがさらなる自信につながっていく——。5月にプロ初ゴールを奪った男は、2ヵ月で7ゴールを奪う活躍を見せる。2011年の前半戦、フロンターレは一時3位にまで浮上したが、躍進の原動力はまぎれもなく小林だった。

もっとも、勢いは若さの特権でもあるが、それだけでシーズンを乗り切れるほど、プロの世界は甘くない。さすがに相手チームのマークも厳しくなっていく。

この頃はまだ、味方がお膳立てしてくれたチャンスを最後に押し込む典型的なワンタッチゴーラーだった小林は、チーム全体が調子を落とすにつれ、ゴールから遠ざかっていく。小林がゴールを奪えなくなったから、チームが勝てなくなったのか。チームが勝てなくなったから、小林がゴールを奪えなくなったのか。

いずれにせよ、若きストライカーは責任を重く受けとめ、自分が何とかしなければならないと自らに言い聞かせていた。

モンテディオ戦を控えたロッカールームでも、監督の指示を一言一句頭に刻み込むつもりで耳を傾けた。言われたことすべてを実行しようと考えた小林の頭はこんがらがっていた。

「連敗中だし、チームを助けるようなプレーをしなきゃいけない。ポストプレーもする、守備もする、スペースも作る、点も取る……いろんなことをしなきゃいけないのはわかっている。でも、どうしたらいいんだろうって、自分の中に迷いが生じてしまって……」

ミーティングが終わり、考えをまとめられないまま小林がロッカールームを出ようとした、そのときだった。

「悠、ちょっといいか」

呼び止めたのは、ケガから復帰し、この試合からベンチ入りする中村だった。

「たくさん言われていたけど、ちゃんと整理できてるか？　おまえがすることはひとつだけ。ゴールを決めればいいんだよ」

その言葉が、小林を楽にした。

「そうか、そうだよなって。自分は器用なタイプじゃないし、あれも、これもじゃなくて、自分のやれることをやればいいんだって。憲剛さんに再確認させてもらったんです」

連敗を止めたのは、この若者の右足だった。

右サイドから流し込まれた山瀬功治のグラウンダーのクロスに、背番号11がスライディングしながら飛び込み、右足を合わせた。

その直後、モンテディオのゴールネットが揺れ、小林の咆哮《ほうこう》が山形の夜に響く。

このゴールが決勝点となってフロンターレは1対0で勝利した。チームのワースト記録となっていた連敗はようやく「8」で止まった。


小林にとって中村は、プロ入り前から憧れの存在だった。中村がいたからフロンターレに入った、と言ってもいいくらいだ。

「やっぱりフォワードとして、どんなパスが来るのかな、っていうのが楽しみでしたね。自分は動き出しを意識するフォワードだったので、憲剛さんからだったら、すごくいいパス、レベルの高いパスが来るんじゃないかって。だから、最初に一緒にプレーできたときは、あの中村憲剛と一緒にサッカーやってるんだなー、って思いましたね」

加入当初からリハビリに励んでいたため、小林が中村と一緒にプレーできるようになるまでには時間がかかったが、一緒にトレーニングを積むようになると、中村の凄さがより具体的に感じられるようになった。

「憲剛さんって、空間認知がすごい。グラウンドを上から見ているみたいにスペースを把握してボールを出すんです。普通の人よりも、すごい細かく見えてるんじゃないかな。しかも、見えているだけじゃなくて、そこに出せる技術が本当にすごいと思いましたね」

小林にとって忘れられないのは、中村のアシストで初めて決めたゴールである。２０１１年5月

15日のアントラーズ戦だった。

「憲剛さんのパスで決めたっていうのは、やっぱり嬉しかった。友だちから〝中村憲剛からパス来たじゃん〟っていうメールが来たし、うちの親も〝憲剛さんのアシストでゴール決めたね〟って喜んでくれた。憲剛さんって、ゴールを決めた選手に抱きついて、〝よっしゃ、よっしゃ〟って頭をなでるんですよ。それが、どんな言葉よりも、認めてもらってるって感じられて嬉しかった。そうやって褒められながら、僕はあの年、少しずつ自信をつけていったんです」

モンテディオ戦でチームを救うゴールを決めた小林は、自身の調子も取り戻した。その後さらに2ゴールを奪い、彼はプロ2年目にして12ゴールをマークするのである。

1年ぶりに動き出した時計の針

本田圭佑の不在をどう乗り切るか――。

10月11日に組まれたワールドカップ・アジア3次予選の第3戦、タジキスタンとのホームゲーム。日本代表チームの焦点は、そこに絞られていた。

8月に右膝半月板損傷が発覚し、ヨーロッパで手術を受けた本田には、全治3ヵ月の診断が下され、3次予選への出場は絶望的だった。

9月2日の北朝鮮戦では柏木が、9月6日のウズベキスタン戦ではボランチの長谷部がトップ下に起用されたが、いずれも試合途中から左サイドハーフの香川をトップ下に移すことになり、うまく機能しなかった。

「形を変えるか、選手を代えるか、というチョイスになる」

ザッケローニは、ふたつの可能性を示した。

タジキスタン戦の4日前に組まれたベトナムとの親善試合では、その両方が試された。

トップ下のポジション自体がない3－4－3のシステムで戦った前半は、〝形を変える〟場合のテスト。従来の4－2－3－1に戻し、トップ下に中村を起用した後半は、〝選手を代える〟場合のテストだ。

骨折のため、9月シリーズで途中離脱した彼を、ザッケローニはさっそく10月シリーズでも招集したのだ。

「前回せっかく呼び戻してもらったのに、なんの力にもなれなかったから、もう呼ばれないかもしれないって思ってた。なのに、また呼んでもらえた。ありがたい気持ちと、ホッとした気持ちと、両方だったね」

もっとも1年ぶりの代表戦であり、しかも45分しか与えられていない。メンバーも李忠成や藤本淳吾《じゅんご》ら、初めて同じピッチに立つ選手が多く、中村は見せ場を作ることができない。

「ようやく合ってきたと思ったら、試合が終わってしまった」と、消化不良は否《いな》めなかった。

だが、タジキスタン戦で採用されたのは4－2－3－1だった。

トップ下は中村で、1トップには長身フォワードのハーフナー・マイクが起用された。

もともと日本は、北朝鮮、ウズベキスタン、シリアの3チームと3次予選を戦うはずだった。だが、2次予選でスウェーデン代表歴のある選手を出場させたシリアが失格となり、代わって繰り上げになったのが、2次予選でシリアに敗れたタジキスタンだった。

前日の会見で監督のアリムジョン・ラフィコフは「今回はあくまでも勉強しに来た」ということ

を強調し、普段以上に守備に力を注ぐプランで、彼らは長居スタジアムのピッチに立った。

そんな相手に、日本は立ち上がりから容赦なく牙を剝《む》く。

前半11分、右サイドに流れた中村がディフェンダーを引き付けてサイドバックの駒野友一にボールを預けると、駒野のクロスにハーフナーが飛び込み、渾身のヘッドで先制ゴールを奪う。ザッケローニは両手で作った握りこぶしを胸の前に2度突き出し、喜びを爆発させた。

19分、ペナルティエリア近くで駒野の横パスを受けた中村がワンタッチでスルーパスを繰り出し、抜け出した岡崎慎司が左サイドネットにシュートをねじ込む。

この電光石火の崩しには、テレビ中継の解説を務めていたセルジオ越後も、いつもの辛口を封印し、「きれいなつなぎでしたね」と称賛を送った。タッチライン際に立って選手を鼓舞していた敵将ラフィコフも、このゴールを境に、もうお手上げとばかりにベンチに座り込んでしまった。

35分、中村のシュートがゴールキーパーに防がれ、ディフェンダーがクリアしたボールを駒野が拾い、地を這《は》うようなミドルシュートを突き刺す。

さらに圧巻だったのは、41分だ。香川とポジションを入れ替え、左サイドに流れた中村がボールを受けると、香川がペナルティエリアの中に走り込む。その動きを見逃さなかった中村がロングレンジのスルーパスをぴたりと合わせ、香川のゴールが決まった。

前半だけで4ゴール。スタジアムはすでにお祭り騒ぎだった。

後半に入っても日本は攻撃の手を緩めない。

後半2分には駒野の右クロスにハーフナーが再び頭で合わせて、5対0。

そして11分、中村にとって待ちわびた瞬間が訪れる。

左サイドの長友佑都のパスをペナルティエリアの中で受け、左足を振り抜くと、ボールが右サイドネットを揺らす。右の人さし指を天に向かって突き立てる中村に、香川が後ろから抱きついて祝福した。

中村にとって代表戦でのゴールは、2009年9月、オランダのユトレヒトで行われたガーナとの親善試合以来、実に2年ぶりとなるものだった。日本のベンチ前まで戻り、ペットボトルの水を口に流し込んだ中村は、近寄ってきたザッケローニとがっちりと握手を交わした。

23分には香川のクロスがそのまま逆サイドネットを揺らし、7対0。その6分後、中村の左クロスを岡崎がヘディングで叩き込み、8ゴールを奪って圧勝した。

この勝利によって日本は3次予選突破に王手をかけた。

この日のメディアのお目当ては、1得点3アシストの活躍を見せた中村だった。

彼が取材エリアに姿を現すと、大勢の記者がその前に押し寄せた。

「前の3人と後ろをつなぐ役目があると思うので、最初は少し様子を見ながら、自分が入って行くときは入って行く、真司が入りたそうなときは外に出て、佑都のオーバーラップを促したり。試合前からお互いの位置を見ようと話していたんです。オカは全部斜めに入っていって、ゴールまでの最短距離を狙う。僕も最短距離を突きたいから、イメージは一致してます」

1年ぶりに岡崎、香川と同じピッチに立ったが、ブランクを感じさせず、相性の良さは変わらなかった。もっとも、この日は彼らを生かすだけではなかった。自らも岡崎の9本に次ぐ7本のシュートを打ったが、これは珍しいことだった。

「打っても打っても入らなくて、あーって思いましたけどね。今日はトップ下なのでアシストよりもゴールが欲しかった。少しエゴイスティックにゴールを狙ったのは自分らしくないかなとも思いますけど、トップ下なのでゴールを狙うのは当然だと思います」

中村のアシストで2ゴールを決めた岡崎は、感謝を口にした。

「憲剛さんから良いパスが何本も出てきたし、いろんなところを見ていてくれるので、本当にありがたい。監督にしきりに言われていたのは、サイドに張って、相手を開かせてから出て行けということ。相手を開かせれば、憲剛さんからパスが出て、必ずチャンスになった。2点目のような形は、これからも続けていきたいですね」

このところ沈みがちだった香川の表情も、すこぶる明るい。

「憲剛さんはゴール前の難しいところにパスを入れてくれて、出し手として素晴らしいと思います。1点目のときは目が合ったから、パスが出て来ると思った。憲剛さんのようなパサーがいると僕らはすごく生きる。長いパスの精度が本当に高いけど、簡単なことじゃないと思う。僕もこのゴールをポジティブに捉えて、ドイツでも浮上できるようにしたい」

16試合で8ゴールという前年の活躍とは打って変わって、8月5日に開幕したドイツ・ブンデスリーガで香川は、ここまで1ゴールしか奪えていなかった。だが、このあと香川は宣言どおり、徐々に調子を取り戻し、ドルトムントでシーズン13ゴールを奪う活躍を見せることになる。

専門誌『週刊サッカーダイジェスト』の選手採点で10点満点中8という、めったにお目にかかれない高評価を得た中村は「マン・オブ・ザ・マッチ」にも選出された。

むろん、グループ最弱と言われるタジキスタンである。その活躍を必要以上に持ち上げても意味のないことは、ほかでもない中村自身がよく理解していた。

しかし、1ゴール3アシストという結果を別にしても、この10月シリーズは中村にとって重い意味を持つものだった。日本代表の青いユニホームに再び袖を通し、日の丸を背負って戦える――その事実が何よりも重要だったのだ。

「日の丸を背負ってプレーするのはかけ替えのない経験だし、誇り。それに代表のチームメイトからも刺激をすごく受ける。サッカー選手として一番高いところに居続けたいっていうのは当然の心理だと思う。だから、選ばれてない時期は、やっぱり寂しかった。またこの場に戻ってこられたんだっていうのが、本当に嬉しかった」

4年後のリベンジを掲げながら、止まっていた時計の針が、1年遅れで再び動き始めた。

1ヵ月後の11月11日、ドゥシャンベに乗り込んだ日本代表は、4対0でタジキスタンをねじ伏せ、2試合を残して最終予選進出を決めた。

中村も再び先発出場を果たし、チームの勝利に貢献したのだった。

11月26日、川崎フロンターレはホーム最終戦で横浜F・マリノスを3対0で下した。

この日はフロンターレにとって特別な日だった。2011シーズン限りでの退団を表明していたジュニーニョが、フロンターレのユニホームを着て等々力陸上競技場でプレーする最後の日だったからだ。

ブラジルの名門、パルメイラスから2003年に加入し、2007年にJ1得点王に輝いた〝川崎の太陽〟はこの日、2ゴールを奪って千両役者ぶりを見せつけた。

試合後にはチームメイトの胴上げによって宙を舞った。

シーズンインには必ずと言っていいほどチームに遅れて合流する問題児だった。2009年には帰化の意思を表明したものの、言葉の問題や、かつてブラジルのユース代表に選出された経歴があったため、日本代表になれない可能性が浮上し、断念したこともあった。

人騒がせな男ではあったが、クラブ史上最高の助っ人だったのは間違いない。

中村にとってもジュニーニョは、なくてはならない存在だった。

「最初の頃はジュニの要求になんとか応えようと必死だった。縦パスを入れるタイミングや狙いどころは、ジュニの要求によって学んだもの。だから俺は、ジュニに育てられたと言っていい。今の自分があるのは、ジュニのおかげなんだ」

〝川崎の太陽〟の回想

2012シーズンから鹿島アントラーズでプレーしたジュニーニョは、2013年限りでアントラーズを退団することになる。僕が話を聞きに行ったのは、彼が日本を離れ、ブラジルに帰国する数日前のことだった。

9年に及ぶ濃密な時間を過ごした憲剛とフロンターレへの想いを、ジュニーニョは嚙みしめるようにして語った。

「ワタシとケンゴは2003年にフロンターレに入団した同期なんだ。ワタシはパルメイラスからやって来て、ケンゴは大学を卒業してプロになったばかりだった。彼とは9年も一緒にプレーしたけれど、来日したときには1年ぐらいで帰国するつもりだったんだ。それが、まさかこんなに長く日本で過ごすことになるなんて考えもしなかった。人生はわからないものさ。

ケンゴの才能に気づくのに、さほど時間はかからなかった。技術がしっかりしてたから、経験さえ積めば、素晴らしいプレーヤーになるだろうと思った。当時チームメイトだったアウグストともよく話したものさ。〝アイツは新人だけど、明らかにほかの選手とは違う。将来、このチームを背負って立つ存在になるだろうな〟ってね。

ケンゴがレギュラーに定着したのは、翌年のことだったと思う。ボランチにコンバートされたのがきっかけで才能を花開かせた。おそらく監督のセキさん（関塚隆）は、視野の広さや縦パスを入れる能力に目をつけたんだと思う。ワタシもそのアイデアには賛成だった。次々とチャンスを作り出し、ワタシを生かしてくれる最高のパートナーを必要としていたからね。

ワタシがパルメイラスに在籍していた頃、チームメイトにパラグアイ代表のチキ・アルセという選手がいた。ワタシが右の攻撃的ミッドフィールダーで、彼は右のサイドバック。とても賢い選手で、常に敵と味方の動きを把握し、ワタシをサポートしてくれた。ワタシと彼のコンビネーションは完璧で、ワタシたちのアタックは相手にとって間違いなく脅威だった。

フロンターレに来たとき、ワタシが真っ先に思ったのは、ここでもアルセのような最高のパートナーが欲しい、ということだった。そして、しばらくしてワタシは、アルセになり得る逸材を発見した。それが、ケンゴだったんだ。

ただ、彼はまだ経験が浅く、ワタシの特徴も、自分の才能も完全には理解していなかった。だからワタシは〝オレにはスピードがあるから、オマエがここだと思ったところにパスを出せば必ず追いつける。それを信じて迷わず出せ〟と繰り返した。ケンゴがためらってチャンスが潰れたら、厳しい口調で〝なぜ、出さない！〟って怒ったことも数知れない。

でも、ケンゴも賢い選手だから、次第にワタシがどこに動くのか察知するようになり、パスを出すコツやタイミングもつかんで最高のパスを出してくれるようになった。おかげでワタシは２００４年、37ゴールを決めてＪ２の得点王になることができた。

ワタシがケンゴを叱ったのは、それだけ期待していたからなんだけど、実は、彼のお父さんから、こんなことを言われていたからでもあるんだ。〝息子がいい選手になるために、どんどん怒ってほしい。げんこつで頭を叩いてもいい〟ってね。お父さんはよく練習や試合を見に来ていたし、3人で食事をしたこともあった。親の許可があったから、遠慮せずに怒ったのさ。

J1に昇格した2005年の頃になると、ケンゴを怒ることはもうなくなった。ワタシの厳しい要求に応えられるぐらいに彼が成長を遂げ、コンビネーションが確立されたからだ。その後、ケンゴが日本を代表するプレーメーカーになり、日本代表にも選ばれるようになったことは、ワタシが話すまでもないだろう。

ケンゴとのホットラインで最も印象に残っているのは2006年、ジェフユナイテッド千葉とのナビスコカップ準決勝で決めたゴールだ。ワタシがペナルティエリア内に飛び出した瞬間にケンゴがパスを出してくれた。ワタシをマークしていた選手は体が大きく、激しくガツガツ来ていたが、ワタシは一瞬早く抜け出し、エリア内の右サイドに抜けながら、体を反転させてシュートを突き刺したんだ。イメージ、コース、タイミング……。すべてがシンクロした理想的なゴールだった。

ケンゴがワタシに感謝してるって？　ワタシのほうこそ感謝しているよ。彼のアシストでワタシはたくさんのゴールを決めることができた。そのおかげでこんなにも長く、愛する日本でプレーできたんだから。そもそも、ブラジルにいた頃のワタシはミッドフィールダーで、アシストのほうが多い選手だった。でも、日本ではフォワードとして起用され、ケンゴのアシストでゴールをたくさん決めているうちに、ワタシはゴールの快感に目覚めていったんだ。

早いものでケンゴももう30代半ば、ベテランの域に入った。あの選手と一緒にプレーしたいから、あのチームに入りたい――そんな憧れの対象となるのがベテラン選手だ。おそらく、フロンターレにもケンゴに憧れて入って来た選手がいるんじゃないか。ケンゴにはピッチ内外で若手の見本になって、リスペクトされる選手でいつづけてもらいたい。

残念ながら、ワタシはフロンターレにタイトルを残すことができなかった。アントラーズに移籍した2012年にナビスコカップで優勝したときに感じたのは、アントラーズはタイトルの獲り方を知っているということだ。タイトルが懸かった大一番でも、彼らは落ち着いて試合に臨むことができる。そうした落ち着きは、重要な試合をたくさん経験することでもたらされ、伝統としてチームに根付くものだ。

フロンターレも何度か2位になり、惜しいところまでいった。そうした経験がタイトル獲得の糧《かて》になる。心配する必要はない。優勝は自然に生まれるものだから。フロンターレもいずれタイトルを獲れると信じているよ」

新風

5章—— 理想のサッカーとの出会い

解任の引き金となった〝クラシコ〟

Ｊ１リーグに復帰した２００５年以来、最低の成績となる11位で２０１１シーズンを終えた川崎フロンターレに激震が走ったのは、翌２０１２年4月11日のことだった。

Ｊ１第5節、ＦＣ東京との「多摩川クラシコ」に0対１で敗れた3日後、相馬直樹監督との契約解除が発表されたのである。

シーズンが開幕してわずか1ヵ月、チームにいったい何が起きたのか——。

２０１２シーズンの滑り出しは、決して悪いものではなかった。スコアはいずれも1対0だったが、アルビレックス新潟と鹿島アントラーズに勝利し、開幕2連勝を飾った。

だが、その後のナビスコカップのサガン鳥栖《とす》戦に1対2で敗れると、Ｊ１第3節のセレッソ大阪戦にも0対1で敗れてしまう。

フロンターレは前年、リーグワースト4位タイの53失点を喫していた。そのため、経験豊富なブラジル人センターバックのジェシを獲得したうえで、前年とは異なり、時間帯によっては自陣に下がって守りを固める戦略を採用し、まずは失点の減少に取り組んだ。

その結果、フロンターレの最大の魅力である攻撃の迫力が削がれていたが、シーズンはまだ始まったばかり。新加入のレナトと小松塁による新2トップの連係はこれから徐々に磨かれていくはずで、守備が安定しさえすれば、攻守のバランスの針を攻撃のほうへと徐々に傾けていく——そうした考えが、相馬にはあった。

ところが、第4節の浦和レッズ戦で、雲行きが一気に怪しくなる。相手がふたりの退場者を出したにもかかわらず、1対1で引き分けるという失態を演じてしまったのだ。勝たなければならない試合で勝点2を失い、気落ちするチームの雰囲気は、4日後のナビスコカップのサンフレッチェ広島戦も1対1のドローに終わったことで、さらに重くなる。

4月8日のFC東京戦を迎えたのは、そんな状況だった。

フロンターレにとってFC東京は、彼らの前身である東京ガスサッカー部の時代から熱戦を繰り広げてきたライバルチームである。

1999年に創設されたJ2ではフロンターレが1位、FC東京が2位になり、両チーム揃ってJ1昇格を決めている。

フロンターレは1年でJ2に降格したが、2005年に再昇格すると、再び両チームはノーガードで殴り合うような激戦を演じるようになる。そして2007年、このカードを「多摩川クラシコ」と呼び、伝統の一戦として育てていくことが両クラブによって発表された。

1999年の対戦から数えて19回目の多摩川クラシコとなったその日、等々力陸上競技場は2万人を超すファン、サポーターで埋まり、伝統の一戦にふさわしい熱気を漂わせていた。

「これだけの雰囲気のスタジアムは、ヨーロッパのどこに出しても恥ずかしくない。これほど素晴らしい環境の中でプレーできる選手たちが羨ましいよ」

試合前、ロッカールームから姿を現したFC東京の指揮官、ランコ・ポポヴィッチは晴天の下、サポーターで膨れ上がったスタンドを眺めて笑みを浮かべた。

ゲームは開始直後から、互いに持ち味を発揮する展開になった。

ＦＣ東京が前線からのプレッシングと軽快なパスワークで攻めこめば、フロンターレも矢島卓郎、小林悠のスピードを生かした攻撃と中盤での激しい守備で対抗し、主導権を奪い合う。

ほぼ互角の内容でハーフタイムを迎えたゲームは、しかし、後半開始早々のアクシデントによって、その均衡が崩れる。前半終了間際にすでにイエローカードをもらっていたＦＣ東京の長谷川アーリアジャスールが後半3分、中村憲剛に対するファウルで2枚目の警告を受け、ピッチを去ることになったのだ。

ここから、フロンターレの猛攻が始まった。

8分、中村のパスからレナト、田坂祐介が立て続けにシュートを放つと、13分には左サイドバックの小宮山尊信のセンタリングに右サイドバックの實藤友紀《さねとうゆうき》が頭で合わせる。

さらに22分、ゴール正面から小林が狙ったが、これは日本代表ゴールキーパー権田修一の好セーブにあい、ゴールネットを揺らせない。

30分には交代出場の稲本潤一が中盤の底に投入され、中村と柴﨑晃誠のダブル司令塔がひとつ前のポジションに上がったが、ゴールはなおも遠い。フロンターレにとっては焦《じ》れったい展開のまま、ゲームは終盤に突入していく。

そうして迎えた42分、ＦＣ東京がコーナーキックを獲得した。青と赤に染まったアウェーゴール裏のサポーターが見守る目の前で石川直宏がボールを蹴ると、ゴール前でフロンターレの選手に競り勝った森重真人がヘディングシュートをたたき込む――。

次の瞬間、青赤のサポーターは喜びを爆発させた。ＦＣ東京の選手たちもガッツポーズを繰り返す。がっくりとうなだれるフロンターレの選手たちには、もはや反撃に出る力も、時間も残されていなかった。

リーグ戦で2試合続けて手にした数的優位を生かせないばかりか、完封負け――。サポーターへの挨拶を終えた中村は、苦虫を噛みつぶしたような表情を浮かべながら、フィールドを後にした。その後ろを行く矢島、柴崎、田中裕介らの表情も、一様に暗い。スタンドからは、前年に8連敗を喫したとき以来となるブーイングが鳴り響いた。


「元気なさそうでしたね。まあ、負けたあとだから当然なんですけど」

FC東京のミッドフィールダー羽生直剛《はにゅうなおたけ》は、試合後の取材エリアで中村と言葉を交わしていた。ふたりはオシムジャパンのチームメイトで、ともにイビチャ・オシムによって日本代表に引き上げられた〝オシムチルドレン〟という共通点がある。

「憲剛が〝東京、楽しそうじゃん〟って言うから、〝そっちはどうなの〟って聞いたら、〝うーん、難しいっすね〟って」

敗戦後でもしっかりとメディア対応することで知られる中村だったが、この日ばかりは言葉少なに切り上げ、チームバスに乗り込んで行った。

わだかまりは氷解したが……

監督解任が発表された4月11日、強化本部長を務める庄子春男がクラブハウスに集結した記者たちの前に立った。

神妙な面持ちで、とつとつと言葉を発する。

「理由はふたつあります。ひとつは選手との距離です。昨年8連敗したときは、監督と選手とで立て直そうという気持ちが感じられたが、今回は感じられなかった。ふたつ目は、タイトルを獲るという強い気持ちでスタートしたものの、ナビスコカップを含めて5試合続けて勝てていません。相手が退場者を出したゲームで2試合とも勝てなかった。このままで本当に良いのか、と。替えるリスクもあれば、継続するリスクもあるが、替えるほうを選択しました」

監督と選手との距離に関して言えば、相馬と選手たちの対話が不足していたわけではない。むしろ、コミュニケーションの量は、前年よりも増えていた。

シーズン前には監督と選手による面談が行われ、方向性や改善点などの確認がなされた。相馬から「今日は何でも言ってくれ。腹を割って話し合おう」と言われた中村も、システムや戦い方、起用法や監督と選手の関係など、思っていたことを伝えた。

4時間に及ぶ会談を終えた中村は、すっきりとした表情で言ったものだった。

「監督と選手の垣根を越え、サッカー人同士として本音の意見交換をしました。すべては強いフロンターレを取り戻すため。今年こそ、相馬さんと一緒にタイトルを掴み取りたい」

わだかまりは、氷解した。

だが、結果は簡単にはついて来なかった。

サッカーが勝敗を競うスポーツで、ましてやプロの興行である以上、チームにとって何よりの良薬は勝利であり、チームを蝕《むしば》む毒は敗北である。勝利から見放される期間が長くなればなるほど、勝っているときには起こらない問題が生じるものだ。

フロンターレも例外ではなく、チームの雰囲気は瞬く間に沈んでいった。

監督と意見交換し、一人ひとりが新シーズンへの期待を高めていただけに、落胆は大きかったのかもしれない。

監督の途中解任を初めて経験する中村の胸中にも、さまざまな想いがめぐっていた。

「踏み込んだ意見を言わせてもらったのは確か。相馬さんがみんなの意見を受け入れようとして、方向性がブレてしまったのかもしれないとか、いろんなことを考えた。今年はキャプテンにも復帰していたし、自分にも責任が間違いなくある。難しかった……」


僕が都内で相馬に会ったのは、解任が発表されてから数日後のことだった。

待ち合わせ場所に現れた彼は、意外にも清々しい表情をしていた。

彼が現役を退いた頃から折にふれて取材をしてきたが、フロンターレの監督に就任してからというもの、どうも肩肘を張り過ぎているように感じられた。

相馬の監督就任時、フロンターレは長きにわたった関塚・高畠体制が終わり、川島永嗣や鄭大世、寺田周平といった一時代を築いた選手が次々と去り、過渡期を迎えていた。そんなチームを、あまりに急激に変えようとしてしまったのではないか。チーム作りを少し急ぎすぎてしまったのではないか……。

「3年計画を打ち出し、時間をかけてチームを徐々に変えていくという手もあったんじゃないでしょうか」

そう訊ねると、それまで頷きながら話を聞いていた彼は、真剣なまなざしで言った。

「いや、そんな悠長な考えはなかった。だって、憲剛が30歳、宏樹が32歳なんだよ。30代の選手は1年、1年が勝負。3年後の自分がどうなっているかなんてわからない。俺が30代のとき、監督が3年計画なんて言い出したら、〝冗談じゃない、今年結果を出すサッカーをやってくれ〟って思ったはず。だから、1年目から優勝を狙うのは当然だと思っていたし、自分は鹿島で何度もタイトルを味わったから、彼らにも味わわせてあげたかった。その考えは間違っていなかったと思う。それで結果を出せなかったのは、自分の力不足でしかないからさ」

その言葉を聞いたら、もう何も言えなかった。相馬がどれほどの覚悟を持ち、どれほどの重荷を背負って戦っていたのかが見えたような気がした。

自分の力不足でしかない――。

たしかに、J1で初優勝を狙うチームを率いるには、監督経験が浅かったのかもしれない。だが、過渡期のチームを40歳の青年監督に預け、タイトル獲得を義務づけたうえにサポートし切れなかった首脳陣にも責任はある。中村が言うように、選手たちにも――。

「少しゆっくり休むよ。でも、夏のユーロ（ヨーロッパ選手権）は見に行こうと思っているんだ。新たな刺激を受けてくるよ」

解任の傷はまだ癒えていないはずだが、相馬は明るく言った。

元監督はこれからしばらく休養に入るが、チームは立ち止まるわけにはいかない。次の試合は目前に迫っている。新監督が決まるまで、コーチの望月達也を監督代行に据えて、チームは再スタートを切っていた。

新監督は意外な人物

フロンターレの新監督をめぐる報道は、連日にぎわいを見せていた。

4月12日の練習後には、庄子強化本部長から監督人事の進捗《しんちょく》状況についての話があった。

「現時点で3人に絞り込みました。エージェントからの売り込みもあるし、早く決めたいところですが、次は失敗できないので、いろんな角度で検討しています。経験豊富であることを優先すると、選択肢も少なくなる」

経験豊富であること——。この一点に、強化部の反省が強くにじんでいた。

強化本部長の発言を受けて、スポーツ紙には後任候補としてJ1での監督経験のある人物ばかりが挙げられていた。元ジュビロ磐田監督の山本昌邦《まさくに》、元清水エスパルス監督の長谷川健太、元ガンバ大阪監督の西野朗《あきら》……。

だが、水面下で進められていた交渉相手は、まったく噂にのぼっていない人物だった。

監督解任から12日後の4月23日、ようやく新監督が発表される。

新たにフロンターレを率いることになったのは、独特の視点とフレーズによる分析で解説者としての地位を築き、2008年から筑波大学蹴球部を率いていた風間八宏《やひろ》だった。

風間にはプロチームの指揮を執った経験こそなかったものの、現役時代にはドイツでプレーし、引退後は解説者として世界のサッカーシーンを見続けていた。

風間に率いられた筑波大学は、華麗なパスワークとポジションにとらわれない迫力のある攻撃で関東大学リーグを席巻《せっけん》していた。風間の指導方法を学ぶため、筑波大学の練習場を訪れる若い指導者も多く、注目を集める存在であったのは確かだ。

その一方で、かつてJクラブの監督就任要請を断ったという話もあり、プロチームを率いることには関心がないものと思われていた。

だが、関心がないなどということは、まったくなかったのだ。

「これまでは〝監督をやる気、ありますか〟っていう問い合わせばかりで、自分である必要性が感じられなかったから、〝ほかにふさわしい人がいるんじゃないですか〟って答えていたんだ。でも、フロンターレからは〝監督をやってほしい〟とストレートに言われ、僕にお願いしたいという本気度が伝わってきた」

風間はのちに、就任の経緯についてこう語っている。

風間体制の始動日となる4月24日、麻生グラウンドに駆けつけると、練習開始時刻までまだ30分近くあるにもかかわらず、すでに数人の選手たちが風間による指導を受けていた。

だが、よく見ると、全員が選手とは異なる黒のジャージを身に着けている。風間がレクチャーしていたのは、コーチングスタッフだったのだ。

これは面白いことになりそうだ、と思った。

午後2時、選手やスタッフ、社長、強化本部長が続々とクラブハウスから姿を現し、緑鮮やかなピッチに勢ぞろいした。社長と強化本部長のあいさつが終わると、風間は選手に短く声をかけただけで、ウォーミングアップもなしに、いきなりボールを使った本格的な練習を始めた。

4人対4人に3人のフリーマンを加えたパス回し、4人一組で縦パスをつないでシュートまで持ち込む攻撃練習、左右のステップでディフェンダーのマークを外してシュートする攻撃練習……。さらにハーフコートでのゲーム形式のトレーニングが手際よく進められていく。

練習を見守る新監督は、選手たちに普段の倍近いパススピードを求め、正確なトラップを厳しく要求した。

「味方を見るな、もっと敵をしっかりと見ろ」

「攻撃のときは、敵が大事だぞ」

「相手に隠れるな。パスコースに出てこい」

「相手の背中が見えたら、逆を取れ」

グラウンドに飛び交う指示は、新鮮なものだった。おそらく選手たちにとっても聞き慣れないフレーズに違いない。

練習場の一角に掲げられた「常識を疑うことが変革の出発点　行こうぜ！　風間フロンターレ」との横断幕に見守られ、2時間弱の練習時間は、あっと言う間に過ぎていった。

天から垂れてきたクモの糸

初練習が終わってから約30分後、就任会見の会場であるクラブハウスのミーティングルームは、テレビクルーも含めて100人近くの取材者が集まり、ごった返していた。

扉が開き、風間が部屋に入ってくると、一斉にフラッシュがたかれ、シャッター音が響きわたった。着席した新監督が、おもむろに口を開く。

「こんにちは。……あれ、反応がないですね。大丈夫ですか。知ってる人ばかりなのに」

笑いがドッと起きた。緊張感に包まれていた会場は一気に和やかな雰囲気に変わった。

シーズン序盤での監督交代とあって、記者たちは風間カラーを探ろうと、質問を投げかけていく。それに答える風間は、あくまでも自然体だ。

――シーズン途中からの就任ですが、どんなところが課題で、これからどういう風にアプローチして立て直していくおつもりですか？

「前のチームと比較する気はないんですよ。特別なことをするというよりも、彼ら一人ひとりが持っている資質を上げていこうと。例えば、スピードを上げるにしても、走るよりもボールスピード、ボールを止めてから蹴るまでの間隔、周りを見つける速さ。これだけでも上げていけばかなり違うものになっていくと。もちろん、最終的な目的はゴールを奪うことですが、ボールを取られずにサッカーをすることを目指していきたいと思います」

――サポーターが「常識を疑うことが変革の出発点」という横断幕を出していました。新しいものを見せてくれるのでは、という期待があると思いますが、どうお考えですか？

「自分が14年前に指導者になったときに常識だと思っていたことが、今では少し恥ずかしい非常識になっていることが多い。そういう意味では、僕自身が変化していくことが、そのまま常識を変えることにつながる。もっと可能性があるんじゃないか、こうすればもっと面白いんじゃないか、と考えていくこと。それを選手たちとともに探していきたいと思っています」

――風間監督がフロンターレでやりたいサッカーはどういうものですか？

「一番は、90分間ボールを持ち続け、選手が楽しんでやること。球技である以上、ボールを持たずに考えることはありません。例えば、手でやるスポーツで、ボールを持っていない（状況や）、ボールを取られることを（前提に）考えるスポーツはありませんよね。だから自信を持って堂々とボールを持つサッカーをしてほしい。そのなかで選手の発想が生まれてくる。元から当てはめる気はないですし、彼らが作っていくものを、もっともっと大きくしていこうと考えています」

足でボールを扱うサッカーは、ミスの上に成り立つスポーツだと考えられてきた。

ところが、風間は手でボールを持つようにボールを保持するサッカーを目指すという。これはたしかに常識を覆す発想だ。

しかし、ミスをしないことが前提になるので、このサッカーを実現させるには、選手全員に極めて高い技術が求められる。おそらく、中村のような。

果たして、そのレベルにまで、全選手を引き上げることができるのだろうか……。

実は、風間による初指導が行われていたとき、中村はフロンターレにいなかった。4月23日から3日間、千葉で行われた日本代表候補合宿に参加していたからである。Jリーグでプレーする選手だけが集められたこのキャンプ中、ホテルに戻ってはフロンターレのチームメイトから情報を仕入れていた中村は、期待を膨らませていた。

練習後の取材対応の場でフロンターレの話題を振られると、中村の声が弾んだ。

「ずいぶん緻密で細かいらしいですね。〝とにかくボールを失うな〟とか、技術を重視しているみたいで、言葉も独特だって聞きました。僕自身も、テレビで風間さんの解説を聞いていて、目のつけどころや表現がたしかに面白いなと。筑波大でもすごく攻撃的なパスサッカーだったっていうから、楽しみですね」

日本代表合宿を終えた中村が風間に呼ばれたのは、フロンターレの練習に合流した日のことだ。そこで風間から、思いがけない言葉をかけられた。

「お前、50パーセントの力でプレーしているんじゃないか。チームに合わせるためにセーブしているんだったら、そんなの考えなくていいから。お前は100パーセントの力でプレーしろ。それに合わせたチームを俺が作るから」

その瞬間、中村は鳥肌が立った。

チームの監督から、そんなことを言われたのは、初めてだった。

いろいろな感情がこみ上げてきたが、口から出てきたのは、「ありがとうございます」という一言しかなかった。

「途中で監督が替わるのは初めての経験で、チームがこの先どうなってしまうのか、自分がどうなっていくのか不安だった。だから風間さんの言葉は、まるで天から垂れてきたクモの糸のようだった。その言葉を信じて、この糸をつたって、もう一度這い上がっていこう——そんな心境でした」

このとき、風間が中村にかけた言葉は、単なる想像や思いつきで生まれたものではない。

他でもない自分自身に、力をセーブしてプレーすることを余儀なくされた経験があったからこそ、風間は中村の心情が手に取るようにわかったのである。

ドイツでプロになった男

日本有数のサッカーどころ、静岡県清水市に生まれ育った風間は、小学生の選抜チームである清水FCにおいても一目置かれるほど、サッカーの実力が抜きん出ていた。その清水FC時代には韓国やヨーロッパへの遠征を何度も繰り返し、中学生になって経験したイングランド遠征ではマンチェスター・ユナイテッドに勝利したこともあった。

そんな風間にとって大きな衝撃となったのが、清水市立商業高校3年のときに出場した1979年のワールドユースだった。

自国で開催されるこの大会で何がなんでも決勝トーナメントに進出したい日本ユース代表チームは、長期合宿を繰り返し、松本育夫監督による熱血指導で徹底的に鍛えられていた。

チームの中心は尾崎加寿夫や水沼貴史《たかし》、柱谷幸一といった、風間よりも1歳、2歳年上の世代だった。高校生の風間も最終メンバーにエントリーされたが、1試合の出場にとどまり、チームは2分け1敗の成績に終わった。

この大会で優勝したのは、アルゼンチンだった。そして、大会MVPに輝いたのは、そのチームの10番、当時18歳のディエゴ・マラドーナである。

「マラドーナは本当に凄かったよ。でも、凄いのは彼だけじゃなかった。僕らは厳しい特訓に耐えて必死に頑張ったのに、他のチームは楽しそうにやっていた。それでいて強いんだから、世界では何が起きてるんだって驚いた。これは早く海外に行かなきゃダメだと思ったよ」

日本には当時、プロサッカーリーグは存在していない。高校や大学を卒業後、実業団チームに所属し、日本リーグでプレーするのがサッカー選手にとって一般的なキャリアだった。

だが、筑波大学に進学した風間は、日本リーグのほぼすべてのチームから誘いの声がかかったにもかかわらず、それらをすべて断り、卒業と同時にドイツに渡った。

「大卒だし、母子家庭だったから、留学じゃなくプロになって生計を立てなきゃいけないって考えていた。ちょうど大学の先輩の田嶋さん（幸三／日本サッカー協会会長）がレバークーゼンでコーチ研修を受けていて、〝お前なら大丈夫じゃないか〟って言ってくれてね」

初日の練習を終えると、風間の前に1枚の紙が差し出された。契約書だった。わずか1日で力が認められ、契約を結ぶことになったのだ。

当時のヨーロッパ各国のリーグには、1試合に出場できる外国人選手はふたりまでという規程があった。レバークーゼンと契約する3人目の外国人だった風間は試合に出られないため、練習はトップチームと一緒に行い、試合には3部リーグ所属のセカンドチームの一員として出場することになった。

だが、大学を卒業したばかりの風間は、プロの何たるかを理解できていなかった。

「〝お前は来年、トップチームでプレーする選手だから〟って特別扱いされていたから、次第に自分勝手に振る舞うようになってしまったんだ。プロなんだから、自分のことだけを考えていればいいと思って言葉もロクに勉強しないでいたら、監督やチームメイトとの関係も次第に悪くなっていってね。そんなとき、新聞にこんな記事が載ったんだ。『いくら能力があっても、いくら技術が高くても、チームのために戦わないやつはいらない』って」

ドイツメディアから、チームに馴染もうとしない姿勢を非難されたのだ。

そんな風間に手を差し伸べてくれたのがクラブのマネージャーだった。「一緒に一からやり直そう」と言ってくれたそのマネージャーとともにレムシャイトに移籍した風間は、ここでドイツ語を勉強し、インタビューもドイツ語で受け答えするようにした。

すると、それまで冷たく感じていたドイツ人の態度が変わった。

「日本語で横断幕を作ってくれたり、日の丸に『君は偉大な選手だ。我々の誇りだ』って書いてくれたりして、すごく嬉しかったな。ああ、プロというのはサポーターやクラブと関わりのある人たちのために戦うものなんだって。それに気づくまでに3年ぐらいかかった。自分の技術をチームのために生かせなければ何の意味もない。自分は三流だったと思ったよ」

海を渡った当初、風間はドイツで現役をまっとうしようと考えていた。

だが、5年が過ぎた頃、急に空気が止まったような感覚に陥った。刺激を感じなくなった風間の体は、何らかの変化を求めていた。

日本リーグ2部のマツダからオファーがあったのは、そんな頃だった。

「それまでにもフランスやオランダ、ベルギーのクラブからオファーがあったり、日本からも毎年のように誘いがあったんだけど、すべて断っていた。でも、そのときはマツダが〝一番になりたい。それにはキミの力が必要だ〟って言ってくれた。自分の中のプロ意識も確立されていたんだろうね。自分を必要としてくれるなら、どこでもいいって思えるようになっていたんだ。だから、面白そうだな、やってみるかって」

当時のマツダはアマチュアだった。一方、風間はプロである。そうした環境でチームを強くしていくのは、簡単な作業ではなかった。

さらに、自身がこのレベルに染まってしまうのではないか、との不安もあった。

その不安は、Jリーグの誕生にともない、マツダがサンフレッチェ広島として生まれ変わり、プロ集団になってからも消えなかった。なぜなら、当時の風間は、力をセーブしてプレーすることを求められていたからだ。

「監督の（スチュアート）バクスターさんから〝おまえの能力とチームの実力を考えると、半分ぐらいの力でやるのがちょうどいいから、チームのためにセーブしてくれ〟って言われて、葛藤がすごくあったよ。でも、のちに〝コーチの役回りをさせて悪かった。でも、おかげで助かった〟と言ってもらって、それはすごく覚えている」

マツダの日本リーグ1部昇格と、サンフレッチェの1994年Jリーグステージ（前期）優勝に大きく貢献した風間は翌年、再びドイツに渡った。自分の100パーセントの力がどれぐらいなのか、最後に確かめたいと思ったからだ。

かつて所属したレムシャイトへの移籍が決まると、家族をドイツに呼び寄せた。現役を続けながらコーチの勉強にも励み、家族とともに充実した時間を過ごした。

この頃、小学生だった娘ふたりから、こんなことを言われた。

「お父さんがこんなに楽しそうにサッカーしているの、初めて見た！」

風間自身も、改めて思い出していた。

サッカーを楽しむって、こういうことだったんだ。

全力を尽くし、それがチームのためになるって、こんなに素晴らしいものだったんだ。

「だから、フロンターレでは選手の力を規制したくないし、選手の力をもっと引き出してチームを作っていけたら楽しいだろうなって思っている。選手の利益とチームの利益を一致させること――それを第一に考えてチーム作りをしていきたいんだ」

中村にかけた言葉の背景には、こうした想いがあったのである。

進むべき道を照らすゴール

ゴールデンウイークの初日となる4月28日、等々力陸上競技場の上には、早くも五月晴れと呼びたくなるような青空が広がっていた。

風間体制の初陣となるJ1第8節の相手は、サンフレッチェ広島である。

奇《く》しくも新監督の古巣であり、チームを率いるのは、現役時代に風間とダブルボランチを組んでいた森保一《もりやすはじめ》――実に因縁めいた相手だった。

2006年から5年にわたってミハイロ・ペトロヴィッチ監督に率いられたサンフレッチェは、攻撃時には4－1－5、守備時には5－4－1となる世界でも類を見ない可変型フォーメーションを操るチームだ。2012年から指揮を執る森保は、前任者のスタイルを継承したうえで、守備の意識を一層高め、より隙のないチームに変貌させようとしていた。

風間の監督就任から5日で迎えた公式戦。準備期間の短さを考えれば、守備に重心を置くゲームプランで臨んだり、相手の良さを打ち消すような戦略で挑んだりしてもおかしくない。

しかし、新指揮官はそうはしなかった。ボランチの稲本潤一をセンターバック、右サイドバックの田中裕介をボランチ、センターバックの伊藤宏樹を右サイドバックで起用するなど、選手の起用ポジションにメスを入れたうえで、攻撃的なスタイルを前面に押し出し、真っ向勝負に打って出る。

結果は、1対4の惨敗だった。

完成度の差が、そのままスコアの差となって表れたゲームだった。

だが、収穫がまるでなかったわけではない。フロンターレが記録した唯一の得点は、まさに風間スタイルを体現したものだったのだ。

先制されて迎えた前半33分のことだ。センターライン付近で得たフリーキックからプレーを再開すると、ボールを一度も奪われることなく15本のパスをつなぎ、16本目のパスが伊藤から中村にわたる。次の瞬間、中村の右足から17本目のパスがペナルティエリア内に繰り出され、中村にボールを預けたばかりの右サイドバック、伊藤がそこに走り込む――。

伊藤の左足がとらえたボールは、ゴール右隅へと転がり込んだ。

「自分が決めたのはたまたまです。でも、前に行く姿勢というのは、練習中から言われていることだし、憲剛だったから、パスが出てくるんじゃないかって思ってました」

実に3年ぶりとなるゴールを決めた伊藤は、練習の成果であることを強調した。

「負けたけれど下を向く必要なんてない。90分やってみて見えてきたものがたくさんある。あとは、それを信じてやり続けるだけです」

大敗にもかかわらず、中村の言葉からも力が感じられた。

パスを出したら動く。相手の背後を取る。

4日間、言われ続けてきたことを、ベテランのふたりが形にしてみせたのだ。チームがこれから進むべき道を、照らし出すようなゴールだった。

5月3日のJ1第9節は、ジュビロ磐田をホームに迎えた。

サンフレッチェ戦からメンバー3人が入れ替わり、プロ2年目の19歳、大島僚太がボランチとしてスターティングメンバーに名を連ねた。

先制点は前半30分。ドリブルで左サイドを抜け出した矢島卓郎のクロスに合わせ、その大島が飛び込んだ。敵のボランチの背後を攻略し、左足でボールを正確にとらえたファインゴール。繊細なボールコントロールとリズミカルなパスワークで「中村憲剛の後継者」と言われる大島にとって、これが待望のプロ初ゴールとなった。

その後、ゲームは両チームが3点ずつを加える打ち合いになったが、計7ゴールの乱打戦を制したのは、フロンターレだった。

風間体制の初勝利を呼び込む4ゴールのうち、PKによる2点目を除く3ゴールが、相手の背後を取るというトレーニングで磨いた形で奪ったものだった。

5月6日、J1第10節では2年前のJ1王者、名古屋グランパスに3対2で打ち勝った。

前半2分、田坂祐介が左足を振り抜いて先制ゴールを決めると、14分には相手ディフェンダーのギャップを突くような動きで中村のパスを引き出した矢島が2点目をゲットする。

前半のアディショナルタイムにも、ディフェンダーの背後を取った矢島に中村のスルーパスがわたって、ゴールが生まれた。

「憲剛からのパスもそうですし、面白い形ができてきたので、これを続けていけば、もっとバリエーションが増えてくるんじゃないかなと。当然まだまだ足りない部分があるし、特に相手との駆け引きの部分をこれからさらに高めていきたいと思います」

風間は2連勝を飾ったチームの手応えを示しながらも、まだまだこんなものじゃない、とでも言いたげな様子だった。

その後、日本代表がブラジル・ワールドカップのアジア最終予選を戦うため、J1リーグは約3週間のインターバルに入った。中断が明けた6月16日、第14節のサガン鳥栖戦に1対0で勝利すると、フロンターレは4位に浮上した。

新体制になって7試合を5勝2敗とし、10位だった順位をここまで押し上げたのである。

サッカーの原点に立ち返る

新監督のスタイルは、日を追うごとに、試合を重ねるたびに、浸透していった。

風間は就任当初、「3ヵ月ぐらいすれば形がはっきりと見えてくる」と語ったが、2ヵ月足らずで、すでにその形がはっきりと見えるようになっていた。

チームの、そしてチームメイトの変化を、中村も感じ取っていた。

「練習で〝やり直そう〟とか〝ポジションを取り直せ〟という声が飛び交うようになってきた。それって、マイボールを大切にする考えが浸透してきた証《あかし》。正しいポジションを取ってパスを回せば奪われることはほとんどないし、相手に攻撃の機会を与えなければ失点しない。自分たちがボールをキープしていればチャンスも作れる。プレーする回数が多ければ楽しいし、ボールに触る機会が多ければうまくなれるわけで、サッカーの原点に立ち返ったと思います」

31歳の中村は、まるでサッカーを始めたばかりの少年のような笑顔を見せた。

「面白いですよ、僕がやりたかったサッカーだから。システム、戦術もいいけれど、自分の足技を極限まで磨く。それに全員で取り組んで、チーム力を高めようとしている。今はすごく〝サッカー、やってるな〟っていう充実感がある。最近、サッカーをしてなかったから」

サッカー選手が、サッカーをしていなかった――。

それは、衝撃的な言葉だった。いったい、どういう意味なのか。

「これまでのフロンターレはカウンター主体だったし、2列目でプレーしていたときには、ボールが自分の頭の上を越えていって、触れないことも多かった。サッカーをしていなかったというのは、そういう意味です。風間さんが来てから、自分のプレーもすごく変わったと思うんですよ。以前は一発のスルーパスを狙うことが多くて、もっとプレーが雑だった。でも今は、ボールを失うことに対して敏感で、すごく丁寧になったと思う。いつの間にか〝中村憲剛はこういう選手〟っていうイメージが自分の中にも、見ている人の中にもできあがっていたと思うんです。それを良い意味で壊して、さらにバージョンアップさせていきたい」

変わり始めたのは、チームと、チームメイトだけではなかった。彼自身も、この2ヵ月で変化していたのだ。

パスの受け手であるフォワードの小林悠も、出し手の変化を、驚きをもって証言する。

「以前の憲剛さんは、スペースに落とすイメージのボールが多かったんですけど、風間さんになってから、動いた人の足元にピタッと合わせるパスが増えたように感じますね。フォワードがディフエンダーのマークを外した瞬間に、その足元にパスをビシッと入れる。それって、言うほど簡単じゃないんですけど、憲剛さんはやってのけてしまう」

それを可能にさせる理由のひとつに、中村の身体的な特徴があるのではないか、と小林は分析している。

「ワンテンポでも遅れると、受け手がオフサイドになったり、相手に寄せられてしまう。でも、憲剛さんってガニ股じゃないですか。普通の人は持ち直してから出すところを、憲剛さんは足がいつでもインサイドでパスを出せる形になっている。これはデカイと思います。それにしても、30歳を過ぎても、まだまだ成長してる、どんどん進化してる。それって凄いですよね」

これまでに「プレーが変わってきた」という話を中村憲剛から聞いたことが、3度ある。

1度目は2005年、関塚隆監督によってトップ下からボランチにコンバートされて1年が経ち、「周りを使ったり、地味なつなぎのパスを大事にするようになってきた」と語っていた。

2度目は2009年、日本代表でトップ下として起用されるようになり、フロンターレでも2列目でプレーするようになって、「得点を意識している」という発言が増えた。

そして3度目が、このときだ。

この3度目の変化は、過去の2度とは、本質的に異なっているように思われた。

過去2回はコンバートによって促されたもので、彼にとって〝求められた変化〟だった。

だが、今回は、〝サッカー選手としてこうなりたい〟という想いが先にあり、そこにタイミングよく、似たような理想を掲げる監督が就任したことによるものだ。

だから、今回は〝求めた変化〟と言えるかもしれない。

中村にとっての「やりたかったサッカー」「こうなりたい選手像」――それは、この頃、究極のポゼッションサッカーで全盛期を迎えていたFCバルセロナの影響によって形づくられたものだ。

バルサに魅せられて

「バルサ」の愛称で親しまれるFCバルセロナは、スペインのカタルーニャ州、バルセロナに本拠地を置くサッカークラブである。

スペインのリーガ・エスパニョーラでレアル・マドリーと2強を形成するこのクラブに、スペクタクルで攻撃的なフットボールを植えつけたのは、オランダの生んだスーパースター、ヨハン・クライフだった。

クラブのOBであり、1988-89シーズンに監督に就任したクライフは、ウイングを配した攻撃的な3トップを採用し、中盤では守備力よりもテクニックやパス能力に秀でた選手を起用し、華麗なパスワークで観客を魅了したうえで結果も残す――つまり、両立は不可能だとされていた「美しく勝つ」ことをやってのけるのである。

ロナルド・クーマンやミカエル・ラウドルップ、フリスト・ストイチコフらスター選手を擁し、1990-91シーズンからリーグ4連覇を成し遂げる。初のヨーロッパチャンピオンにも輝いたこの頃のバルサは、「ドリームチーム」と呼ばれ、賞賛を浴びた。

中村がバルサに魅せられたのも、この時期のことだ。

「トヨタカップ（現クラブワールドカップ）で来日したときから、僕はバルサの虜《とりこ》になった。当時、日本では（マルコ）ファン・バステンや（ルート）フリットのいたACミランの人気が高かったけど、ミランのプレッシングはなんか守備的に感じられて、僕はボールがどんどん回るバルサのほうが断然好きでしたね」

バルサが国立競技場でブラジルのサンパウロFCと戦ったのは1992年のことである。そのとき、中村は小学6年生。にもかかわらず、リアルタイムで見ていたというのだから……。

「サッカーに関しては、すごくマセてたんですよ」

ボールが縦横無尽に動くバルサのサッカーを眺めるうち、中村の視線は次第に、スペインで「ピボーテ」と呼ばれる中盤の底のプレーヤーにくぎ付けになる。バルサの攻撃はすべてこの細身の選手を経由し、ピッチの至るところに配球されることに気づいたからだ。

この選手こそ、クライフイズムの体現者で、〝クライフの作品〟とも称された若き日のジョゼップ・グアルディオラだった。

「自分も華奢《きゃしゃ》だったから、グアルディオラに自分の姿を投影して見ていました」

その後、クライフが成績不振を理由に解任されると、イングランド人のボビー・ロブソンが1シーズン監督を務めたのち、オランダ人のルイス・ファン・ハールが監督として招かれた。

ファン・ハールはクライフイズムに染まる選手を次々と放出し、自身が率いたオランダのアヤックス時代の教え子を次々と呼び寄せていく。リバウドやパトリック・クライファートらの個の能力が前面に押し出され、パスサッカーの薫《かお》りが薄れていった。

そのために冷めつつあった中村のバルサへの想いが再燃するのは、2003－04シーズンにフランク・ライカールトが監督の座に就いてからだ。

「ロナウジーニョがいて、（サムエル）エトーがいて、デコがいて、（アンドレス）イニエスタが頭角を現してきた時期。センターバックには（ラファエル）マルケスがいて、後方から丁寧につないでいくスタイルが見え始めた頃で、そこからは、ずっとバルサを見続けている」

2000年代前半から半ばにかけてリーガ・エスパニョーラの主役を演じていたのは、ジネディーヌ・ジダン、ロナウド、デイビッド・ベッカムらを擁する〝銀河系軍団〟レアル・マドリーだったが、クライフイズムを取り戻したバルサが、その座を奪い返す。

そして、再びレアル・マドリーの後塵を拝すようになったとき、ライカールトに替わって指揮権を託されたのが、グアルディオラだった。

2000－01シーズン限りでバルサを退団したグアルディオラは、イタリア、カタール、メキシコのリーグでプレーし、2006年11月に現役から退いた。

2008－09シーズンにバルサの新監督に任命されたとき、彼にはまだバルサの2軍チームを1年率いた経験しかなく、大抜擢の人事だった。

それゆえ、大ファンだった中村も、「待ってました！」という心境にはなれなかった。

「ちょっと早いんじゃないかって。好きだからこそ失敗してほしくない。本当に心配だった」

しかし、グアルディオラは就任1年目から結果を出してみせた。それも、リーグ優勝、カップ戦優勝、チャンピオンズリーグ優勝の三冠という最高の結果を。

「ロナウジーニョやデコに構想外を言い渡したときは驚いたけど、守備をサボる選手はいらないっていうメッセージだった。それで、カンテラ（下部組織）から昇格させたばかりの（セルヒオ）ブスケッツやペドロ（ロドリゲス）を起用して、守備も緻密にするようになって隙のないチームになった。1年目から成功したから、やっぱり、この人、凄かったんだって」

結果もさることながら、中村を魅了し、より一層のバルサフリークにさせたのは、グアルディオラに率いられたチームが見せたサッカーの内容だった。

足元の技術と判断力を極限まで磨いた選手たちがパスを正確につなぎ続け、相手を敵陣に釘付けにして、ゴール前に林立する敵の密集を攻略していく。

バルサのゲームでは、彼らのボール支配率が70パーセントを超えることが頻繁にあった。それは、これまでのサッカーの常識では考えられないことだった。

ボールを支配している限り、失点はしない――。

グアルディオラのバルサが実現したのは、クライフの哲学そのものだった。

「11人全員がサッカーを熟知していて、攻守のポジショニング、サポートの角度、パスひとつとっても意味があって無駄がない。みんながパスコースに顔を出し、ポジションを頻繁に取り直すし、やり直す回数もすごく多いから、ボールがどんどん回るし、簡単に奪われない。ボールを失うことは〝悪〟くらいの感覚なんだと思います」

高校入学時に身長が１５３センチしかなく、フィジカルコンタクトを受けるとふっ飛ばされていた中村は、どうすればボールを失わずにすむのかをずっと考えてきた。

導き出した答えは、相手に体をぶつけられる前にワンタッチ、ツータッチでボールを放せばいい、ということだった。そのために、止める、蹴るの技術と判断力、広い視野を磨き、頭を使ってサッカーに取り組んできた。

「だから、グアルディオラのサッカーを見たとき、〝そうだよ、これだよ〟って膝を打つ想いだった。自分の考えは間違ってなかったって思ったし、まさに自分が思い描く理想のサッカーが、そこにあった。なかでもシャビには特に惹《ひ》かれる。うまいな、ああなりたいなって思いながら、いつも見ている。彼らは日本人と体型がほとんど変わらないじゃないですか。小柄でも、足が速くなくても、あれだけのサッカーができる――これって日本人に夢を与えてくれていると思うんです」

2012年7月1日に行われたヨーロッパ選手権の決勝では、バルサの選手を中心に構成されたスペイン代表がイタリア代表を4対0と一蹴し、2008年の前回大会に続き、史上初となる連覇を達成した。

これでスペイン代表は、2010年の南アフリカ・ワールドカップでの優勝と合わせ、〝トレブル（三冠）〟を成し遂げたのである。

世界のサッカーシーンは、バルサとスペイン代表を中心に回っていた。

同じ頃、フロンターレは苦しい時期を迎えていた。

6月23日、第15節の横浜F・マリノス戦から4試合連続ノーゴールに陥ると、8月4日の第20節、ジュビロ磐田戦からは4試合勝利に見放され、9月1日、第24節のベガルタ仙台戦に敗れると、一時は4位まで浮上した順位は、13位に後退した。

もっとも、同じように夏場になって順位をズルズルと落とした前年とは、勝てない理由が異なっていた。

第26節、〝因縁の〟多摩川クラシコを控え、中村はあくまでも前向きだった。

「みんなの意識が変わって、見えるものが変わり、技術も高まってボールをコントロールできるようになったから、それまで1つ、2つしか見えなかったものが3つ、4つ見えたり、遠くまで見えるようになって選択肢が増えた。それで、みんなの判断に迷いが生まれるようになっている。風間さんのサッカーをするうえで、これは避けては通れない道だと思います」

日々の練習で成長を感じられるからこそ、前向きになれる。

選手一人ひとりの成長なくして、風間スタイルの実現はあり得ない。

「このサッカーを突き詰めていけば、日本のサッカーのイメージや常識を変えられるんじゃないかって思いますね。もちろん、まだまだその域には達してないけど、4月、5月と比べると進歩しているし、今は進歩してきたがゆえに苦戦しているんだけど、これを乗り越えれば、すごく面白いチームになるんじゃないかな」

中村にとっての面白いチーム——それは、言うまでもなく、バルサのようなチームである。

「バルサのサッカーは夢を与えてくれるけど、バルサに頼ってばかりではいけない。相手の築いた守備のブロックをいとも簡単に攻略するバルサのようなチームがたくさん出てくれれば、それだけ攻撃サッカーの時代が続くことになる。フロンターレが風間さんのもとでやろうとしているのも、そういうサッカー。僕はバルサに続きたいという想いで今、サッカーをしている」

9月22日、FC東京を2対1で下し、7試合ぶりに白星を挙げ、4月8日のリベンジを果たしたフロンターレは、再び前へと歩み始めた。

焦心

6章―― 揺れ動く日本代表への想い

日本代表、ヨーロッパへ

２０１２年10月7日、日本代表はヨーロッパへと乗り込んだ。12日にパリ郊外でフランス代表と、さらに16日にはポーランドのヴロツワフでブラジル代表と親善試合を行うためである。

世界における現在地を測るための戦い——それが、この欧州遠征の位置づけだった。

さかのぼること4ヵ月——。

6月3日に開幕したブラジル・ワールドカップのアジア最終予選で、日本代表は素晴らしい戦いを演じていた。

埼玉でオマーンを3対0、ヨルダンを6対0で下《くだ》すと、最終予選最大の山場と見られていたブリスベンでのオーストラリア戦を1対1で乗り切り、スタートダッシュに成功した。

その原動力となったのは、本田圭佑である。

右膝半月板の負傷から復帰した本田は、オマーン戦で先制ゴールをたたき込むと、ヨルダン戦ではハットトリックを達成してチームを2連勝に導いた。

9月、埼玉でイラクを1対0で下した日本は、最終予選の折り返しを迎えた時点で勝ち点10を獲得し、2位のヨルダンに6ポイントの差をつけて独走態勢に入った。グループの2位以内に与えられるワールドカップの出場権をほぼ手中にしたことで、視線は自ずと世界へと向けられていたのだ。

フランス戦の舞台となるのは、パリ郊外に建つスタッド・ドゥ・フランス、通称「サンドニ」である。

日本がサンドニでフランスと対戦するのは、あの〝悲劇〟以来11年ぶりのことになる。日韓ワールドカップを翌年に控えた2001年3月、フィリップ・トルシエに率いられた日本代表は、世界チャンピオンの胸を借りるため、敵地に乗り込んだ。

地元で開催された1998年のワールドカップを初制覇したフランスは、2年後のヨーロッパ選手権でも優勝した絶対的な王者である。日本は紛《まぎ》れもない挑戦者だったが、ただ手ほどきを受けに行ったというわけでもなかった。

「（ジネディーヌ）ジダンには中田（英寿《ひでとし》）をマークしてもらおう。フランスこそ、うちの中村（俊輔）、高原（直泰）、本山（雅志《まさし》）、稲本（潤一）に気をつけたほうがいい」

対戦を10日後に控えたトルシエは、自信たっぷりに言った。

この自信の根拠には、2000年6月にモロッコのハッサン2世国王杯でフランスと2対2のドローゲームを演じていたことと、順調なチーム作りがあった。

2000年9月のシドニー・オリンピックではベスト8に進出し、11月のアジアカップでは圧倒的な強さでアジアの頂点へと駆け上がった。オートマチズムは磨かれ、組織は成熟の域に達している、はずだった。

ところが、雨のサンドニで、日本代表は世界王者の真の姿を見せつけられる。

開始直後からフランスは猛攻を浴びせ、前半9分にジダンのPKで先制すると、14分にもティエリ・アンリが追加点を奪う。ぬかるんだピッチをモノともしない強靭《きょうじん》なフィジカルと、正確なテクニック——。

後半11分にフランスに3点目が生まれた時点で、試合は事実上終わった。

最終スコアは0対5、大惨敗だった。

この試合で明らかになったのは、両チームの間に存在する圧倒的な実力差と、通用するのは中田英寿だけ、という重い現実だった。

それから11年、両者の状況は、ずいぶんと変化していた。

2010年の南アフリカ・ワールドカップと2012年のヨーロッパ選手権のいずれも不甲斐ない成績に終わったフランスは、世界王者だった頃にキャプテンを務めていたディディエ・デシャンを監督に据え、再建に乗り出したばかりだった。

一方、日本はザッケローニに率いられて2年が経過し、ヨーロッパでプレーする選手の数も激増している。この欧州遠征に選ばれた23選手のうち、実に13人が欧州組だった。

「好奇心に満ち溢れ、ワクワクしている。フランスは世界のトップ5に入る強豪なので非常に楽しみだ。戦力的にはフランスのほうが上だと言われても仕方がないが、選手たちには〝明日のゲームに集中し、自分たちのできることを思い切ってやっていこう〟と伝えた」

前日会見に臨んだザッケローニは、心境を素直に明かした。

「普段からヨーロッパでプレーする選手が多いから、フランスだ、ブラジルだといって特別に意識することもない」

頼もしい言葉を発したのは、ドイツにわたって2シーズン目に入った香川真司である。

中村憲剛にとっても、このフランス戦は、大きなチャンスだった。

本田が代表に復帰してからというもの、中村は本田のバックアッパーに甘んじていた。親善試合ではそれなりに出場機会が与えられたが、最終予選の4試合ではヨルダン戦の33分間しかプレーできていない。

果たして、この欧州遠征では、どれぐらい出場機会が得られるだろうか……。

ところが、CSKAモスクワでの試合で右ふくらはぎを痛めた本田は、フランス入りしてからも別メニューでの調整を続けていた。試合当日を迎えても、負傷箇所の回復が芳しくなく、右足ふくらはぎをアイシングしながら、ベンチの端に座ることになったのだ。

代わって中村が、トップ下での先発出場を告げられる。

ビッグゲームで、大きなチャンスがめぐってきた——。

高ぶる気持ちをコントロールし、中村はキックオフの瞬間を待っていた。

サンドニのピッチに立つ

サンドニは11年前と同じように鈍色《にびいろ》の雲に覆われ、激しい雨に見舞われていた。

アクシデントが起きたのは、スコットランド人のウィリアム・コラム主審によるキックオフの笛が吹かれて、わずか15秒後のことだった。

右サイドで長谷部誠のヘディングパスを受けた中村は清武弘嗣にボールを預けようとする——その瞬間、背後からガツンと当たられ、大柄な黒人選手に右足を踏みつけられた。

顔をしかめながらも中村はゴール前に走り込んだ。清武のクロスがクリアされ、自分の足に当たってゴールラインを割ったところで視線を落とすと、スパイクがざっくりと裂けていた。

これまでのサッカー人生で足を踏まれた経験は数知れないが、スパイクが破れたのは初めてだった。力を込めて意図的に踏みつけなければ、スパイクが破れるなんてことにはならないはずだ。

フランスのアンカー、エティエンヌ・カプーは2ヵ月前に代表デビューを飾ったばかりだった。マークを担当する日本の14番を封じ込めなければ、この先代表メンバーに定着することはできない、と考えたのだろう。中村を怖じ気づかせ、マッチアップを優位に進めようと、最初のワンプレーでぶちかましてきたのは明らかだった。

むろん、それで怖じ気づく中村ではない。

厳しい戦いになるな——。

テンションが一気に上がるのを感じながらも、改めて気を引き締めた。

前半6分、いったんピッチを離れ、真新しいスパイクに履きかえた中村は、再びピッチの中へと駆け戻っていった。


立ち上がりは、11年前の再現を見るようだった。

「アレー・レ・ブルー！（行け、フランス代表）」の大声援を受け、フランスが攻勢に出る。

左ウイングのカリム・ベンゼマは、センターフォワードのオリヴィエ・ジルーとポジションを入れ替えながらゴール前に顔を出し、右ウイングのジェレミー・メネズは、得意のドリブルで日本の守備網を引き裂きにくる。左サイドバックのガエル・クリシー、右サイドバックのマテュー・ドゥビュシーも極端に高いポジションを取り、見方によっては5トップにも見える布陣で日本を攻め立てた。

日本にようやく最初の決定機が訪れたのは、前半16分のことだ。

オーバーラップした右サイドバックの酒井宏樹がセンタリングを放り込む。ボールは中村の頭上を越え、ゴール正面からハーフナー・マイクがヘディングシュートを見舞ったが、シュートはゴールから逸《そ》れていった。

このチャンスを機に、日本もパスをつなげるようになったが、日本の攻撃にフランスの守備陣を慌てさせるほどの鋭さはなかった。

20分には、香川のパスを受けた中村が左足でシュートを放つ。しかし、相手との接触がファウルと判定され、フランスボールのフリーキックに変わった。

その後、日本にチャンスらしいチャンスは生まれなかった。

前半を終えた時点でのシュート数は、フランスが14本、日本はわずかに1本しかなかった。

日本が攻撃の形を作れなかった理由のひとつに、選手間の距離の問題があった。

フランスの圧力に屈し、ディフェンスラインがズルズルと後退し、選手間の距離が広がってしまった。また、ボールを奪い返しても、前線のハーフナーがフランスのセンターバックコンビに封じ込められてボールをキープできず、全体的に押し上げることができない。

加えて、トップ下の中村も、周囲のサポートに恵まれず、チャンスを作れない。

ひとりでボールをキープし、ひとりで局面を打開できる本田に対し、中村は周囲とのコンビネーションでボールを動かしていくタイプである。特徴が異なるがゆえに、本田が出場するときと中村が出場するときとでは、中盤のバランス、距離感、役割は変わる。

中村が先発出場したのは2011年11月の北朝鮮戦以来のことだった。

圭佑のプレーに慣れているチームメイトが無意識のうちに圭佑のようなプレーを自分に求めている――そんな風に中村は感じていた。

「ベンゼマがベンチに下がり、ボールを持てる選手がメネズだけになって楽になった」

神出鬼没なベンゼマへの対応に追われたセンターバックの吉田麻也は、後半に入ってフランスの攻撃から迫力が失われていることを感じていた。

4日後にスペインとのワールドカップ予選を控えるフランスは、ハーフタイムにメンバーを3人入れ替えてきた。大一番に向けて主力を休ませ、新戦力を試しておきたいフランスとすれば当然の策だったが、この交代によってフランスの攻撃力が削がれたのは確かだった。

後半9分、長友佑都からリターンパスを受けた香川が後ろから倒され、フリーキックを獲得する。遠藤保仁が素早くリスタートし、中村が右足で渾身のシュートを見舞う。ゴールキーパーのウーゴ・ロリスは弾くのが精一杯で、ハーフナーが詰めたが、ロリスによってペナルティエリアの外に掻《か》き出された。

13分、ハーフナーが落としたボールを中村が左足で狙ったが、ロリスの正面を突いた。

流れが少しずつ日本へと傾いていく――ザッケローニが動いたのは、そんなときだった。

17分、出場の準備を整えた乾貴士《いぬいたかし》と細貝萌のふたりがピッチサイドに立った。

ここで、俺か――!?

ベンチに下がるのは17番と14番、長谷部と中村だった。

両チームともチャンスを得点に結びつけられぬまま、ゲームは終盤に突入し、残り5分を切ったとき、フランスが立て続けにコーナーキックを獲得した。

その2本目のボールがゴール前でフランスの選手に当たってこぼれると、ボールを拾った今野泰幸がドリブルを開始し、それを追うように内田篤人と長友が全力で駆け上がる。慌てて戻るフランスの選手たちを尻目にペナルティエリアまで一気に運んだ今野は、中央で待っていた香川ではなく、右側から追い越していった長友にパスを出す。

「今野さんの出すタイミング、真司が中に入って敵を引き付けるタイミング、僕のスペースに走るタイミング、すべて一致したので、これは来たなと思いました」

背後から迫るフランク・リベリーのプレッシャーをものともせずに、長友が中央に折り返すと、香川が体勢を崩すようにしてボールに右足を合わせた――。

その直後、6万人の観客を飲みこんだスタンドが、どよめいた。

コーナーフラッグ付近では、殊勲の香川を中心に、歓喜の輪が広がった。

一方、ゴール前では、フランスの選手たちが呆然と立ち尽くしている。

ほどなくしてタイムアップの笛が鳴った。1対0で日本の勝利――。〝サンドニの悲劇〟のイメージを払拭《ふっしょく》する大金星である。

ところが、試合後の選手たちが勝利に酔うことはなかった。彼らの口から出てきたのは、反省の弁ばかりだった。前半の出来が悔やまれる、と嘆いたのは今野である。

「相手のプレスは案外ルーズだったから、3対2の状況を作ればつなげそうだった。でも、雰囲気に呑まれたのか、ピッチ状態のせいか、うまくできなくて、もったいなかったです」

プレスに脅威を感じていなかったのは、今野だけではない。ボランチの遠藤も言う。

「あれぐらいのプレスであれば十分つなげられたと思うので、もうちょっと落ち着いてボールを回せれば、違った展開になっていたと思いますね」

途中交代した中村も、特に前半のプレーを悔やんでいた。

「相手の視野から一度消えて、また顔を出すとか、やってきたことが通用する実感はあったんです。でも、みんな、必要以上にピッチ状態を気にしてしまったし、1トップが（前田）遼一じゃなくてマイク、トップ下も圭佑じゃなくて僕だったから、なんか普段と違うな、という感じもあって。フランスにも勢いがあったから、いろんな面で慣れるのに前半の45分を費やしてしまった。後半はなんとか持ち直したんだけど……」

チームメイトとの連係がようやく取れるようになり、サポートを得られるようになってきたところで、お役御免となった。ショックの残る代えられ方だった。

ブラジル戦には圭佑が出るだろうし、この遠征では、もう出番はないかもしれない。

中村は、そう覚悟した。

だから、驚かずにはいられなかった。

4日後のブラジル戦で、再びスターティングメンバーに指名されたことに――。

〝HONDA〟と〝NAKAMURA〟

プロジェクターがゴールキーパーから順に先発メンバーの名前を映し出していく。

KAWASHIMA、UCHIDA、YOSHIDA、KONNO……。

最後に映し出されたのは、〝HONDA〟と〝NAKAMURA〟の文字。ふたりのどちらかが入るはずのトップ下には誰の名前もなく、描かれたフォーメーションは限りなく4－4－2に近いもの――トップ下のふたりを、2トップ気味に同時起用する初めての試みだった。

「前日練習でも4－2－3－1で紅白戦をしていたから驚いた。てっきりマイクの1トップ、圭佑がトップ下に入る4－2－3－1だと思っていたから、〝えっ、そう来たか！〟って。慌てて圭佑と〝どうしようか〟って、話し合いましたよ」

その一方で、中村は指揮官の〝攻めの姿勢〟を感じ取ってもいた。

「フランス戦と同じように引いて守るという選択肢もあったけど、ザックさんはそれを選ばなかった。及び腰になるんじゃなく、〝攻撃的に行くぞ〟というメッセージだと受け取った」

ポーランドで最も古い都市のひとつ、ヴロツワフ。

前年2011年9月にオープンしたばかりの約4万3000人収容のサッカー専用スタジアムは、地元ポーランド代表の試合ではないにもかかわらず、7割程度が埋まっていた。世界中のサッカーファンを魅了するブラジル代表とあって、スタンドにはカナリア色のユニホーム姿で駆けつけた地元サッカーファンの姿も少なくない。

入場ゲート手前のホールでは、両チームの選手たちが入場の瞬間を待っていた。

ネイマール、オスカール、カカ、チアゴ・シウバ、ダビド・ルイス……。隣に並んでいるブラジルの選手たちは、テレビでよく見る超一流選手ばかりだ。

中村は、その中に懐かしい顔を見つけた。

かつて川崎フロンターレに在籍していたフッキである。

18歳だった2005年に来日したフッキは、フロンターレ、コンサドーレ札幌、東京ヴェルディでプレーしたあと、2008年夏にポルトガルのFCポルトに移籍し、2度のリーグMVPに輝いている。ブラジル代表には2009年から選ばれるようになり、2012年夏には新天地としてロシアのゼニト・サンクトペテルブルクを選んでいた。

「オラ！　フッキ」

中村が話しかけると、フッキはたどたどしい日本語で返した。

「オオ、ケンゴ、ゲンキ?」

「おお、日本語、覚えてるんだ」

「ミンナ、ゲンキ?　フロンターレ、ドウ?」

「みんな、元気よ。すごいな、セレソン（ブラジル代表）でレギュラーなんて」

ガッチリ握手して久々の会話を終えると、中村は戦闘モードに切り替えた。


ブラジルがキックオフしたボールに、日本の選手たちが猛然と襲いかかっていく。

前半1分、ブラジルのセンターバック、ダビド・ルイスに本田がプレッシャーをかけ、クリアミスを誘った。

4分、日本の生命線である左サイドから攻撃を仕掛け、ショートパスをつないでブラジル陣内に攻め込んでいく。引きすぎたフランス戦を反省し、敵陣でゲームを進めるという意欲が十分感じられる立ち上がりだった。

6分にはオスカールにボレーシュートを打たれたが、日本も負けていない。しっかりとパスをつないでブラジルのプレスをかいくぐると、9分には清武弘嗣の縦パスに香川がワンクッション入れ、本田が左足の強烈シュートでブラジルゴールを脅《おびや》かした。

「手探りだったけど、シュートまで持ち込める場面もあったし、落ち着いて回せばゴール前まで運べる実感があった」

前線でしきりにパスコースに顔を出していた中村は、手応えを感じていた。

守備では中村と本田がふたりでブラジルのセンターバックにプレスをかけ、攻撃では前線の4人が流動的に動き、パスを回してブラジルのチェックをかわしていく。

ぶっつけ本番のシフトでありながら、日本はたしかにブラジル相手に攻め込んでいた。

ところが、中村が手応えを感じた矢先の12分、速攻を許すと、ブラジルのボランチ、パウリーニョにミドルを決められ、先制点を与えてしまう。

ここからのブラジルの戦い方は、さすがというほかなかった。

全体的にポジションを下げ、日本を自陣に誘《おび》き寄せてボールを奪うと、前線に残したネイマールに素早くボールを預け、強烈なカウンター攻撃を繰り出していく。まるで、お手本のようなカウンターだった。

24分には、アンラッキーな判定が日本に下される。

右サイドを抜け出したアドリアーノのクロスに、カカが飛び込む。すかさず今野がタックルを見舞ったが、その際、ボールに手が触れてしまい、ＰＫの判定が下されたのだ。

今野とキャプテンの長谷部がポーランド人のマーチン・ボルスキ主審に「故意じゃない」と懸命に訴えたが、一度下された判定が覆ることはない。キッカーのネイマールがど真ん中に蹴り込んで、ブラジルのリードが2点に広がった。


ハーフタイムに中村は、交代を告げられた。

ザッケローニによれば、予定どおりのメンバー交代だった。

後半から乾貴士と酒井宏樹を投入し、香川と本田の2トップに変えて反撃に出ようとした日本の出鼻をくじいたのは、またしてもネイマールだった。

後半3分、コーナーキックをファーサイドで受けると、左足でシュートを放つ。これが吉田の足に当たって日本のゴールに転がり込んだ。

リードを3点に広げ、安全圏に入ったブラジルは、今度は日本陣内でボールを回し始めた。それはゴールを狙うためだけでなく、日本を揺さぶるためであり、ボールをキープして日本に攻撃の機会を与えないためでもあった。

長友が「プレッシャーをかけに行っても誰も焦らなかった」と舌を巻けば、ザッケローニも「ポゼッションのお手本のようだった」と唸《うな》るしかなかった。

押し込まれた日本は必死にボールを奪い返したが、ブラジルほど鋭いカウンターは仕掛けられない。ペナルティエリアまではボールを運べたものの、ゴールは遠いままだった。

31分には、日本のパスミスをゴールにつなげられ、勝負が決定づけられた。

0対4の完敗だった。

もっとも、勝ったのに課題を挙げる声が多く聞かれたフランス戦後とは異なり、取材エリアは――むろん、反省の言葉も聞かれたが――ポジティブな雰囲気に包まれていた。

「パスをつないで攻めるという点ではフランス戦よりも手応えがある。質の違いは感じましたけど、内容はそれほどネガティブに捉えていません」

長友がそう話せば、「ワールドカップ優勝という目標はブレてないか」と問われた本田も「もちろん。点差ほどの差はないと思っている。負けは負けやけど、楽しかったです」と答えた。

今野も「バイタルエリア（ディフェンダーとミッドフィールダーの間のスペース）まで運べたのは事実。このサッカーをもっと徹底したい」と誓った。

途中交代した中村も、つなぐサッカーに手応えを感じていた。

「僕と圭佑が中盤に下りて、真司やキヨ（清武弘嗣）と近い距離を保ってパスをつないでリズムを作れた場面もあった。そうした流れのなかで、いかにゴールを狙うか。オカ（岡崎慎司）のようなランナータイプが加われば、もっと良くなる。いずれにしても、みんな能力が高いから、この形でトレーニングをもっと積めば、イメージはどんどん湧くと思う」

ザックジャパンにおいて中村が本田と同時に先発起用されたのは、初めてのことだった。

初めて同時に先発起用されたのが、最も重要なテストマッチであるブラジル戦だった。

そのことに、特別な意味を感じずにはいられなかった。

十分なアピールができたわけではない。しかし、それまで本田のサブという立場に甘んじていた中村は、希望を見出していた。

ザッケローニに本田をフォワードとして起用するアイデアがあるのなら。

このままショートパスで崩すスタイルを推し進めていくつもりなら。

代表における自分の存在意義を、もっと、もっと高めていける――。

終わるのがもったいない

サンドニで開催されたフランス戦には代理人の大野祐介と、彼と旧知の間柄にあるベルギー人のエージェントが訪れ、中村のプレーに熱い視線を送っていた。

そのエージェントが中村のプレーに関心を持ち、かつて阿部勇樹が在籍した当時イングランド2部リーグのレスター・シティに話を持ちかけたところ、獲得の意思があるという。

「チャンスだよ。本当に行きたいなら話を進めるけど、どうする？」

大野はそう告げたが、中村の心が揺れることはもうなかった。

川崎フロンターレで成長している実感が得られていたため、日本代表のチームメイトに置いていかれるという焦りが、きれいさっぱり消えていたからである。

12月1日に行われたフロンターレのＪ１最終節の相手は、セレッソ大阪だった。試合は２対２の引き分けに終わったが、中村は前半17分にシーズン通算５点目となるゴールを決めた。

フロンターレにとって、開幕から１ヵ月、わずか５節で監督が解任される激動のシーズンだったが、終盤は連勝を含む５試合負けなしで駆け抜け、８位でフィニッシュ。風間体制の基盤を築き、翌シーズンへの期待を高めたのだった。

シーズンを締めくくるＪリーグアウォーズが横浜アリーナで開催されたのは、その２日後のことである。

会場の外の通路には、柵によって取材エリアが設けられ、ステージから控え室に戻る選手を捕まえて、話を聞くことができた。通路の至るところに人の輪ができている。

黒のタキシード姿の中村も、取材陣に声をかけられ、足を止めた。

「終盤にかけてすごくいい流れだったから、このままシーズンが終わってしまうのがもったいない。でも、だからこそ来年が楽しみ。もうベースはできている。この流れで来年はスタートから勢いに乗っていきたいですね。自分自身も成長をすごく実感できた１年でした」

通算８回目の優秀選手に選ばれた中村は、充実した表情でシーズンを振り返った。

中村が去ってしばらく経った頃、10年連続ベストイレブンに輝いたガンバ大阪の遠藤保仁が取材エリアに姿を現した。

この偉大なる記録は、しかし、この年限りで途絶えることが決まっていた。

ベストイレブンに選出されるのは、Ｊ１でプレーする選手に限られる。

Ｊリーグ創設の１９９３年からトップカテゴリーで戦ってきたガンバはこの年17位でシーズンを終え、Ｊ２に降格してしまったのだ。

遠藤はザックジャパンでも〝代えの利かない選手〟と言われ、この時点での国際Ａマッチの出場試合数は、往年の名センターバック井原正巳《まさみ》の持つ１２２試合の記録を上回り、日本代表史上最多の１２４試合に達していた。

日本代表で中村が希望するボランチとしてプレーできないのは、遠藤が〝不動のボランチ〟として君臨しているからだったが、中村の遠藤への眼差《まなざ》しは、初対戦の頃から変わらない。

「ライバルと思ったことはないな。うーん、やっぱり憧れかな。だって、未《いま》だにヤットさんと話すときは緊張しちゃうから。ヤットさんのパスを受けるだけで、次にどうしたいのか感じられるし、俺のイメージもわかってくれている。ヤットさんは、本当にうまい。アップとかでちょっとしたパス交換をしただけで、正確さや丁寧さがやっぱり違う。小さい頃から何を大切にしてプレーしてきたかが滲《にじ》み出ているんですよ。ヤットさんは、自分の中では同じ感覚、同じ考えを共有できる数少ない選手のひとりと思っています」

だが、そんな名選手を擁するチームでも、２部リーグに降格してしまうのだ。

このことは、Ｊ1各チームの戦力がいかに拮抗しているかを表していると同時に、サッカーというチームスポーツの、ひとつの真理も表していた。

選手ひとりの能力では、どうにもならないこともある――。

〝不動のボランチ〟が新シーズンをＪ２でプレーすることは、ワールドカップに向けたチーム作りの最終局面に入るザックジャパンにとっても、大きなマイナスとなりそうだった。

圭佑は圭佑、自分は自分

２０１３年３月17日未明、日本代表チームを乗せたカタール航空３０８便は、カタールのドーハを目指し、夜間飛行を続けていた。ヨーロッパでプレーする選手たちは現地での合流のため、機内にはいわゆる〝国内組〟とチームスタッフしか乗っていない。

中村の隣の席では、横浜Ｆ・マリノスのディフェンダー、栗原勇蔵が気持ちよさそうに眠り込んでいる。静まり返る機内で中村は目を閉じ、物思いにふけった。

日本代表は前年11月14日に敵地マスカットでオマーンを２対１で下し、ワールドカップの出場権獲得に王手をかけた。３月26日のヨルダン戦に勝つか、引き分ければ、５大会連続５度目のワールドカップ出場が決まる。

この敵地での大一番に備え、18日から24日までドーハでキャンプが組まれていた。まずは中東の気候に体を慣らし、22日のカナダとの親善試合で戦術の再確認やいくつかのテストを行い、万全の態勢で決戦の地、アンマンに乗り込む——。それが、ザッケローニの描く青写真だった。

ヨルダンには２０１２年６月のホームゲームで６対０の大勝を収めている。

だが、このスコアが両チームの実力差を正確に表しているとは言えなかった。ヨルダンが前半のうちに退場者を出し、日本は63分もの間、ひとり多い状態で戦っているからだ。

ましてや今回は、劣悪なピッチが待ち受けるアウェーゲームである。しかも、この試合には所属クラブで負傷した本田圭佑と長友佑都のふたりが不在だった。

簡単なゲームになりそうもないことは、明らかだった。

前年10月の欧州遠征以降、中村は日本代表でプレーする機会を得られていなかった。ベンチスタートだった11月のオマーン戦では、最後まで出番は回ってこなかった。年が明けた2月、ラトビアとの親善試合には、招集されることすらなかった。

この時期はJリーグがプレシーズンのため、試合をしている欧州組のメンバー、インシーズンのメンバーを重視して招集した――というのが、ザッケローニの言い分だったが、同じく国内でプレーする遠藤保仁、今野泰幸、前田遼一らは招集されている。

レギュラー組と、そうでない選手との扱いの差は、いよいよ厳然としつつあった。

だが、予選突破の懸かった大一番に招集された。それはつまり、自分のプレーや経験が、まだまだ必要とされているということだ。

しかも、今回は本田がいない。だから、中村は自分に言い聞かせていた。

必ず自分に出番が回ってくる――。

気をつけなければならないのは、フランス戦と同じミスを犯さないことだった。

ザックジャパンが〝本田圭佑のチーム〟だということは、動かしようのない事実である。

しかし、だからといって、本田に代わってトップ下で出場する際に、本田と同じプレー、役割を求められても困る。中村にはドリブルで突き進んだり、相手ディフェンダーを弾き飛ばしたりするような力強さはないが、チーム全体のバランスを見ながら、味方にとっていてほしいところにポジションを取り、受け手の良さを最大限に生かすようなパスが出せる。

本田には本田の、中村には中村の持ち味と武器がある。

20代前半の頃には、中村も他人と自分を比較したことがあった。「あの選手はこうだから俺も」と、他人の優れた部分ばかりが目についた時期もあった。だが、日本代表に選ばれるようになり、自信が増していくにつれ、他人との比較が意味のないことだと悟るようになる。

圭佑は圭佑、自分は自分。

自分のできることをやるだけだ。

幸いなことに、フランス戦とは異なり、今回はヨルダン戦の前にカナダとの親善試合が組まれている。そこで起用されれば、チームを自身のスタイルに慣らすことができる。

むしろ、大切にしたいのは、左サイドハーフの香川真司との関係性だった。

イングランドの名門、マンチェスター・ユナイテッドに移籍してからというもの、なかなか結果を残せていなかった香川は、3月3日のノーリッジ戦で154日ぶりのゴールを奪うと、その試合でハットトリックを達成し、復調をアピールしていた。

真司が左サイドで窮屈そうだったら、中に入りやすいようにトップ下を空けてやろう——。

4年前、1対0で勝利し、南アフリカ・ワールドカップへの出場を決めたタシケントでのウズベキスタン戦で、岡崎慎司の決勝ゴールをアシストしたのは、中村だった。

当時は大一番を前に緊張し、プレーが少し硬くなったのを覚えている。

それから4年が経ち、中村はいい具合に力が抜け、リラックスしていた。

トップ下は誰だ？

「選手のコンディションに関する情報をできるだけ収集すること。4日後のヨルダン戦に出場するのは誰がふさわしいのか、誰がその試合で戦えるのか、確認したい」

試合前日の会見でザッケローニは、カナダ戦のテーマについて、こう語った。

トップ下を務めるのは中村か、香川か――。

本田が不在である以上、最大の焦点はそこにあった。

ドルトムントでトップ下でのプレーに自信を深め、マンチェスター・ユナイテッドに移籍した香川は、日本代表においても自らが最も輝けるポジションでの起用を熱望していた。

しかし、ザッケローニは頑《かたく》ななまでに香川を左サイドハーフで起用した。

日本代表においてトップ下は本田の指定席で、本田が不在のときには中村がトップ下の席に収まる――それが、発足から2年間の起用法だった。

ところが、ここに来て、ザッケローニの姿勢に変化が生まれつつあった。

前年2012年10月12日のフランス戦で中村を交代させたあと、左サイドハーフの香川をトップ下にスライドさせると、その4日後のブラジル戦でも左サイドハーフで先発させた香川を後半からピッチの中央へと移したのだ。

3月14日に行われたメンバー発表会見で「中村と香川、どちらがファーストチョイスになるか」との質問を受けたザッケローニは、こう答えている。

「憲剛はミッドフィールダータイプで中盤にバランスをもたらしてくれる選手。香川はよりセカンドトップに近いプレーヤーだと思う。各々のコンディションや調整を見ながら決めたい」

中村のバランス感覚やパス能力を求めるのか、香川の得点力やスピードを求めるのか――。

指揮官の戦略によって起用法が変わってくる。

3月22日のカナダ戦で、まずトップ下のポジションを託されたのは、香川だった。

試合は予想に反してカナダがアグレッシブに仕掛けてきた。日本のゴール前に次々と縦パスを通し、日本がそこを警戒すると、今度はサイドに大きく展開して揺さぶってきた。

このときトップ下から左右に流れ、日本の守備陣を翻弄した13番の黒人選手こそ、PSVが中村へのオファーを見送るきっかけとなったアティバ・ハッチンソンだった。

序盤の主導権は、カナダが握った。

ところが、試合の流れに反し、先制点は日本に転がり込んだ。

前半9分、カナダのパスをカットした長谷部誠がドリブルで持ち上がり、香川を狙ってスルーパスを繰り出す。これは飛び出してきたゴールキーパーにクリアされたが、こぼれ球を拾った岡崎慎司が、鮮やかなループシュートでネットを揺らしたのだ。

しかし、その後はチャンスらしいチャンスを作れない。息の合ったコンビネーションによる攻撃を見せられぬまま、1対0で前半が終わった。

ハーフタイムに入ると、栗原勇蔵、細貝萌、高橋秀人、大津祐樹《ゆうき》といった控えメンバーがピッチの中でボールを回したり、シュート練習を行ったりして、後半に訪れるかもしれない出番に備え、ボールの感触を確かめ始めた。

ところが、その中に中村の姿が見当たらない。

後半スタートからの出場に備え、ロッカールームで監督の指示を聞いているのだろうか。

後半開始の時刻が迫り、選手たちが続々とピッチに姿を現した。

その中に、やはり14番の姿があった。ジェスチャーを交えて香川と話しながらピッチに近づくと、今度は遠藤保仁と言葉をかわし、タッチラインをまたいだ。

後半、トップ下には中村が入り、香川は左サイドハーフにポジションを移した。トップ下というよりは、ボランチの近くにポジションを取った中村は、遠藤や長谷部をサポートし、パスを受けるとシンプルにさばき、ボールを次々と動かしていく。

前半は選手間の距離がやや遠く、コンビネーションによる攻撃が少なかったが、後半は中村の存在が孤立気味だった選手同士をつなぎ合わせた。中村は、日本の生命線であるパスワークの、いわば〝潤滑油〟としての役目を果たしたのだ。

これで息を吹き返したのが、香川だった。

中村、遠藤、長谷部らがパス交換をしている間に、左サイドからトップ下のスペースに潜り込み、カナダのゴール前、相手にとって危険なエリアでのプレー機会を増やしていく。

試合は後半に1点ずつを加え、2対1で日本の辛勝に終わったが、前半よりも後半のほうが日本のパスワークにリズムとテンポが生まれ、攻撃が機能していたのは明らかだった。

この試合について、『週刊サッカーダイジェスト』には、元日本代表選手で解説者の金田喜稔《のぶとし》による、こんな分析が載っている。

《この一戦でわかったのは、トップ下は香川より中村のほうが良いということ。ボールを引き出して巧くパスを散らせるので、全体のテンポが上がっていた。後半は香川が左サイドに回り、中央での仕事を中村に任せたことで、ペナルティエリア付近で勝負ができるようになった。また、ふたりが短い距離感を保ってショートパスを交換することでタメが生まれた。おかげで最終ラインを押し上げ、全体的にコンパクトな陣形を保てたのだ。》

金田だけでなく、多くのメディアがこぞってヨルダン戦のトップ下に中村を予想した。

ところが、4日後、トップ下に指名されたのは、香川だった——。

それでも声はかからない

ヨルダンの首都、アンマンにある2万人収容のキング・アブドゥラ・スタジアムは、試合前から盛り上がりを見せていた。

グループ首位のチームに立ち向かう我らが代表を勇気づけようと、ワールドカップ初出場への望みをつなげようと、チアホーンの音に合わせ、選手を鼓舞する大合唱が鳴り響く。ヨルダンはこの時点でグループ最下位だったが、この試合に勝てば、ワールドカップ出場圏内の2位に浮上する。

スタジアムに入り切れないファン、サポーターが、バックスタンドやゴール裏スタンド後方の壁や金網によじ登って観戦するという異様な光景のなか、イラン人のアリレザ・ファガニー主審によるキックオフの笛が鳴った。

日本代表は硬く、凹凸《おうとつ》のあるピッチに苦しみながらも、ヨルダン陣内に攻め込んでいく。

前半4分、左サイドを突破した清武弘嗣がゴールライン近くからゴール前にパスを出し、走り込んだ香川がシュートを放ったが、スライディングしたディフェンダーの足に阻まれた。

14分には清武の左足のクロスに、ノーマークで走り込んだ前田遼一が頭で合わせたが、ゴールキーパーに弾き出された。

日本の攻勢は、なおも続く。

23分、長谷部の右からのクロスに合わせた前田のヘディングシュートがバーを叩く。前田は思わず天を仰いだ。

前半の出来にはザッケローニもおおむね満足していたに違いない。というのも、普段はピッチに近いところに立ち、睨みつけるようにして戦況を見つめることの多い指揮官が、ほとんどの時間をベンチで過ごしていたからだ。ピッチサイドで盛んに指示を出している敵将とは、対照的だった。ゴールが生まれるのも、時間の問題かと思われた。

ところが、先に揺れたのは、日本のゴールネットだった。

前半のアディショナルタイムに迎えたヨルダンのコーナーキック。岡崎慎司のマークを外したハリル・ザイード・バニアテヤが、ゴール前中央でヘディングシュートを炸裂させる。

その瞬間、スタジアムには怒号にも似た大歓声が響きわたった。

殊勲のバニアテヤは一目散にヨルダンのベンチへと駆け出した。ベンチ前では早くも試合に勝ったかのように、控え選手たちが飛び出し、喜びを爆発させた。

日本のベンチ前では、腕組みをしたザッケローニが現実に起きた出来事を噛みしめるかのように、割られたばかりのゴールを見つめている。

日本にとって、この最終予選で初めての追いかける展開となった。

1点ビハインドでハーフタイムを迎えたが、中村に声はかからなかった。

後半に入っても、日本が攻め、ヨルダンがカウンターを狙う展開は変わらない。

後半5分、右サイドバックの内田篤人がペナルティエリア内に侵入し、香川にパスを出したが、香川のトラップが少し大きくなって、シュートまで持ち込めない。

8分には、香川、今野泰幸、香川、遠藤、香川とショートパスをつなぎ、ゴール前で前田にボールを預けたが、ディフェンダーに奪い取られてしまった。

「そこでなんとか崩そうとしているのはわかるんですけどね、細かすぎですよね」

テレビ中継では、解説を務める中山雅史が悩ましげな声をあげた。

9分、長谷部の狙いすましたラストパスがディフェンダーに阻まれた。

「その辺から打ってみてもいいと思うんだよね。そうするとディフェンスが出てくるから」

同じく解説を担当する松木安太郎がじれったそうに苦言を呈する。

後半に入って10分が経っても、日本は1本のシュートも打てていなかった。ようやく11分に放たれた岡崎のシュートは、ゴールキーパーに弾き出された。

自陣で守備を固めていたヨルダンが突如、牙を剝いたのは15分のことだ。

左サイドバックの酒井高徳がセンターライン付近でボールを失う。すかさず、左センターバックの今野が奪い返しに行ったが、前方に蹴り出され、日本陣内でヨルダンの10番、アフマド・ハイルに拾われてしまう。

今野が置き去りにされたため、右センターバックの吉田麻也が左タッチライン付近でハイルに対応した。

タックルで潰すか、距離をとって対応するか――。

その逡巡をハイルは見逃さなかった。スピードアップして吉田を振り切ると、ゴール前まで切れ込み、シュートを放つ。左足から放たれたボールが、日本のゴールネットを揺らした。

グループ首位から奪った2点目に、スタジアムは沸き、揺れた。

ピッチではキャプテンの長谷部が手を叩き、チームメイトを必死に鼓舞している。

ゲームが再開されても、ヨルダンサポーターの歌声が、チアホーンが鳴りやまない。

19分、痛恨の2点目を奪われた日本のベンチが、ついに動く。

ザッケローニに呼ばれたのは、中村ではなく、１９４センチの長身フォワード、ハーフナー・マイクだった。

ハーフナー投入から5分後、日本にビッグチャンスが訪れる。

こぼれ球を拾った長谷部が縦パスを入れると、清武が右足アウトサイドを使ってワンタッチで、ディフェンダーの背後にふわりとしたボールを送る。

そこに走り込んできた香川が右足を振り抜き、１点差に詰め寄った。

日本がさらにたたみかける。

その１分後の25分、清武のスルーパスに反応し、右サイドからペナルティエリアに飛び込んだ内田が倒され、ＰＫを獲得した。

ペナルティスポットには、ＰＫに絶対の自信を持つ遠藤が立った。

耳をつんざくような罵声と指笛が場内に鳴り響く。ヨルダンサポーターによるレーザー光線を顔に受けながら、遠藤は表情ひとつ変えず、冷静にボールを蹴った――。

ゴール右隅を突いたボールは……ゴールキーパーに弾き出された！

まさかのＰＫ失敗――。

残り時間は20分を切った。

それでも中村に声はかからない。

34分、ふたり目の選手交代として駒野友一が左サイドバックに投入された。クロスに定評のある駒野を入れ、長身のハーフナーを生かすという狙いだろう。

41分には、最後の交代選手として乾貴士が左サイドハーフに投入された。突破力のある乾を送り出し、サイドからヨルダンの守備を切り崩したいという思惑が感じられた。

だが、その後、記者席の取材陣が腰を浮かせるようなチャンスは生まれなかった。

終了を告げるホイッスルが鳴ったとき、ヨルダンの選手たちは何かの大会に優勝したかのように飛び跳ね、涙を流した。サポーターはお祭り騒ぎで、ピッチに乱入する者までいた。

香川はその場でしゃがみこみ、しばらく立ち上がることができなかった。

スタジアムの外に設けられた、取材エリアとは名ばかりの狭いスペースは、取材陣と選手、警備員でごった返していた。興奮したヨルダンサポーターがスタジアムの外壁によじ登り、ヤジを投げつけてくる。

出番のなかった中村は、取材エリアで足を止めることなく、同じく出場機会を得られなかった栗原勇蔵や伊野波《いのは》雅彦らとともに足早にチームバスへと乗り込んでいった。

しばらくして、長谷部、遠藤、香川ら試合に出場した選手たちが、次々と姿を現した。

取材エリアはいっそうの喧騒に包まれた。

「いつも〝悔しい〟って叫んでる」

中村と話をすることができたのは、日本に帰国してからだった。

「もう切り替えていますよ」

そう言ったわりに、言葉数は多くない。

「よほど落ち込んでいるように見えたのか、空港や機内で、大仁《だいに》さん（邦彌《くにや》／当時日本サッカー協会会長）や原さん（博実／当時日本サッカー協会技術委員長）に〝大丈夫か〟って、声をかけられましたよ」

力なく笑ったあと、彼は続けた。

「カナダ戦では自分のできることをやったっていう自負がある。それでも使ってもらえないんだから、もう仕方ないですよ……」

ヨルダン戦の直前に組まれたテストマッチのカナダ戦。後半になって中村が登場した途端、ボールの回りがスムーズになったのは一目瞭然だった。

その試合のあと、中村はこんな風に言っていた。

「中盤でうまく3人対2人の状況を作りたいと思っていて、意図的にヤットさん、ハセの近くでプレーしたんです。前半はちょっとカウンター気味の攻撃が多かったので、しっかりパスを回して、中盤でタメを作れれば、みんながもう少し上がれると思ったので」

しかし、ザッケローニは、それを嫌ったのかもしれなかった。

もともと「なるべく手数をかけないで攻めろ」と言い、ショートパスを何本もつなぎ、ボール支配を重視するスタイルを嫌う傾向のある監督である。ましてや、ヨルダン戦は中東でのアウェーゲームだ。ピッチ状態の悪さを考えれば、パスミスの確率が普段よりも高くなる。中盤で横パスを奪われ、カウンターを浴びるリスクを極力下げたかったのかもしれない——。

そんな考えを伝えると、中村は「なるほどね……」とつぶやき、しばらく黙り込んだあと、「まあ、仕方ないですけどね……」と繰り返した。

「仕方ないっていうのは、納得しているっていうこと？」

そう訊ねると、彼は即座に否定した。

「いや、納得はしてないです。試合に出られなくて納得するなんて絶対にないし、便利屋になるつもりもない。心の中で、いつも〝悔しい〟って叫んでる。そういう気持ちがなくなって、ベンチに座ることに甘んじていたら、日本代表の資格はないでしょ。いや、プロサッカー選手としても終わりだと思います」

そう一気にしゃべったあと、少し間を置いて、「でも」と中村は続けた。

「それとは別に、監督には監督の考えがあって、選手を選ぶ権利がある。それは尊重しないといけない。そこはもう、選手にはどうすることもできない問題だって割り切っているんで……」

選手起用は監督の権限であり、選手にはどうすることもできない問題――。

そうきっぱりと割り切って考えられるようになったのは、岡田武史が日本代表を率いていた2009年2月11日、南アフリカ・ワールドカップのアジア最終予選の大一番、ホームでのオーストラリア戦がきっかけだった。

試合前に発表されたスターティングメンバーの中に、自分の名前がない。

サブとしてベンチに入る7人の中にも、ない。

ウソだろ、ベンチからも外された――!?

この年、日本代表はオーストラリア戦を迎えるまでに3試合を戦っていた。1月20日のイエメン戦、1月28日のバーレーン戦、2月4日のフィンランド戦である。その3試合すべてにフル出場したのは、中村だけだった。しかも、イエメン戦ではキャプテンマークまで託されていた。

それにもかかわらず、最も大事な試合をスタンドから眺めなければならない現実を、中村はしばらく受け入れられなかった。プレーヤーとしての存在意義を否定されたような気持ちになった。

この出来事がきっかけだった。自分が出たいとか、調子がいいとかは関係ないんだ、自分の力の及ばないことなんだと、中村が悟るようになったのは。

「だから、サブならサブで、気持ちを切り替えて、いつ出番が来てもいいように100パーセントの準備をするだけ。準備さえしておけば、突然、出番が来ても仕事ができる。逆に、ふて腐れていたら、出番なんて来ないし、もし来たとしても、満足のいく仕事はできない。そうしたら、損をするのは自分だから」

ザッケローニに「トップ下の選手」として認識されている中村にとって、出場機会を得るのは簡単なことではない。

なにせ、ポジションを争うライバルは、チームの中心である本田なのだ。

その本田が不在だったヨルダン戦では、「最も気持ちよくプレーさせてあげられる」と思っている香川に、皮肉にもポジションを奪われる形となった。

「真司とはね、一緒に出たいんですよ。で、〝好きにやっていいぞ〟って言ってやりたい。真司が自由にやっても、生かしてあげられる自信がある。それだけの経験は積んできたから」

それなのに、なぜ、ポジションを取り合わなければならないのか……。

しばらく続いた沈黙に、やり切れない想いが滲み出ていた。

もっとも、中村は彼らのことをライバルだと思ったことはない。

「だって、ふたりのことは彼らが10代の頃から知っているんだよ。特に真司に対しては、もうお兄さんのような心境だよね。代表で再会するたびに自信を付けているのを感じるし、すごくうまくなっている。成長を見守ってきたような感覚だから、頑張ってほしいと思ってる」

ヨルダン戦での失意から、中村はなんとか気持ちを切り替えようとしていた。

しかし、そんな彼を待っていたのは、川崎フロンターレの不調と自身のケガだった——。

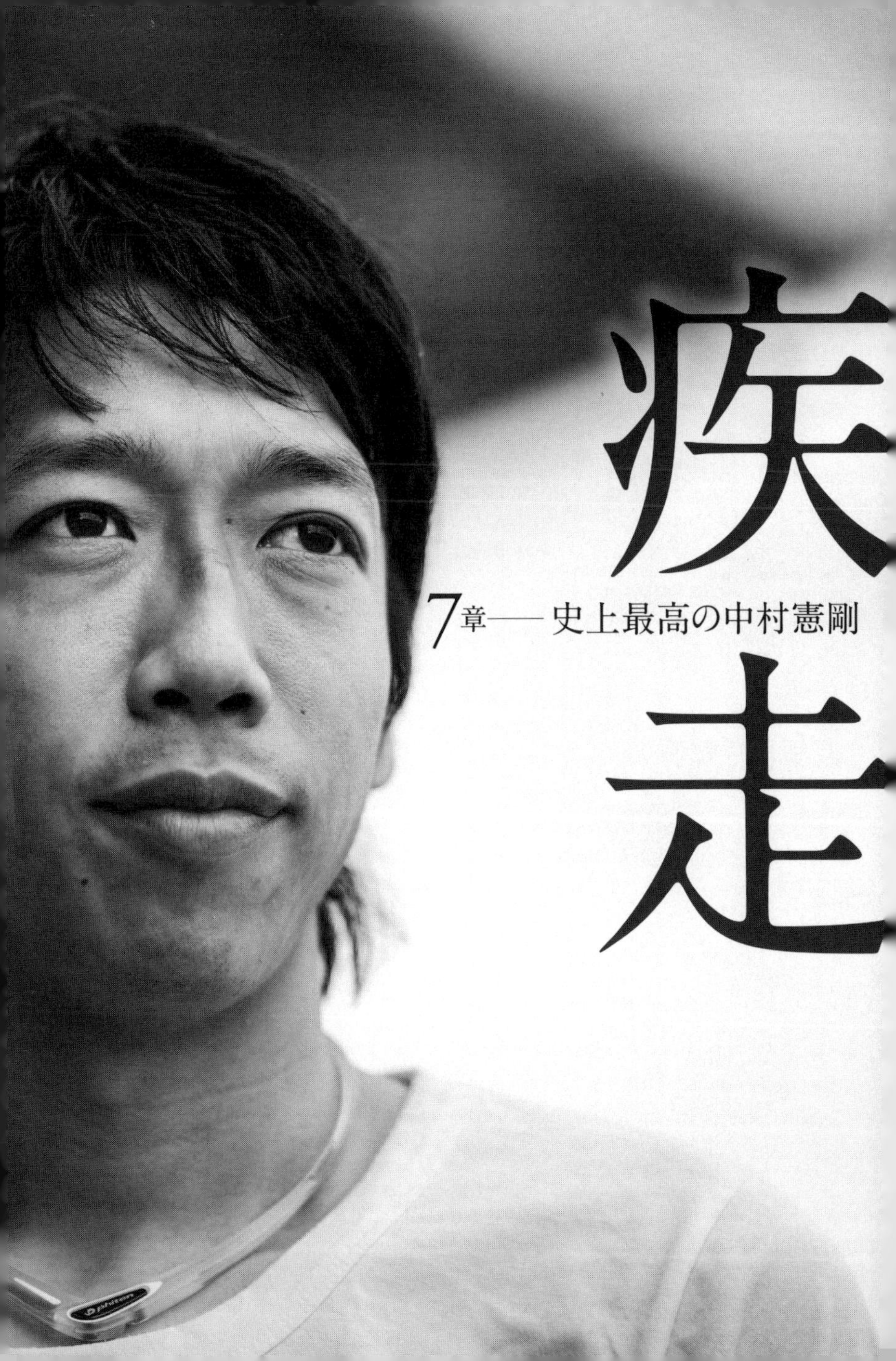

疾走

7章—— 史上最高の中村憲剛

待望のストライカー、加入

２０１３シーズンを迎える川崎フロンターレが新体制発表会を行ったのは、ヨルダン戦から2ヵ月ほど前のことだった。

1月20日、川崎市内にある洗足《せんぞく》学園音楽大学のホールに約１０００人のサポーターを集めたこのお披露目会で、6人の新加入選手が紹介された。その中で最も大きな歓声を浴びたのが、ヴィッセル神戸から加入した大久保嘉人だった。

中村憲剛より2歳年下のストライカーは、国見高校を卒業した２００１年にセレッソ大阪でプロとしてのキャリアをスタートさせ、2年目には早くもレギュラーポジションを獲得する。２００５年から1年半はスペインのマジョルカで、２００９年の半年間はドイツのヴォルフスブルクでもプレーしている。日本代表には２００3年から選出され、ワールドカップメンバーに入った２０１０年の南アフリカ大会では、4試合すべてに先発出場した。

経験、実績ともに申し分なく、２０１１年にジュニーニョが退団して以来、空席となっていたエースストライカーの座に収まることが期待された。

「攻撃に専念して、15点は取りたいですね。フロンターレは攻撃的なチームだから、神戸のときよりも取れると思います」

壇上で大勢の記者に囲まれた大久保は、自信をみなぎらせ、力強く言った。

「特に先のことは考えてないです。チームで結果を残せば、サッカーを長く続けられる。これまでも、そういう風にやってきたから、川崎でもそうやっていきたい」

もっとも、大久保の獲得には懐疑の目もあった。

2008シーズンにリーグ戦11ゴールを奪ったのを最後に、ふた桁得点から遠ざかっており、2012シーズンは26試合に出場しながら、わずか4ゴールしか奪えていない。ヴィッセルがJ1残留争いに巻き込まれ、大久保自身もフォワードではなく中盤で起用され、守備を求められたことが影響した数字ではあるが、最終的にチームをJ2降格の危機から救えず、自身の結果とあいまって、「終わった選手」とのレッテルが貼られつつあった。

2012年のオフ、ヴィッセルの新シーズンの構想から外れた大久保は、フロンターレのオファーを受けるその瞬間まで、韓国・Kリーグへの移籍も視野に入れていたという。

大久保の獲得を耳にしたとき、中村がまっ先に思ったのも「嘉人は、風間さんのスタイルに合うんだろうか」ということだった。

だが一方で、日本代表としてともに戦った大久保の能力の高さは、誰よりもわかっているつもりだった。

「嘉人は本当にスーパーな選手で、なんでもできる。ヴィッセル時代はそれがアダになって守備も、チャンスメイクも、全部担っていたんじゃないかな。そういったことはすべてこっちがやって、ゴール前の仕事に専念させれば、必ずゴールを量産してくれるはず」

待望のストライカーの獲得は果たして、吉と出るのか、それとも――。

チームのベースはすでに前年にある程度、築かれている。

あとは新戦力をいかにフィットさせていくかに注力すればいい、はずだった。

ところが、新シーズンを戦うチームの形はなかなか定まらず、時間だけが過ぎていく。

フォワード登録の選手は大久保のほかに、同じく新加入のパトリック、矢島卓郎、小林悠、レナトと、人数がそろっている。彼らをどう組み合わせるのか、シーズン開幕が迫ってもなお試行錯誤が続いた。

大黒柱の中村がキャンプ中にインフルエンザで倒れ、それが治ると今度は胃腸炎を患い、シーズン開幕に間に合わなかったことも、フォーメーションが定まらない要因だった。

中村が欠場した柏レイソルとのJ1開幕戦に、フロンターレは1対3で敗れた。

第2節の大分トリニータ戦で中村はスタメンに復帰したが、この試合に1対1で引き分けると、第3節のサガン鳥栖戦は壮絶な打ち合いの末、4対5で落としてしまう。

その間、4－3－3、3－4－2－1、4－2－3－1と、試合ごとにフォーメーションが変わり、大久保もウイングや2シャドー、インサイドハーフなど、さまざまなポジションで起用され、最適解を導き出せずにいた。

サガン戦のあと、カタール、ヨルダンに遠征するためにいったんチームを離れた中村が復帰してから2試合目となる4月3日のナビスコカップで、フロンターレはジュビロ磐田を2対1で下し、ようやくシーズン初勝利を挙げた。

ところが、この試合で中村は、相手選手の激しいチャージを受け、左太もも内転筋を酷《ひど》く痛めてしまう……。

浴びせられた厳しい質問

リーグ戦3分け2敗で迎えた4月13日、第6節の横浜F・マリノス戦。

日産スタジアムで行われた〝神奈川ダービー〟は前半45分、中村俊輔のニアサイドを突くコーナーキックに富澤清太郎がヘディングシュートを炸裂させ、F・マリノスが先制した。フロンターレも後半21分、レナトのコーナーキックにファーサイドで田中裕介がこれも頭で合わせ、同点に追いついた。田中にとっては古巣から奪ったうれしいゴールだった。

ところが、終了間際の44分、再び俊輔のコーナーキックがゴールのニアサイドを襲う。ゴールキーパー杉山力裕《りきひろ》が懸命に跳ね返したが、クリアボールを端戸仁《はなとじん》にダイレクトで蹴り込まれ、決勝ゴールを許してしまう。

スコアは1対2。僅差での敗戦だったが、内容を見れば完敗だった。

足もとへのパスが狙われ、何度もインターセプトを許すうち、ディフェンスラインから丁寧につなぐことを怖がるようになる。ロングボールを蹴ることで、マイボールをみすみす相手に渡してしまった。後半に入ると憲剛の運動量も少しずつ落ちていき、敵のプレスの標的になった。

この敗戦でフロンターレはリーグ戦6試合未勝利となり、順位はJ2降格圏内目前の15位に低迷していた。

「これだけ勝てないと、外から進退を問われると思いますが、そのあたりについては、いかがお考えでしょうか」

試合後の監督会見で、一般紙の記者から厳しい質問が飛んだ。

壇上に座る監督の風間八宏が、表情を変えずに答える。

「僕の仕事は選手とともに前を向いてやっていくことだけで、僕が決めることではないですから。自分の仕事をまっとうしていきたいと思います」

会見ルームでそんなやり取りがあってからしばらくした頃、取材エリアでは憲剛が大勢の記者に囲まれていた。

かつてＦ・マリノスの俊輔は「インタビューや取材エリアはサッカー談義をする場だと思っている」と話したことがあったが、憲剛にも似たようなところがあった。

初めてＪ１でプレーした２００５年当時は、試合が終わると取材エリアに最初に出てきて、最後のひとりになるまでずっと試合を振り返っていたことがある。日本代表に選ばれるようになり、記者の人数が増えてからは、そうした姿は見られなくなったが、それでも誰よりも的確に試合を分析し、どんな質問にも応じ、取材エリアに長く足をとどめる彼は、多くの取材陣に囲まれる。

もっとも、この日彼が求められたのは、サッカー談義ではなく、不振の原因説明だった。

「センターバックとボランチの距離が等間隔になってしまって相手に狙われやすかった。センターバックの間にボランチが入って、ひとつ、ふたつ、パスをつないで相手を食いつかせてから動くとか、相手が前から積極的に来るのであれば、相手ディフェンダーの背後に蹴ってラインを下げさせるとか……。そういう工夫がなく、バカ正直にプレスを受ける時間が長すぎた。もっと自分たちで考えてプレーしなければいけなかったと思います」

つとめて冷静に振り返る憲剛に、厳しい質問が浴びせられる。

「昨年、ガンバはこの時期に勝ち点4で、序盤の取りこぼしが響いてＪ２に降格したが、フロンターレはそれよりも少ない勝ち点3しか取れていない。そのことについてどう思うか」

「今の成績じゃ、そう言われてもしょうがないですね。どこかで勝利を……どこかっていうか、毎試合勝とうと思ってトライしているので、やり続けるしかないです」

いいですか、と言って囲み取材を打ち切った憲剛の表情には、疲労が色濃く滲んでいた。重い足取りで、取材エリアを去っていく。

足の痛みに顔を歪《ゆが》めながら、憲剛はチームバスに乗り込んだ。

妻の加奈子からのメッセージが届いたのは、そんなときだった――。

妻からの鋭い指摘

もう休んだら？　全然楽しそうじゃないし、そんな姿、見たくないんだけど――。

完全休養の勧めだった。

大学4年のときにサッカー部のマネージャーとなり、しばらくしてキャプテンと交際するようになり、やがてプロ選手になった彼と結婚して10年も経つというのに、加奈子は未だにサッカーのことがよくわからない。サッカーについて夫に質問することもないし、夫も「言ったところで、どうせわからないでしょ」と、家ではサッカーの話をしない。

だが、そんな彼女にも、自信を持って言えることがひとつある。

「旦那の試合を見るようになって、さすがに10年以上経ちますからね。彼の調子がいいのか悪いのか、これだけはわかるんです」

彼女の目に映ったF・マリノス戦での憲剛のプレーは――酷いものだった。

「しかもケガを押しての出場でしたから。外ではそういう姿を見せないんでしょうけど、家ではずっと〝痛い、痛い〟って苦しんでいたから、限界なんじゃないかなと思って。だから、〝ちゃんと休んで治したほうがいいんじゃない？〟って言ったんです」

だが、その提案は当初、受け入れられなかった。

「反論されました。〝今、俺が休んだらチームがバラバラになるだろ〟って。でも、すでに6試合勝ちなしでバラバラになりかけているし、憲剛までボロボロになったら、この先浮上できない。サポーターだって、〝憲剛、どうしちゃったんだ？〟って心配していると思うから、〝ケガしているのでしっかり治します〟って公言したほうが安心するんじゃないって」

サッカーに関して、これまで何ひとつ口を出したことのなかった妻の鋭い指摘は、夫の意地を溶かしていった。

「たしかに冷静に考えれば、自分がチームの足を引っ張っていたし、1週間のうち5日も休んで、前日から合流して試合に出るのは異常。一度しっかり休んで完治させるべきだなって」

検査の結果、左太もも内転筋は軽い肉離れを起こしており、内出血が認められた。

しばらく欠場することが決まった。


休養を決意したF・マリノス戦から20日後の5月3日、第9節の名古屋グランパス戦で中村はスタメンに復帰した。

小林のヘディングゴールで先制したフロンターレは、後半に入って追いつかれたが、終了間際に新加入の山本真希《まさき》の弾丸シュートで勝ち越しに成功し、リーグ2勝目を挙げた。

チームにとってはもちろん、中村にとっても実に大きな勝利だった。

「自分がいない間にリーグ戦で初勝利したのに、自分が合流して勝てなかったら、って考えたら、すごくプレッシャーを感じた。本当にやれるのか、自分がチームに必要な選手なのかどうか、証明しなければいけないゲームだった」

欠場前の中村は、サッカーをすることに苦痛を感じてしまうほど追いつめられていた。

そこまで追いつめられたのは、サッカー選手になって初めてだった。

日本代表で心を折られ、コンディションも整わなくて、心身ともに疲れ果てていた。

何を目標にすればいいのかわからなくなり、やる気がみなぎってこなかった。

「サッカーをやっていて、あんなに辛い気持ちになったのは初めてかもしれない。録画した自分の試合映像も、全部消しました。こんなの、俺じゃないと思って」

だが、3週間の休養が、中村にサッカーの楽しさを取り戻させていた。

グランパス戦では何度もファウルを浴び、ピッチに這わされた。そのたびに中村はピッチを叩いて怒りを露にしたが、同時に愉悦を感じてもいた。

「ファウルされるっていうことは、相手にとって、それだけ危険な選手だと認識されているっていうこと。だから、〝これだよ、これ。これこそサッカーの醍醐味だよな〟って」

この頃から、大久保がフォワードのポジションに固定されるようになり、中村がボランチに収まることで、チームに4－4－2のフォーメーションが定着した。

ゴールに最も近いポジションで起用されるようになった大久保は、本領を発揮しつつあった。5月11日の第11節、古巣のヴィッセル神戸戦で2ゴールを奪うと、第13節のアルビレックス新潟戦でも2ゴールを決め、得点数を8に伸ばした。

ようやく2013シーズンの形が定まり、中村の負傷も癒えると、フロンターレはそれまでの不振がウソのように5月の公式戦を5勝2分けの負けなしで駆け抜け、リーグ戦の順位を8位にまで押し上げた。

J1リーグは5月23日の第13節が終わると、日本代表がワールドカップ予選とコンフェデレーションズカップに出場するため、約1ヵ月の中断期間に入った。

コンフェデレーションズカップ、開戦

〈圭佑、決めろよ、マジで――〉

ベンチから身を乗り出した中村の視線は、ペナルティスポットに注がれていた。

ボールをセットした本田圭佑は、そこから5メートルほど離れると、大きく深呼吸してから助走に入った。

6万人を超すファン、サポーターが祈りを捧げるなか、左足から放たれた渾身の一撃が、ゴールど真ん中に突き刺さる。

蹴った勢いそのままにゴール裏へと駆け出した本田に、長友佑都が、香川真司が、清武弘嗣が後ろから飛びついた。ベンチから飛び出した選手たちの中には、ガッツポーズを繰り返す者もいれば、ゴール裏まで走って歓喜の山に加わる者もいた。

観客は総立ちで喜びを爆発させている。アディショナルタイムでようやく奪った同点ゴールに、スタジアムの熱狂は最高潮に達した。

6月4日、埼玉で行われたワールドカップ・アジア最終予選のオーストラリア戦。

この試合に1対1で引き分けた日本は勝ち点を14に伸ばし、1試合を残してブラジル・ワールドカップへの出場権を手に入れた。日本代表がホームでワールドカップ出場を決めるのは、初めてのことだった。

2日後、日本代表はイラクとの最終戦を戦うため、カタールに向かった。政情不安を抱えるイラ

クはＦＩＦＡから試合会場の安全上の問題を指摘され、予選のホームゲームは初戦を除き、ドーハで開催していたのだ。

6月11日、イラクを1対0で下し、有終の美を飾った日本は、予選を戦い終えた感傷に浸《ひた》る間もなく、チャーター機でブラジルに飛んだ。6月15日に開幕するコンフェデレーションズカップに出場するためである。


コンフェデレーションズカップは各大陸の王者、ワールドカップ王者、開催国によって争われる代表チームの国際大会で、ワールドカップの前年に本大会のホスト国で開催される。

アフリカ王者のナイジェリア、北中米王者のメキシコ、南米王者のウルグアイ、オセアニア王者のタヒチ、ヨーロッパ選手権準優勝のイタリア、ワールドカップ王者にしてヨーロッパ王者でもあるスペイン……。

アジア王者として出場する日本は、開催国のブラジルとの開幕戦に登場した。

ブラジルの首都、ブラジリアのナショナルスタジアムは、カナリア色のユニホームやシャツをまとった約6万7０００人の大観衆によって埋め尽くされていた。

前年２０１２年10月の対戦では0対4と大敗したが、厳しいプレスをかいくぐり、パスをつないでブラジル陣内に攻め込んだという事実が、日本の選手たちの自信となっていた。

「点差ほど差があったとは思わない」

試合後、大敗したばかりとは思えぬ、自信に満ちた表情で本田は語ったものだった。

それから8ヵ月、ブラジルとの差をどれぐらい縮めることができたのか――。

対戦前日の取材エリアでも「すごく楽しみ」といった選手たちの声が聞かれた。

ところが、日本のささやかな希望は、ブラジルの若きエースによって、あっという間に打ち砕かれた。

前半3分、左サイドのマルセロの、矢のようなクロスをフレッジが胸で落とすと、ペナルティエリアの外からネイマールがボレーシュートを豪快に叩き込み、ブラジルが先制する。

前回の対戦では開始12分で先制されたため、日本の選手たちは慎重すぎるほど慎重に試合に入ったはずだった。それなのに、最も警戒していた男に決められてしまった。

計り知れない精神的ダメージを受けた日本は、その後、まったくチャンスを作れないまま前半を終えた。反撃を誓ったはずの後半早々にも2点目を奪われ、主導権を摑み損ねると、終了間際にもカウンターから3点目を許し、とどめを刺された。

「開始早々の1点目がすべてでしたね」

出場機会を得られなかった中村は、改めてブラジルの試合運びのうまさ、個人戦術の高さに舌を巻いていた。

「あれで日本は苦しくなったし、ブラジルには余裕が生まれた。実際、ブラジルは無理をせず、のらりくらりしながら、勝負の分かれ目を嗅《か》ぎ分けて後半の立ち上がりに2点目を奪った。彼らはゆっくりプレーするときと、素早くプレーするときのメリハリがあって、使い分けがすごく洗練されている。ここぞ、というときのパワーの出し方は見事としか言いようがない」

日本が消極的なプレーに甘んじたのは、強行日程とコンディションの問題があったが、そうした悪条件を考慮したとしても、何もやらせてもらえなかった。

0対3というスコアだけを見れば、前回対戦よりも縮まった。しかし、内容を見れば、差はむしろ広がったように感じられた。

めぐってきたチャンス

4日後の対戦相手は、初戦でメキシコを2対1で下したイタリアである。

2戦目に臨むにあたり、メンバー変更は最小限に留められた。ブラジル戦にセンターフォワードとして出場した岡崎慎司が従来の右サイドハーフに戻り、清武弘嗣に代わって前田遼一が1トップのポジションに入った。

万全の準備をしていた中村だったが、先発出場への期待は抱けずにいた。紅白戦ではずっとBチームに入り、イタリアのキーマン、アンドレア・ピルロの役割を演じさせられていたからだ。

しかも、ブラジル戦では2点ビハインドの状況で、遠藤保仁に代わって守備的ミッドフィールダーの細貝萌が投入されていた。

「負けているのにハジ（細貝）が投入されるし、圭佑がいなくても真司がトップ下に入る。だったら、どうすれば、出られるのか……」

そう思いながらも集中を切らさず、準備していたことが評価されたのか、イタリア戦でめぐってきた出場機会は、珍しいケースだった。

前半21分、本田のPKで先制した日本は33分に香川のゴールでリードを2点に広げた。しかし、41分、後半5分、7分と立て続けに失点し、逆転されてしまう。

それでも24分、岡崎が渾身のヘッドで同点ゴールを決めたが、41分に4失点目を許し、3対4のスコアで後半のアディショナルタイムに突入する——。

中村が投入されたのは、そんな時間帯だった。

1点ビハインドの残り2分で起用されるケースは、これまでにないものだった。しかも、長谷部誠に代わってボランチで――。

やるべきことは、ひとつしかなかった。

「マイクが出ていたし、ボールに触れるチャンスは1回ぐらいしかないと思っていた」

左サイドでボールを受けると、すぐさまゴール前で待つ身長194センチのハーフナー・マイクに向けてクロスを放り込んだ。

だが、これはゴールキーパー、ジャンルイジ・ブッフォンのパンチングによってコーナーキックに逃れられてしまう。

タイムアップの笛が鳴ったのは、その1分後のことだった。

「今日に関して言えば、そこまで大きな差はないと思うんです。それが大きな差っていう人もいるでしょうけど、日本が勝った可能性もあるわけで。みんな、手応えは感じていると思います。やれた分だけ、ショックが大きいです」

2敗目を喫した日本のグループステージ敗退が決定した。だが、強豪国と真剣勝負をする機会に恵まれない日本にとっては、消化試合など存在しない。3日後のメキシコ戦も重要なゲームになりそうだった。

ゴールを決めたのは、またしてもメキシコのエース、ハビエル・エルナンデスだった。

後半21分、メキシコの右コーナーキックが鋭い弧を描き、日本のゴールに向かう。ニアポストにいたメキシコの選手が頭で後方に逸らすと、誰よりも早く反応したエルナンデスがいとも簡単にヘディングで決めた。

スペイン語で「小さなエンドウ豆」を意味する「チチャリート」の愛称を持つエルナンデスは、身長175センチと日本人と大差ない体格でありながら、マンチェスター・ユナイテッドで3シーズン連続して2ケタ得点をマークしている世界的なストライカーである。

そんな選手を、日本の守備陣が警戒しないわけがない。常に視野に入れ、細心の注意を払っていたはずだったが、21分のゴールだけでなく、その12分前の後半9分にも彼の姿を見失い、クロスからのヘディングゴールを許していた。

エルナンデスは派手な動きをするわけではない。むしろ、のらりくらりと前線をさまよっているように見えたが、チャンスの匂いを嗅ぎつけると、まるで獲物を視野に捉えた野獣のような俊敏さでゴール前に姿を現し、ゴールを陥れた。

先制された直後、内田篤人、吉田麻也を立て続けに投入し、4－2－3－1から攻撃的な狙いを持った3－4－3へとシステムを変更したザッケローニは、2点差に広げられ、最後の交代カードを切る決断を下した。

ベンチには、ストライカーのハーフナー、アタッカーの乾貴士、清武が控えていたが、呼び寄せたのは、中村だった。

「遠藤に代わってボランチに入って、攻撃を組み立ててくれ」

それが、指揮官の指示だった。

2試合続けてボランチに投入される。しかも、ゴールが欲しい状況で起用される――。

何かが変わりつつあった。

ところが、準備の整った中村がピッチサイドに立とうとしたとき、アクシデントが起きた。左ふくらはぎの負傷を悪化させた長友佑都がペナルティエリア内に座り込み、メディカルスタッフの治療を受けたが、プレー続行が不可能となったのだ。

中村の出場にもストップがかかり、監督とコーチ陣による即席会議が開かれた。

結論が出たのは、3分後のことだった。中村の出場は予定どおりだったが、交代するのは遠藤ではなく長友で、システムを再び4－2－3－1に戻すことになった。これにより、中村はトップ下に入ることになり、ボランチでプレーする機会は失われてしまったが、出場できるなら、そんなことはどうでもよかった。

残り時間は約15分。チームメイトにジェスチャーで「4枚」と伝えた彼は、メキシコのゴールに向かって全力で駆けていった。


「自分のスタイルがまったく手も足も出ないという感触はなかったです」

試合後の取材エリア、中村の言葉には力がこもっていた。

日本はメキシコに敗れた。だが、中村の投入によってテンポよくボールが回るようになった日本は後半41分、岡崎のゴールで一矢報いることに成功した。

プレーメーカーである中村は、ボールに何度も触ることでリズムを作り、ゲームをコントロールするプレーヤーである。本来なら先発か、途中出場でも後半の頭から出場するときに、持ち味が最も発揮されるタイプと言える。

少ない残り時間で試合の流れを劇的に変えるスーパーサブの役割を託すなら、わかりやすい武器を持ったストライカーか、敵陣を切り裂くドリブラーのほうが相応《ふさわ》しい。

だが、イタリア戦、メキシコ戦と2試合続けてリードを許した時間帯に投入され、自身の起用法に幅が生まれたことを中村は感じていた。

「みんな疲れていたから、自分がみんなの足にならなきゃいけないと思っていた。誰よりも走って受けて、さばいて出ていく。ムダ走りしてスペースを空け、守備で頑張る。途中出場の役割は整理できているから、あとは刻一刻と変わっていく状況に、いかに合わせられるか」

中村との質疑応答は、なおも続いていた。

その途中で囲みの輪から抜けた僕が別の選手の話を聞き終えた頃、中村への囲み取材も終わったようだった。中村はこちらのほうに歩いて来ると、そっと言った。

「今までなら出番のない状況だったからね。少しはアピールになったんじゃないかな」

何か吹っ切れたような表情で、中村はバスの待つ通用口へ、再び歩みを進めていった。

だが、結果としてこのメキシコ戦が、彼にとってザックジャパンでの最後のゲームとなる。

ブラジル、イタリア、メキシコとの真剣勝負に挑んだ日本のコンフェデレーションズカップは3戦全敗で幕を閉じた。世界の列強との間には、まだまだ小さくはない差が存在している。

ワールドカップまで残り1年弱。ザックジャパンは変革のときを迎えようとしていた。

トップ下としての覚醒

6月24日にブラジルから帰国した中村は2日間だけオフを取り、川崎フロンターレの練習に合流した。その3日後、6月30日にアウェーで開催されるベガルタ仙台とのナビスコカップ準々決勝・第2戦の遠征メンバーに名を連ねたが、試合当日になってスタメンを告げられたときは、さすがに少し驚いた。

〈頭から出るって、マジか……〉

強行出場ではあったが、準決勝進出の懸かった大事なゲーム、それだけ監督に頼りにされているということでもあった。

1週間前にホームで行われた第1戦に2対1と先勝したフロンターレは、第2戦に勝つか、引き分け、あるいは1点差で負けても2得点以上を奪えば、準決勝にコマを進められる。

17時15分、フロンターレの選手たちがピッチに姿を現した。上空はまだ明るいが、雲が広がっている。先発メンバーがシュート練習を行っている間、中村はその場から少し離れ、ひとり黙々と足の裏を伸ばし、ストレッチをしていた。疲労が完全には抜けていないのだろう。

実際、キックオフの笛が鳴っても、中村の動きは重かった。

ボランチではなく、トップ下で起用された中村は、1トップの大久保嘉人のそばをふらふらしている。ポジションは、ほとんどフォワードのように見えた。

ゲームはいきなり動く。

前半4分、ベガルタのストライカー、ウイルソンがディフェンダー2人を立て続けにかわし、左足のシュートを決めて、ベガルタが先制する。これで2試合の合計スコアは2対2となったが、このままゲームが終われば、アウェーゴール数が多いベガルタの準決勝進出が決まる。

このピンチを救ったのは、中村だった。

疲労の色の濃い中村に代わって組み立てに参加しようと、中盤まで下がった大久保にボールがわたると、それまで眠っていたかのようだった中村が突然、ディフェンダーの背後のスペース目がけて走り出す。

そこに大久保からパスが送られると、中村は正確にトラップして右足を振り抜いた。ファーサイドを狙った低い弾道はゴールキーパーの指先をすり抜け、サイドネットに突き刺さる。

両手を上げ、ゆっくりと走ってゴールの裏側を通り抜けた中村に、大久保、レナト、小林が駆け寄り抱きついていく。

1対1の同点。これで2試合合計3対2と、フロンターレが再びリードを奪う。

だが、中村の活躍は、これだけにとどまらなかった。

41分、稲本潤一がロングフィードを放つと、ペナルティエリア内で受けた大久保からレナト、さらに中村へとわたり、ワントラップしてゴール右隅に蹴りこんだ。

今度は、一目散にベンチに向かって駆け出した。

「よっしゃーーーー！」

祝福に来た仲間を振り切ってベンチ前まで走ると、控え選手の群れに飛びこんだ。

その後、両チームは1点ずつを加え、ゲームは終盤に突入する。

結局、中村に交代が告げられたのは、後半のアディショナルタイムに入ってからだった。

ゲームは3対2でフロンターレが勝利し、2試合合計5対3でベガルタを下し、3年ぶりに準決勝進出を決めた。

ヒーローインタビューを終えた中村は、遠路はるばる応援にかけつけてくれたサポーターに感謝を伝えるため、ゴール裏に向かった。拡声器を手にとって、大声で叫ぶ。

「こんばんは。アウェーなのに、こんなに多くのサポーターが来てくれて、後押ししてくれたこと感謝してます。次の試合も一緒に勝ちましょう！」

決してプレーにキレがあるわけではなかった。歩いているシーンも目についた。これまではさほどゴールに執着するタイプでもなかった。それなのに2ゴールを奪って、ゲームを決めてしまった。

いったい彼に何が起きたというのだろうか……。

スタジアムの外、アウェーチームの出入り口から中村が出てきたのは、それから20分ほど経った頃だった。

通用口からチームバスまでの10メートルほどのスペースが、取材エリアとなっている。姿を現した中村は上機嫌で「もう少し早く代えてくれると思ったんだけどね」と語りかけてきた。すると、この日の殊勲者からコメントを取ろうとする記者たちに、あっと言う間に取り囲まれ、最初の質問が投げかけられた。

「時差ボケってありました？」

2ゴールを決めたヒーローは、急にムスッとして、早口で答える。

「時差ボケはないです。ないっていうか、あるけど、ない。試合に出るからには大丈夫です」

機嫌を悪くした様子を見て、僕は心の中で思わず笑ってしまった。以前、耳にした言葉を思い出したからだ。

あれは、彼が日本代表の常連となった2007年のことだった。

代表とクラブチームとの過密日程について、「疲労は問題ないですか」「疲れていませんか」と何度も聞かれていた中村は、苛立《いらだ》ちを募らせていた。

雑談をしているとき、苦笑いを浮かべながら、彼がこんなことを言った。

「最近よく記者の人たちから〝疲れてないですか〟って訊《き》かれるんですけど、あれ、すげえイヤなんですよ。疲れてないわけがないでしょ。でも、〝疲れてます〟なんて言い訳は通用しないし、疲れてるって口に出すようなやつは、日本代表に選ばれる資格がない。だから、いちいち〝疲れは？〟って聞かれるの、面倒なんですよ」

そんな話をかつて聞いていたから、中村がムッとした理由がわかった。

その後、試合内容や彼自身のプレーに関する質疑応答が続き、中村もいつもどおりの饒舌を取り戻したが、しばらくして別の記者がまた地雷を踏んでしまった。

「眠くないですか？」

「眠いです。けど、時差ボケとは思わない」

このやり取りを最後に、囲み取材はお開きとなった。いったい何が起きたのか、聞けずじまいのまま、彼はチームバスに乗り込んでいった。

翌日、電話から聞こえてくる中村の声には、疲れを感じさせない張りがあった。

コンフェデレーションズカップに出場した代表選手のうち、6月30日に試合があったのは、中村と、ガンバ大阪の遠藤保仁と今野泰幸、横浜F・マリノスの栗原勇蔵の4人。試合に出場したのは中村だけだったことを告げると、嬉しそうな声が返ってきた。

「意地ですよ、意地。中村憲剛、今が一番良い状態かもしれません」

「一番良い状態って、これまでのサッカー人生で、ってこと？」

「そうです。これまでのサッカー人生で、です。史上最高です」

「史上最高の中村憲剛？」

「そう、それ。史上最高の中村憲剛です」

そう言って、彼はケラケラと笑った。

「いったい、何が起きたの？」

「何も起きてないですよ。ただ、トップ下でのプレースタイルが完璧に整理されただけです」

「ここ最近のこと？」

「いや、この1〜2ヵ月を通して。途中から出る難しさにも対応できるようになってきたなって。〝頭から使ってくれよ〟って思うけど、それは仕方ない。じゃあ、途中から出たとき、何をするかをすごく考えた1ヵ月だった。試合に出ていなかったからじゃない？　その分、考える時間があって、イメージが固まってきたというか、その答えが出たかな。このスタイルで勝負するっていうのが、自分の中でより鮮明になったんです」

日本代表のベンチから見えた世界が、彼の覚醒を促した、ということか。

前日の試合で気になったことを、ぶつけてみた。

「ベガルタ戦ではふらふらと歩いているようで、ここぞ、という場面での動きが鋭かった」

「そう、それが答えというか。これまでトップ下って、守備も攻撃も全力で頑張らないといけないって思っていたんですけど、仙台戦では頑張りたくてもパワーが出なかった。でも、それぐらいが実はちょうどいい」

それは、本田を見ていて気づいたことだったという。

「圭佑って、力を抜くところはうまく抜いているんです。ああ、そういうやり方もあるんだなって。それはブラジル、イタリア、メキシコの攻撃陣も同じで、ネイマールも、（マリオ）バロテッリも、エルナンデスも、常に全力を出すんじゃなくて、仕事しなきゃいけないときにバッと出す。そういう彼らを観察していて、〝出力の仕方〟をつかんだ気がします」

トップ下でのプレースタイルが完璧に整理された――。

中村はそう語ったが、その言葉は、決して大げさなものではなかった。

コンフェデレーションズカップによる中断に入る前、２０１３年の公式戦で1ゴールも奪っていなかった男が、ベガルタ戦での2ゴールを皮切りに、4試合連続ゴールを記録し、その後もゴールを量産していくのである。

「トップ下に自信がなかった」

それは、初めて聞く言葉だった。

「正直に言うと、これまではトップ下でのプレーに自信がなかったんです。〝トップ下・中村憲剛〟に対して、ほかでもない自分自身が、あまり評価していなかったので――」

中村がゴールを量産しはじめてひと月ほどが経った8月8日、僕はクラブハウスの一室で彼へのインタビューに臨んでいた。

インタビューのテーマは「絶好調の理由に迫る」というものだった。

ボランチへのこだわりは、それまでに何度も耳にしていた。だが一方で、トップ下は学生時代からプロ1年目まで務めていたポジションで、日本代表でもトップ下として国際試合を何度も戦ってきている。それなのに、今までは自信がなかった、と中村は口にした。

自信がないままにプレーしているなんて、想像もしていなかった。

「そりゃそうですよ。〝自信がない〟なんてことを口にするのは、あまりに情けなさすぎる。本当の自信がついた今だからこそ、言えることだから」

トラウマになっていたのは、プロ1年目の経験だった。

「あの頃は、間で受けるとか、今のようにプレーのイメージを明確に描けてなかったから、ふっ飛ばされたり、潰されたりしていて。〝J2でもこうなんだから、上のレベルでは厳しいだろうな〟って、そのとき思ったんですけど、そのイメージがずっと頭にこびりついていて」

プロ2年目になって、ボランチにコンバートされた。

ボランチはトップ下と比べると、相手からのプレッシャーが弱いため、フリーで前を向きやすい。360度いろんなところにパスを出せるため、すぐにこのポジションが気に入った。

日本代表でイビチャ・オシムにボランチのレギュラーとして起用されたことも、ボランチこそが天職だという認識を深める要因になった。

だが、その後の岡田体制、ザッケローニ体制では、中村はトップ下で使われてきた。

「岡田さんが〝憲剛システム〟と言って、自分のためのシフトを組んでくれても、ザックさんに〝憲剛の適性はトップ下だ〟と言われても、自分自身が半信半疑というか。トップ下は本来、花形のポジションなのに、〝ボランチ失格〟を言いわたされたような気がして、うーんって思いながらプレーしていたんです」

23歳の自分の中にはカケラもないと思っていたトップ下のスタイルが、32歳にしてようやく明確な像を結ぶようになったのだ。

「今は厳しくマークに来られても、あまり気にしないというか、〝いくらでも外せる〟という感覚がある。〝ボランチに戻れ〟と言われれば、すぐに戻れるし、〝このままトップ下で点を取り続けろ〟と言われても、自信を持ってやれる」

2006シーズンに中村はふた桁得点をマークしたが、そのときは若さもあってイケイケだった。今は、勢いだけでゴールを決めているわけではないという自負がある。

「もともとトップ下の選手だったし、子どもの頃は点をたくさん取っていたわけだから、何戦何発という状況が得点感覚やゴールの喜びを取り戻すきっかけになればいいな、って思います。サッカーが改めて楽しくなってきている。すごく面白いんですよ」

この日はちょうど、8月14日に行われるウルグアイとの親善試合に向けた日本代表メンバーが発表される日だった。インタビューが終わり、クラブハウスのロビーでタクシーを待っている間に、僕は携帯電話を取り出し、発表されたばかりの代表メンバーをチェックした。

ザッケローニがメンバーのテコ入れを示唆したのは、6月のコンフェデレーションズカップが開幕する前のことだった。

「コンフェデまではこれまでのグループでメンバーを構成するが、コンフェデが終わったら全員がスタート地点に戻り、そこからまた競争が始まる」

その手始めとして、中国、オーストラリア、韓国と覇権を争う7月の東アジアカップには、Jリーグでの成長が著しい若手を中心としたメンバーで参加し、優勝を飾った。

果たして、東アジアカップでアピールした新戦力は、選出されるのか。

あるいは、J1の得点王争いを続けている大久保嘉人の代表復帰はあるのか。

ウルグアイ戦のメンバー発表の焦点は、そこにあった。

発表されたメンバーリストには、フォワードの柿谷曜一朗、豊田陽平、工藤壮人《まさと》、ボランチの山口蛍、青山敏弘、センターバックの森重真人といった新戦力の名前があった。

だが、大久保の名前を見つけることは、できなかった。

それだけではない。中村の名前までなかったのだ。

しばらくして、帰り支度をすませた中村がロビーに現れた。

何と声をかけようか迷うこちらの気持ちを見透かしたように、彼のほうから口を開いた。

「入ってませんでしたね。まあ、すでに力はわかっているから、親善試合には呼ぶ必要がないってことじゃないですか。ザックさんも俺の力はわかってくれていると思うし」

トップ下のファーストチョイスは本田となる。ベンチに座らせることになるから、親善試合では若い選手を呼びたい——。指揮官がそう考えているのだとしたら、たしかに理解はできる。

中村がこのまま好調をキープしていれば、若手のテストが終わった頃——もしかすると本番の直前になるかもしれないが——再び代表チームに呼び戻されるに違いない。

「なんで、ニッポンにいないの?」

日本代表から外れた中村だったが、ゴール嗅覚はさらに研ぎ澄まされていった。

8月10日、J1第20節・FC東京戦の後半1分、大久保のヘディングシュートをゴールキーパーが弾き、ポストに当たったところを中村が右足で押し込んだ。

「いつもならもう少し組み立てに参加するけど、今日はチャンスが作れていたからエリアの中で待っていた。来そうだなと思っていたら、目の前にこぼれてきた。あそこにポジションを取れるようになったのが、進歩したところ」

8月17日、J1第21節・ヴァンフォーレ甲府戦の後半15分、森谷賢太郎のロングフィードを大久保が落とすと、走り込んできた中村がやや遠目からミドルシュートを突き刺した。

「〝打ってください〟っていう落としだった。周りの状況が全部見えていたから迷いはなかった。迷いがないときはだいたい入る。点を取ることでチームに貢献する喜びを知れてよかった」

8月28日、J1第23節・大宮アルディージャ戦の前半3分、森谷のフィードに反応してゴールに迫り、飛び出してきたゴールキーパーの鼻先でボールを浮かし、ネットを揺らした。

「飛び出したときは初めて見た景色だったけど、ゴールキーパーと1対1になったときは落ち着いていました。トップ下はやっぱり点を取らなければいけないポジションだから」

9月14日、J1第25節・サンフレッチェ広島戦の前半10分、ペナルティエリア右隅に飛び出すと、クロスに備えてゴールキーパーが前に動いたのを見逃さず、ゴールキーパーと右ポストとのわずかな隙間を射抜いた。これには、日本代表の西川周作もお手上げだった。

「マイナスのパスか、ニアを抜くか、瞬時のイマジネーション。キーパーはマイナスに意識がいくかなと思ったら、空いていたので打ちました。シュートを打たないと始まらないので」

意識の変化は、彼が口にする言葉にも表れていた。

ゴールを奪うコツをつかみ、その快感にも目覚め、トップ下でのプレーを謳歌《おうか》しているようだった。中村は、トップ下でのプレーを完全に自分のモノにしていた。

かつて中村は、日本代表におけるトップ下の役割について、こんな風に言っていた。

「ザックさんからはビルドアップに絡むのはもちろん、得点に絡むことも求められている。〝シュート〟ってよく言われますからね。シュート練習のときも〝組み立てには絡まなくていいから、ゴール前に行け〟って。それ以外、俺も圭佑もほとんど何も言われないから、〝自由にやっていいから、ゴールを決めてくれ〟っていうことなんじゃないかな」

その点で言えば、これまでの中村は、得点力に物足りないところがあった。ザックジャパンで奪ったゴールは、２０１１年10月、ホームのタジキスタン戦で決めた1ゴールだけ。ゴールを狙うより、少し下がり気味にポジションを取り、攻撃の組み立てに参加することが多かった。

だが、トップ下でのプレーに本当の自信をつけ、得点力を高めた今の中村は、ザッケローニの求めるトップ下像にかなり近づいているように思われた。

コンフェデレーションズカップを振り返れば、出番がなくとも集中を切らさず、途中出場でも計算の立つ中村の存在価値は、改めてわかったはずだ。

まして若手を試した東アジアカップで新たなトップ下を発掘できたわけでもない。

スルーパスも得意とする中村は、8月以降に1トップとして起用され、裏への飛び出しに長ける柿谷曜一朗との相性も良いはずなのだ……。

しかし、8月のウルグアイ戦に続き、9月のグアテマラ戦とガーナ戦、10月のセルビア戦とベラルーシ戦、11月のベルギー戦とオランダ戦でも、中村はメンバーに選ばれなかった。

「誰か若いのが見つかれば儲けもん。見つからなかったら、最後に呼び戻そうって感じなんじゃないですか。それに呼ばれても試合に出られないなら、フロンターレで練習していたほうが成長できる。こっちで着々と成長して本番に備えます。最近、試合が楽しみでしょうがないんですよ。これまでは、負けたら嫌だなとか思っていた。そういうのがなくなってきた」

やせ我慢か、それとも本心か。

おそらくその半々なのだろう。

やはり寂しさはあるに違いないが、日本代表での活動は、心身ともに負担が少なくない。日の丸を背負ってプレーするプレッシャーは計り知れず、ポジション争いもある。海外でのゲームともなれば、移動時間も長く、現地の気候に体を慣らす必要があり、それでいて、いつ来るかわからない出番に備えて緊張状態を保ちながら、出番が回って来ないこともある。

「代表に選ばれないと、こんなに家にいられるんだって、ちょっとびっくりしている。ここ何年も代表とクラブのかけ持ちでしたからね。それに、代表の試合をテレビで見ていたら、〝こうしたほうがいいな〟〝俺ならこうするな〟って、新鮮な気持ちで見られて面白い。まあ、息子に〝なんで、ニッポンにいないの？〟って聞かれて、〝今、お休みなんだ〟って言うのは切ないけど。〝また戻れるよ〟って、なぜか息子に慰められている。フフフ」

今は疲弊するのではなく、フロンターレでコンディションを保ちながら成長を続け、ワールドカップイヤーに最高の状態で日本代表に復帰する――。

そんな青写真を中村は描いていた。

盟友のラストゲーム

２０１３シーズンのＪ１最終節は、特別なゲームになった。

3日前の12月4日、13シーズンにわたって川崎フロンターレ一筋でプレーし、クラブの顔でもあった伊藤宏樹の現役引退が発表されていた。天皇杯を残しているものの、伊藤がJリーグの試合に出場するのも、等々力陸上競技場のピッチに立つのも、これが最後の機会となる。

シーズン中に2度骨折し、出場機会も減りつつあった伊藤がこの年限りでスパイクを脱ぐことをチームメイトが知ったのは、11月のことだった。だが、中村はそれより少し前に伊藤本人から報告を受けていた。

その日はオフだった。子どもの七五三詣《もう》でに向かう途中、ふと携帯電話を見ると、画面は伊藤から着信があったことを知らせていた。クラブハウスで毎日のように顔を合わせているから、オフの日に、それも真っ昼間に電話がかかってくることは、これまでに一度もなかった。

胸騒ぎがした。

〈もしかして、これは……〉

中村はすぐにかけ直した。

嫌な予感は、当たった。

「もうやめようと思ってるんだ」

「ふざけるな。絶対に後悔するぞ」

「それ以上、言うな。泣いてしまうやろ。もう決めたことだから。もう切るぞ」

「後悔するって。今ならまだ引き返せるよ。ちょっと、宏樹さん!」

自分なら引き止められると思っていたが、ダメだった。伊藤の決意は堅かった。

「そのあと、宏樹さんの顔をまともに見られなかった。恐れていたことが起きてしまった。まだ先のことだと思ってたのに……。それ以来、いかに宏樹さんを送り出すかを考えてきた」


ナビスコカップは準決勝で浦和レッズに敗れたが、リーグ戦では11月10日の清水エスパルス戦から4連勝を飾って最終節を迎えていた。

等々力陸上競技場で行われる最終節の相手は、首位の横浜F・マリノスである。

2004年以来となるリーグ優勝を目指すF・マリノスは一時、頭ひとつ抜け出していた。ところが、優勝争いのプレッシャーのためか、ホームで一度も負けていなかった彼らが、第31節の名古屋グランパス戦、勝てば優勝を決められる第33節のアルビレックス新潟戦と、ホームで連敗を喫してしまう。

F・マリノスが足踏みをしているうちに勝ち点差を縮め、追い上げてきたのが、前年のJ1チャンピオン、サンフレッチェ広島だった。

それでも最終節を迎えた時点で、1位のF・マリノスと2位のサンフレッチェとの間には勝ち点2の差があり、F・マリノスが勝てば優勝が決まる。しかし、5位のフロンターレにとっても勝利すれば3位以内となる可能性が残っていて、翌年のACLの出場権獲得のチャンスがあった。

フロンターレは2005シーズンの最終節にホームの等々力陸上競技場でガンバ大阪に敗れ、目の前で胴上げをされている。あんな想いを味わうのは、二度とごめんだと中村は思っていた。

そして何より伊藤宏樹に最高の餞《はなむけ》を贈りたい。伊藤宏樹の旅立ちを勝利で祝いたい。リードを奪って、伊藤宏樹をピッチに立たせたい――。

中村のモチベーションが高まる理由は、これ以上ないほどあった。

「完全に火がついて、モチベーションはマックスでした」

F・マリノスのボールになれば必死の形相でプレッシャーをかけにいき、中村俊輔がボールを持てば、正確なパスを繰り出させまいと、厳しく体をぶつけにいった。

前半21分にはドリブルで右サイドを駆け上がって、ペナルティエリア内に切れ込んでいき、27分にはゴール前の混戦に突っ込んでいき、倒れ込みながらも中澤佑二からボールを奪って、右足でシュートを放った。

「これまでもサポーターのために、チームのために、という気持ちでプレーしてきたけど、ここまで人のために走ったのは初めてかもしれない、っていうぐらい頑張りました」

監督の風間も「初めて見た」と驚くほどの憲剛のハードワークが、0対0で推移していたゲームをついに動かす。

後半9分、フロンターレ陣内の右サイドでボールを持った中村俊輔がカットインしようとしたところに、自陣の深くまで戻っていた憲剛が襲いかかる。日本代表で何度も一緒にプレーした間柄である。憲剛の頭には俊輔の癖が刷り込まれていた。

〈俊さんは、絶対にボールを左足に持ち替える〉

読みどおりだった。

俊輔とボールの間に体を滑りこませて奪い取った憲剛は、ドリブルで運び、ヒールパスでレナトに預けると、猛然とダッシュする。ペナルティエリア手前で大島僚太のパスを受け、左サイドの大久保嘉人にボールを送る。

大久保の渾身のブレ球シュートはゴールキーパーに弾かれたが、こぼれ球を拾った大島がゴール前にボールを送ると、レナトが豪快に蹴り込んだ。

フロンターレが先制！

憲剛がボールを奪ってから15秒。流れるようなカウンターだった。

レナトは一目散にバックスタンドのサポーターの元に駆けて行く。

ベンチ前では監督の風間が「よっしゃー」と叫び、スタッフとハイタッチを繰り返していた。

フロンターレがリードしたまま、ゲームは終盤を迎えた。

41分、F・マリノスはセンターバックの栗原勇蔵を前線に上げて、ロングボールを放り込む強引な攻撃に打って出た。

すかさず、フロンターレのベンチが動いた。呼ばれたのは、伊藤だ。

43分、レナトに代わって伊藤がピッチに入ってくる。

「ヒ・ロ・キ！　伊藤宏樹！」のコールが響きわたるなか、ディフェンスラインに加わった伊藤の姿を見て、フロンターレの選手たちは集中力をさらに高めた。

なりふり構わず放り込まれたボールを、憲剛が足を投げ出してブロックし、ジェシが跳ね返し、稲本潤一が大きくクリアする。

試合はアディショナルタイムに突入した。

F・マリノスのコーナーキック。ゴールキーパーの榎本哲也までもがフロンターレのゴール前に上がり、捨て身の攻撃に出たが、フロンターレが凌ぐ。

F・マリノスの猛攻はさらに続く。齋藤学《まなぶ》の左からのクロスにマルキーニョスが頭で合わせたが、ボールは右ポストに弾き返される。

15秒後、再び左サイドから、齋藤が今度はドリブル突破からスルーパスを通したが、栗原のシュートはゴールキーパーの西部《にしべ》洋平がセーブ。続けざまに放たれた齋藤のシュートも西部がブロックし、こぼれ球を稲本が大きく蹴り出した。

アディショナルタイムに入って4分40秒が経ったとき、稲本が俊輔を倒し、フリーキックを与えてしまう。俊輔のキックはゴール右隅に向かったが、西部が弾き出す。

ラストワンプレーとなるコーナーキック。俊輔が蹴ったボールをフロンターレが大きくクリアした瞬間に、長いホイッスルが鳴った。

俊輔はその場に崩れ落ち、しばらく立ち上がることができなかった。

憲剛は伊藤と抱き合ったあと、ピッチに膝をつき、両手を上げてガッツポーズを繰り返した。最終順位を3位に上げたフロンターレは、翌年のACLの出場権を獲得したのである。

試合後、ヒーローインタビューに呼ばれたのは、中村と大久保のふたりだった。

女性リポーターが2013シーズンの得点王決定を告げると、中村は大久保に抱きついて祝福した。チームメイトへの感謝を口にした大久保だったが、移籍1年目で26ゴールを挙げたというだけでなく、2013年は彼にとって節目となるシーズンだった。

「今年はお父様が亡くなったということで、だからこそ得点王を取りたいという……」

リポーターからの問いかけに、大久保がタオルで目元を押さえる。溢れる涙を隠せない。

2010年の南アフリカ・ワールドカップのあと、燃え尽き症候群に陥った大久保は、日本代表で再びプレーするというモチベーションを失っていた。

しかし、日本代表で活躍する息子の姿を再び見ることを願っていた父が5月に他界し、それ以来、大久保は日本代表への想いを再燃させるようになっていた。

得点王を獲得し、日本代表にもう一度選ばれてみせると心に誓ったシーズンだったのだ。

「泣かすなよ」とリポーターにツッコミを入れた中村だったが、今度は彼が言葉を詰まらせる番だった。

「最後、伊藤宏樹選手と一緒に等々力のピッチで勝利し、喜ぶことができました」と振られると、

「そうですね……すいません……」と、瞳に涙を滲ませ、苦笑いしながらうつむいた。

「途中から出てきて、キャプテンマークを渡そうか、どうしようか迷ったんですけど、緊迫してたし、渡せなかったんで、このあと渡します。いや、ほんと、宏樹さんとやる等々力の試合、最後だ

ったんで……勝ててよかったです」

インタビューを終えたふたりのヒーローは、バックスタンドで待つサポーター、チームメイトの元に向かった。

ホーム最終戦のセレモニーが終わると、この日の主役、伊藤宏樹がベンチコートを脱ぎ、ユニホーム姿になって壇上に上がった。

オーロラビジョンには、伊藤の13年間をたどるシーンが映し出されていた。

表の顔と、裏の顔

初めて会ったときの印象を、伊藤宏樹はまったく覚えていない。

それどころか、会ったという記憶すら、彼にはなかった。

「日韓ワールドカップの最中に、うちの練習に参加してるはずなんですけど、まったく覚えてないんですよね。練習試合にボランチとして出場した？　う〜ん、思い出せないですね」

強豪と呼ばれるようになった今でこそ、高校、大学のナンバーワンクラスの選手が入団を希望するクラブになったが、２００２年当時のフロンターレは、Ｊ２に沈んでいた。

Ｊ１クラブと選手の獲得で競合しても、勝ち目はない。そのため、大学生の練習参加を積極的に受け入れ、埋もれている才能の発掘にも力を注いでいた。

関東大学リーグ２部に所属する中央大学の4年生だった中村憲剛も、大学のコーチのツテを頼りにやって来て、実際に加入するかどうかはわからない大学生のひとりに過ぎなかったのだ。

だから、伊藤が記憶の糸をたどって引っ張り出した第一印象は、それから半年以上が経ち、新シーズンを迎え、チームメイトとしてトレーニングに励むようになってからのものだ。

その印象は、あまり芳しいものではなかった。

「今もそうですけど、昔はもっと線が細くて、ヒョロッとしてたから。プロとしてやっていくのは、ちょっと厳しいだろうなって」

だが、この新人は〝普通の新人〟とはちょっと違う、と伊藤が気づくまでに、さほど時間はかからなかった。華奢な体格なのにプロになれただけあって、たしかに技術は非凡なものがあったが、それ以上に感心させられたのは、全身にみなぎるギラギラ感だった。

「いや、もう、向上心の塊《かたまり》で。純粋なサッカー小僧って感じですよね。うまくなりたいっていう気持ちが前面に表れてましたよ。ほら、若い子って、そういうの、出すのはカッコ悪いっていうのがあるじゃないですか。でも、憲剛はすべての練習に全力で取り組んでましたね。今振り返っても、他にいないですね」

伊藤がプロ3年目、中村がプロ1年目の2003年、フロンターレにとっての唯一にして最大の目標は、3年ぶりとなるJ1復帰だった。チームを率いる石崎信弘は、基礎とフィジカルトレーニングの徹底で若手を鍛えあげ、チーム力をアップさせることに優れた指導者だった。

それがよかったんです、あのタイミングで石さんだったのが、と伊藤は振り返る。

「あの年、残念ながらJ1には上がれなかったけど、僕らも、憲剛も、徹底的に鍛えられたし、あの頃、チームのベースができた。それを関さんがうまく引き継いでくれて」

新監督に関塚隆を迎えた2004年、中村のポジションであるトップ下には、前年にアルビレックス新潟のJ1初昇格に大きく貢献したブラジル人アタッカー、マルクスがやってきた。

プロ1年目に全試合でベンチ入りを果たし、大半が途中出場だったものの34試合に出場し、新シーズンのレギュラーポジション取りを誓っていた中村にとっては、大きな壁だった。

トップ下のレギュラーは、決まったようなもの――。伊藤は、欧州サッカーについて語り合うようになり、急速に仲を深めていた後輩に、ポジションの変更を強く勧めた。

「左のウイングバックをやれって、僕はとんちんかんなことを言ってました。後ろには僕がいるから、守備はなんとかしてやるって思ったんでしょうね。とにかく一緒に試合に出たかったし、出たら必ず成長できると思ったから。だから、関さんが憲剛をボランチにコンバートしたときは、そう来たかって」

伊藤にとって忘れられないのは、2004年5月に行われたJ2第10節のコンサドーレ札幌戦である。

シーズンが開幕してもなお、ボランチのレギュラーは固定されていなかった。関塚は毎試合のようにダブルボランチの組み合わせを変えて、誰と誰を組ませるのがベストかを探っていた。候補は5人。鬼木達、久野《くの》智昭《ともあき》、山根巖《いわお》、相馬直樹、そして中村憲剛である。

だが、そのコンサドーレ戦以降、ボランチのポジションのひとつは固定された。

2度目の先発出場となったこの試合で、左足の鮮やかなシュートを決めた中村が、指揮官の心をがっちりとつかんだからである。

「チャンスをモノにする様《さま》があまりに強烈で、〝なんだ、コイツ、凄いな〟って。そこからチームの快進撃も始まって――」

チームの「ヘソ」にも「心臓」にもたとえられ、攻守をリンクさせるボランチが固定されたことで、チームの戦い方も自ずと定まった。いずれも長身だったため、のちに「川崎山脈」と呼ばれることになる伊藤、寺田周平、箕輪《みのわ》義信の3バックが文字どおり、敵の攻撃を跳ね返し、中村に操られたジュニーニョ、マルクス、我那覇《がなは》和樹の強力攻撃陣が面白いようにゴールを重ね、チームも勝ち点を積み上げていく。

伊藤には、試合を重ねるたびに中村が成長し、自信を増幅させていく様子が手に取るように感じられた。だが、一方で、ボランチとしての中村に欠点がなかったわけではない。

「細かく言うと、ポジショニングとか、めちゃくちゃなんですよ。でも、言い過ぎると憲剛の良さが消えちゃうし、攻め残ってる憲剛がカウンターの起点になって、それがうちのサッカーになっていったから、周平さん、ミノさんと〝大変だけど、俺らでカバーしてやろう、俺らでなんとか守りきろう〟って話してました。周りに恵まれてたと思いますよ、憲剛は。あいつは、あのチームの末っ子。だから、あんなワガママに育っちゃって。フフフ」

２００６年10月以降、中村は日本代表に選出されるようになる。中村の選出は、新たな楽しみを伊藤に与えてくれた。

「自分のことのように緊張したのかなあ……。でも、日本代表って、めちゃくちゃエリート集団ってイメージがあるから、あそこまで叩き上げの選手が堂々と渡り合っていたのは痛快だったし、楽しかったですよね。結局、自分は選ばれず、残念でしたけど、憲剛が夢を見せてくれたし、何より嬉しかった。代表戦を見るのが楽しかったのは間違いないですね」

伊藤は２００５年からキャプテンを務めていたが、２００６年に中村が副キャプテンに就任すると、より一層チームのことについて語り合うようになった。２００７年からは伊藤がチームキャプテン、中村がゲームキャプテンとなり、ふたりでチームを引っ張ってきた。

「でも、憲剛ってキャプテン気質じゃないと思いますよ。表の顔っていうか、ピッチの中での存在感はピカイチだけど、裏のことには無頓着。逆に僕は裏でチームを回したり、いろいろ気にかけたり。だから、憲剛とも〝ふたりでワンセットだな〟ってよく話していたんです。互いに足りないものを補完しあって、うまくできてるなって」

夢は、今もずっと続いている。

「昔からよく、将来の話をしてたんですよ、フロンターレについてのね。今考えたら、夢物語のようですけど、〝こんなクラブにしたいよな〟〝こんなチームにしたいよね〟って。それが、今も継続されてるっていうのがすごいと思いますよね。将来ですか？　憲剛はどう考えても現場ですよね。だから、僕は裏のほうで――」

監督・中村憲剛と、ＧＭ・伊藤宏樹。表の顔と、裏の顔。

いつかそんな日が来るとしたら……。

「でも、その前にタイトル獲得ですよね。憲剛が現役でいる間のタイトルと、引退したあとのタイトルとでは、価値が違ってくると思うんですよ。憲剛はＪ２時代を知る最後の砦《とりで》だから、僕らの想いも背負ってるというか、勝手に託している。本当は、僕やジュニ、もっと前の人たちの時代に獲れていたほうがよかったのかもしれないけど、憲剛ひとりになって獲ったほうが、ドラマチックなんじゃないかっていう気もしていて。憲剛がやめるまでに絶対に獲れると思いますよ。あいつ、〝持ってる男〟だから。宙に舞ってる画《え》が見える」

チームメイトに胴上げされる中村の姿が、彼の脳裏にはっきりと浮かんでいるようだった。

閃光

8章—— 届かなかったブラジル

マウイの休息

青い海がのどかに広がり、波が陽光できらめいている。

西マウイの海岸沿いを走るホノアピラニ・ハイウェイの、ザトウクジラが見えるという展望スポットに車を停めた中村憲剛は、沖合を眺めていた。

2014年の元旦、憲剛は妻の加奈子、5歳の龍剛、3歳の桂奈とともにのんびりと過ごしていた。中村家ではここ数年、シーズンオフになると海外へ出かけることが恒例になっている。マウイ島は隣のオアフ島とは違って、日本人観光客に出会うことがほとんどない。憲剛にとって、心からリラックスできる貴重な時間だった。

新しく迎えた年は、4年に一度のワールドカップイヤーである。

だが、そのこと以上に憲剛の心境に大きな影響を及ぼしていたのが、前月に経験した伊藤宏樹の現役引退だった。

自分はあと何年、現役を続けられるのだろうか——。

衰えを感じているわけでは決してない。むしろ、まだまだ成長できるという実感がある。

しかし、自分と2歳しか違わない伊藤が、まだまだプレーできるように見えた伊藤がスパイクを脱いだという事実が、憲剛に「引退」の2文字を意識させるようになっていた。

「あと4~5年はできるだろう」という漠然としたイメージだったものが、「あと2年、35歳がひとつの区切りかもしれない」と、具体的な長さで迫ってきたのだ。

決して長くない残りの現役生活を考えたとき、今年は重要なシーズンになる——。

それが２０１４年を迎えた憲剛の想いだった。

マウイ島北西部に位置し、プウ・ククイ山に囲まれたイアオ渓谷は降雨量が多く、霧が出やすいことで知られている。だが、幸運なことに、中村家が訪れた午後、ランドマークである標高６７１メートルの尖峰「クカエモク」、通称「イアオ・ニードル」の姿がくっきりと見えた。

木々の生い茂る州立公園を家族で散策していると、小さな人だかりに出くわした。憲剛が輪の中を覗くと、龍剛より少し年上の少年のてのひらで小さな何かが動いている。薄茶系のまだら模様に大きな目――カメレオンだ。

興味津々《しんしん》の憲剛にカメレオンを預けた少年は「見終わったら草の上に戻してあげてね」と言い残し、家族とともに去っていった。

「やばい、テンション上がるわ。マウイに来てから一番興奮してるかも」

カメレオンを右手の指に乗せた憲剛は笑った。しかし、初めて見る生き物が怖いのか、桂奈は母親の陰に隠れ、龍剛もあまり近づこうとしない。

「昆虫は大好きなのにねえ。去年の夏もカブトムシを飼っていたんです。そのカブト、佐藤カブトっていうの。龍がかっこいい名前をつけたいって言い出して、そうなったんです。龍の憧れ、寿人なんですよ」

加奈子がそう言うと、憲剛が補足した。

「去年の広島戦で寿人にハットトリックされたでしょう。それを見て、寿人のファンになったんですよ。点を取るやつが一番偉いんだって、教えこんでいるから」

すると、龍剛が涼しい顔で言った。

「でもねえ、龍のほうが寿人よりうまいかもしれないよ」

龍剛の好きなチームは「フロンターレとニッポン」だ。子どもは素直だから、たまに核心を突く質問をして、両親を困らせている。

「ねえねえ、なんでパパ、最近、ニッポンにいないの?」

だが、「フロンターレとニッポン、どっちが勝つ?」という質問に、憲剛は笑いながら答える。

「フロンターレが勝つよ。龍だって、そう思うだろ?」

昨シーズンのチームでの充実ぶりが伝わってくるような返答だ。

「パパさあ、ずっと負けないでよ。ずっと勝ったら1位になれるよ」

龍剛がのんびりとした口調で言った。

「いいこと言うな、おまえ。ほんと、その通りだな」

憲剛は息子の頭をポンポンとなでた。


広々と心地のいいコンドミニアムでコーヒーを飲みながら、夫婦はこの一年を振り返っていた。

伊藤宏樹の引退に話が及ぶと、加奈子は苦笑した。

「マリノス戦のあと、喪失感がひどかったよね」

「家に帰ってから、映像を見返して涙。ずっと泣いてたもんな。おまえだって泣いてたじゃん」

「憲剛が泣くから泣いちゃう。でも、まるで妻に先立たれたおじいちゃんみたいだった」

「いて当たり前だと思っている人が突然いなくなっちゃうんだから、その恐怖たるや……。ほんと老夫婦みたいな感じだよ」

先輩と親友、同志とライバル、そのすべてを同時に失ったようなものだから無理もない。

振り返ってみれば、憲剛がプレーに専念できたのも、ピッチ外で伊藤がチームをまとめてくれていたからだった。伊藤の存在の大きさを、憲剛は改めて痛感していた。

「腹はくくっている。どんな道筋をたどるかわからないけど、それを探したい。今も喪失感があるけど、むしろこれから味わうんでしょうね。シーズンが始まって、キャンプとかいないんですよ、彼が。ちょっと想像できない。どうしよう。この年で急に自立しないといけないプレッシャー」

憲剛の言葉に、「急に自立って、子どもみたい」と加奈子が笑った。

クールでクレバーといった印象の憲剛だが、実は〝サッカー少年〟の部分を多分に残している。あと2年がひとつの区切りになるかもしれない。だが、その壁を乗り越え、少しでも長くプレーし、昨日より少しでもうまくなりたい、と憲剛は思っている。

そのためにも再びワールドカップの舞台に立つ、フロンターレでタイトルを獲る――そのふたつが、キャリアの終盤を迎えつつある憲剛が抱く大きな目標だった。

メンバー発表前、最後のテストマッチ

２０１４シーズンのＪ１リーグが開幕した4日後の3月5日、外で夕食を済ませた中村憲剛が戻った先は、自宅ではなく川崎フロンターレの若手選手が暮らす「青玄寮《せいげん》」だった。シーズンが始まったばかりの大切な時期に、息子の龍剛がおたふく風邪をこじらせたため、練習場の近くに建つ寮で単身生活を送っていたのだ。

ベッドとテレビだけが備えつけられたシンプルな部屋に戻った中村は、テレビのスイッチを入れた。チャンネルを合わせると、ちょうど試合が始まるところだった。

大迫勇也がキックオフし、本田圭佑が右サイドに蹴ったボールがタッチラインを大きく越える。

画面右上には「ワールドカップまであと99日」というテロップが出ている。

日本代表対ニュージーランド代表戦。ワールドカップのメンバー発表前に行われる最後のテストマッチだった。

これが終われば、4月に国内組の選手——それも、ザッケローニが最後に見ておきたい若い選手だけを集めて最終確認をする3日間のキャンプを残すだけだ。

このニュージーランド戦にも、中村は呼ばれなかった。

前年のJ1得点王である大久保嘉人も、呼ばれていない。

初招集の選手は、ひとりもいなかった。

「アピールしたいという想い、山口蛍、酒井宏樹あたりは、そういう気持ちが強いでしょう」

負傷のために招集を見送られた内田篤人に代わって右サイドバックに起用された酒井がファウルを犯した瞬間、実況のアナウンサーが当落線上の選手たちの気持ちを推し測るように言った。

長谷部誠が負傷で不在のボランチには、サンフレッチェ広島のリーグ2連覇に大きく貢献した青山敏弘と、前年11月のベルギー遠征で好パフォーマンスを見せた山口が起用されている。これまで不動の存在だった遠藤保仁は、ベルギー遠征に続いてベンチスタートだった。

「ヤットさんはまたベンチか。ヤットさんが後半から出てきて、流れを変えるパターンはたしかに効果的だけど、これが定着しちゃうと、俺の出番はなくなるんだよなあ」

中村がそうつぶやいた直後、日本に早くも先制点が転がり込む。

前半4分、香川真司のロングフィードに抜け出した岡崎慎司が、ディフェンダーともつれて倒れこみながら、右足を伸ばして蹴り込んだ。

さらに3分後、ペナルティエリアの中で倒されてPKを獲得した香川が自ら決めると、11分には本田圭佑のフリーキックに森重真人が得意のヘディングで代表初ゴールを決め、早くもリードを3点に広げた。

ゴールラッシュは、まだ終わらない。

その6分後には香川、本田とつないで岡崎が左足を振り抜くと、ゴールキーパーのファンブルを誘って、わずか17分で4ゴールを奪ったのだ。

これでゲームの大勢《たいせい》は決まったかに思われた。

ところが、攻め疲れたのか、25分を過ぎたころから日本の勢いが急激に衰えていく。

さらに、ハーフタイムに選手4人を交代させると、連係面でも問題が生じ、後半に入って2点を返されてしまう。ゲームが終わるころには、楽勝ムードはすっかり消え失せていた。

「早い時間に4点リードしたことで、チームとしても少しペースを落としてしまったし、ケガのリスクマネジメントをしている選手もいた」

試合後、ザッケローニは弁明したが、中継を見終えた中村も、この時期に組まれるゲームの難しさを改めて感じていた。

「当落線上の選手はアピールしようとするから、どうしても独《ひと》りよがりなプレーになってしまう。当確の選手は、親善試合なんかでケガしたくないから、やっぱりセーブしがちになる。選手のテンションに差があるから、チームとしてオーガナイズするのは簡単じゃない。自分が出ていたら、チームをつなぎとめようとしたと思うけど、やっぱり難しかっただろうな……」

消化不良の残る最終オーディション――。

多くの観客が抱いたのと同じように、すっきりしない気持ちで中村は、テレビの電源を切った。

超攻撃的なダブルボランチ誕生

フロンターレにとって2014年最初の公式戦は2月26日のACL、中国の貴州人和戦だった。この試合を1対0で制したフロンターレだったが、3月1日のJ1開幕戦でヴィッセル神戸と2対2で引き分けると、第2節のサンフレッチェ戦から公式戦4連敗を喫してしまう。

中村はシーズン前、「昨シーズンの土台があるから、継続性には手応えがある」と語っていた。実際、ACLの出場権を勝ち取った前年の主力メンバーはほとんど残留していて、誰もが風間監督のサッカーを理解していた。

その中で、中村が唯一、不安材料として挙げていたのが、新加入選手のブラジル人ミッドフィールダー、パウリーニョだった。

2010年7月からJ2の栃木SCでプレーしていたパウリーニョは守備力が高く、相手ボールを奪う技術に優れたボランチである。J2屈指のボランチと言われ、J1でも十分通用すると評価されていたブラジル人の加入は、まさに鳴り物入りだった。

ところが、そのパウリーニョがフロンターレの戦術になかなか馴染めない。大島僚太、山本真希、中村が代わるがわるパートナーを務めたものの、どれもしっくり来なかった。

パウリーニョの能力の問題ではなく、スタイルへの慣れの問題だと中村は説明した。

「ボールを奪う能力は超一流。でも、自分たちがボールを保持した状態で、ポジションを取り直したり、絶え間なくパスコースに顔を出したりすることには慣れてないみたい。それは、これまでどんなサッカーをしてきたかっていう問題だから、仕方のないことでもある。パウロだけじゃない。

風間さんのサッカーに慣れることができなかった選手は、過去にもたくさんいたから」

チームとパウリーニョにとって不運だったのは、この年がワールドカップイヤーだったことと、フロンターレがＡＣＬに参戦していたことだったかもしれない。

夏にワールドカップが開催されるため、２０１４シーズンの前半戦は特にタイトなスケジュールが組まれていた。そのうえ、フロンターレはＡＣＬに参戦しているため、３日間隔でゲームが次々とやってくる。じっくりとトレーニングを積み、パウリーニョをチームにフィットさせる時間の余裕がなかったのだ。

ＡＣＬは４月中にグループステージ全試合が終わってしまうため、チームは早期の構想変更を迫られていた。

舵が大きく切られたのは3月23日のＪ１第4節、ＦＣ東京との多摩川クラシコでのことだった。

フロンターレのボランチの位置に立ったのは、中村と大島だった。このふたりにボランチを組ませるのは、実に攻撃的なシフトだった。

中盤の底にふたりの選手を配置する場合は、攻撃が得意な選手と守備が得意な選手というように、異なる特長を持つふたりを組ませてバランスを取るものだ。チームによっては中央の守備力を高めるために、ふたりとも守備的な選手を起用する場合もある。

ザックジャパンではプレーメーカータイプの遠藤と、推進力があり、フィジカルコンタクトにも強い長谷部がコンビを組んできた。浦和レッズ時代には攻撃的ボランチとして鳴らしていた長谷部はドイツにわたって以降、サイドバックやアンカーでもプレーし、守備力を高めていた。

それでも世界との勝負において守備面での不安を感じつつあったザッケローニは、遠藤に代えてボール奪取力に優れる山口蛍をダブルボランチの一角に据えようとしている。

一方、風間はともにパサーであり、攻撃面にストロングポイントを持つ中村と大島のふたりをダブルボランチに起用してきたのだ。中村と大島を中心にボールをしっかり保持して相手を崩していけ――。そこには、指揮官の明確なメッセージが込められていた。

狙いどおり、主導権を握ってゲームを進めたフロンターレは、4人のディフェンダーと3人のボランチで中央の守備を固めるFC東京を面白いように攻略していく。

フォワードの小林と大久保、決めるべきふたりがそれぞれ2ゴールずつを奪って4対0。フロンターレらしさが随所に見える会心の勝利だった。

「東京の選手たちは中央のエリアでパスを受けさせないつもりで守備をしているけど、うちにはそこにパスを通せる技術がある。ボールを持っている選手のパスコースにみんなが顔を出して、誰ひとりとして敵の陰に隠れない。今までやってきたことに説明のつく勝利でしたね」

内容がともなったリーグ初勝利に、試合後の中村の表情も明るい。

「嘉人と悠の2トップの関係も整理されてきた。それを自分と僚太がサポートする。そこに（森谷）賢太郎とレナトも絡む。嘉人と悠が点を取れれば、このチームは乗れるからね」

またしてもスタートダッシュに失敗したフロンターレだったが、まだ3月の下旬で、シーズンは始まったばかり。巻き返しは十分に可能な時期だった。

塗り替えられた史上最高

FC東京との多摩川クラシコに勝利したフロンターレは、5月3日のJ1第11節・ヴァンフォーレ甲府戦までの公式戦10試合で7勝2分け1敗の成績を収めた。ＡＣＬでは決勝トーナメント進出を決め、Ｊ１の順位も16位から7位にまで押し上げた。

しかし、チームはこの時期、過密日程に苦しめられていた。

「この2ヵ月で16試合もこなしている。こんなの、サッカー人生で初めてですよ」

少しうんざりしたような表情で、中村は苦笑した。

だが、それでも彼自身は、絶好調のようだった。

「体調も良いし、頭の中もクリアだし、プレーもすごく良い。昨年、トップ下で〝史上最高の自分を感じる〟って言いましたけど、ボランチに戻ったら、史上最高を更新しました。やっぱりボランチはボールにたくさん触れるから、すごく楽しい。アイデアもどんどん湧いてきますしね」

その好調ぶりは、データにも表れていた。

『週刊サッカーダイジェスト』によると、Ｊ１第12節が終わった時点のパス総数１位は中村で、１１８１本。2位は浦和レッズの阿部勇樹で１０８０本と、１００本近くの開きがあった。

しかも、阿部は12試合すべてに出場しているが、中村は10試合しか出場していないため、１試合平均のパス数の差となると、さらに広がるのだ。

フロンターレのサッカーがショートパスを多用するものだから、チーム全体のパス総数が多くなるのは、当然のことだ。しかし、だからこそ、その中心にいる中村を、どのチームも容赦なく潰しにくる。それをかいくぐってリーグ最多のパスを出し、成功率も極めて高かった。

好調の要因は、彼自身も言うように、まず万全の体調にあった。食事の量に気を使い、子どもの体調の変化にも細心の注意を払っている。シーズン前の調整方法も少し変えていた。

妻の加奈子も、夫の変化について語る。

「これまではシーズンオフの自主トレで頑張りすぎちゃって、キャンプに入って体調を崩すことが多かったんです。本人もわかっているみたいなんですけど、ついつい頑張りすぎちゃうみたいで……。でも、今年は勝負の年なので、すごく注意したみたいです。ここまで順調で、すごく調子が良いって言ってます」

前年にコツをつかんだ〝出力の仕方〟に磨きがかかったことも、好調の要因だった。

「プロ野球の落合博満さんの〝オレ流〟って言うんですか。あれ、いいなと思っていて。良い意味で60パーセントぐらいの力でプレーする。トップ下でプレーした昨年、ゴール前でいかに力を爆発させるかを心がけていたけど、それは中盤でも同じ。動き回ればいいってものでもないし、走りながらプレーすると、どうしてもミスが増える。シャビもそうじゃないですか。ずっと同じペースでプレーし続けることがチームのプラスになる」

たしかに、シャビやリオネル・メッシらバルセロナの選手たちは、パスを受ける瞬間、スピードを落とし、正確なトラップを心がけている。

「嘉人もそうでしょう。パスを受けるときはスピードを落として正確に。前を向いたり、ターンしたりするときはスピードをギュンって上げる。そのメリハリが大事。もっと無駄をそぎ落とせば、プレーの精度がさらに上がる。それを全員ができるようになれば、ボールは絶対に失わない。その理想に近づいてきているのをすごく感じます」

さらに、チームメイトの成長が、中村から好パフォーマンスを引き出していた。

「今までは〝自分が120パーセントぐらい頑張らないと〟って力んでいたんだけど、今は（小林）悠や（大島）僚太、（森谷）賢太郎と、周りがすごくうまくなってきたから、負担がすごく軽くなっているんです」

唯一の気がかりは、4月22日のACL、蔚山現代《ウルサンヒョンデ》戦で痛めた足首の痛みだった。

試合終盤、相手のクロスをブロックしようと投げ出した左足の裏にボールが直撃し、足首がスネのほうへと強く押されてしまう。その衝撃で、元々あった骨棘《こっきょく》の予備軍が成長してしまったのだ。

もっとも、プロサッカー選手になって以来、痛みをどこにも感じることなくプレーしたためしはない。5月3日のヴァンフォーレ戦を欠場したのも、プレーできないほどの痛みがあったわけではなく、その後のACLを睨んで大事をとったためだった。

この試合には、ザッケローニが視察に訪れていた。御前試合でのプレー機会をみすみす逃すことになったのだが、中村は気にもとめていなかった。

「今さら1試合で何かが変わるわけじゃない。その1試合を欠場したぐらいで外されるんだったら、別に選んでくれなくてもいいです。それに無理してザックさんへのアピールに走るより、フロンターレのためにコンディションを整えて、連戦を乗り切るほうが、はるかに大事」

中村は少しぶっきらぼうに言った。

この1～2ヵ月、彼の言葉には、プライドが滲むようになっていた。

例えば、4月7日から3日間、日本代表候補キャンプが行われたときのことだ。

これはメンバー発表前最後の合宿だったが、選出されたのは、初招集の7人を含む、ザックジャパンでのプレー経験の浅い選手ばかり。フロンターレからは小林が選出されたが、負傷のため、辞退を余儀なくされていた。

この合宿に、中村も、大久保も呼ばれなかった。

そのときも、彼は意に介さずに、こう言った。

「呼ばれても、呼ばれなくても、自分の立ち位置は変わらない。逆に、〝この3日間に人生を懸けろ〟って言われても困るよ。調子が悪ければナーバスにもなるけれど、今が最も良い状態だから、堂々と待つだけ。妻とも話しているんです。〝これで選ばれなかったら、俺がザックさんの好みじゃなかっただけ。それならバカンスにでも行こうか〟って」

もちろん、ワールドカップに出たいという想いは強い。だが、メンバー選考は、自分の力の及ばないところで決まるものだということを、中村は理解している。

少し投げやりにも聞こえた彼の言葉は、「ザックさん、信じてますよ」という気持ちの裏返しのように感じられた。

5月7日、等々力陸上競技場で開催されたFCソウルとのACLラウンド16第1戦は、2度のリードを奪いながら、守備陣のミスによって失点し、2対3で敗れてしまった。

3日後の5月10日に行われたJ1第12節・鹿島アントラーズ戦は、FCソウル戦での鬱憤を晴らすようなゲームになった。

試合が動いたのは前半3分。大島の縦パスから大久保、森谷とつないでアントラーズ守備陣を翻弄すると、小林がペナルティエリアの外からふわりと浮かした芸術的ゴールを決めた。

16分に追いつかれたものの、後半12分には中村の縦パスを受けた小林がトラップでマークを外してゴールを奪い、38分には中村のインターセプトから大久保が独走して点差は2点となった。さらに44分にも大久保のゴールが生まれ、4対1でフロンターレが完勝した。

中村が背後から突然、ポルトガル語を投げかけられたのは、取材エリアで記者たちの質問に答えているときだった。

「○×※□△○×※□△○×※□」

中村が驚いて振り向くと、奥の通路をアントラーズの監督、トニーニョ・セレーゾが通りすぎたところだった。

「なんですって？」

アントラーズの通訳に訊ねると、「〝鹿島で待ってる〟って言ってる」という答えが返ってきた。

「オリヴェイラさんに続いてセレーゾさんもか。なぜか鹿島の監督に好かれるんだよな」

中村は思わず、苦笑した。

2007年にアントラーズの監督に着任したオズワルド・オリヴェイラは、その年に6年ぶりとなるリーグ優勝に導いただけでなく、天皇杯までもたらすと、2008年、2009年もリーグタイトルを獲り、Jリーグ史上初となる3連覇を成し遂げた名将である。

中村がオリヴェイラと初めて言葉をかわしたのは2008年、日韓オールスターゲームでのことだった。その翌年の同大会にも監督と選手としてともに参加し、練習や試合中の決して長くないやり取りのなかで、オリヴェイラが高く評価してくれていることを中村は感じ取っていた。

それが決定的なものとなったのが、2011年のJリーグアウォーズだった。

この年限りでアントラーズの監督を退き、ブラジルに帰国することが決まっていたオリヴェイラに「どうだ、一緒にやらないか。ブラジルに来る気があるなら、オファーを出すぞ」と誘われたのだ。冗談交じりではあったが、選手としてこれほど嬉しいことはなかった。

中村を高く評価した外国人監督は、オリヴェイラとセレーゾだけではない。

大分トリニータ、町田ゼルビア、FC東京の監督を歴任し、この年、2014年からはセレッソ大阪の指揮を執っていたランコ・ポポヴィッチにも「俺はおまえのプレースタイルが大好きだ」

と、ことあるごとに声をかけられている。FC東京の監督時代には「うちで一緒にやらないか」と誘われたこともあった。

「オシムさんも含め、なぜか外国人監督に好かれるんですよね」

中村はそう言って笑った。

同じく外国人監督であるザッケローニは、果たして、中村をどう評価するのか。その答えがわかる日は、目前に迫っている。

ブラジル・ワールドカップのメンバー発表まで、あと2日。

やるべきことはやった。あとは、ザックさん次第——。

清々しい気持ちで、中村は等々力陸上競技場をあとにした。

イングランドからのメッセージ

ブラジル・ワールドカップに臨む日本代表のメンバー発表会見が始まったのは、5月12日の午後2時である。

そのとき、イングランドのプレミアリーグ、サウサンプトンに所属する吉田麻也は、自宅のベッドの中にいた。

イングランドの現地時間は、明け方の5時。2011年1月のアジアカップ以来、ザックジャパンに招集され続け、センターバックのレギュラーとしてプレーしてきた彼は、自分が選出されていることを信じ、夢の中にいたのだ。

目覚めるとすぐにメンバーリストをチェックし始めた吉田は、あることに気がついた。メンバー構成は、おおむね予想したとおりだった。しかし、何人か、彼にとって思い入れの強い選手の名前がない。

そのひとりが、中村憲剛だった。

「すごく残念でした。憲剛さんと一緒に戦えないことがわかって、本当に寂しかった。ワールドカップメンバーからの落選というのは、本来ならかなり触れにくい部分。触れにくいけど触れておきたい、触れないわけにはいかない選手——それが憲剛さんでした」

だから、思い切って吉田は、メッセージを送った。

ケンゴさんとワールドカップで一緒にプレーできなくて寂しいです。でも次、また4年後に一緒に出ればいいっしょ——。

あえて楽観的な文面を送ったところに、吉田の気遣いと、ふたりの関係性が表れている。

ふたりが代表チームで初めて顔を合わせたのは、ワールドカップ予選の開幕を控え、中村が11ヵ月ぶりに日本代表に復帰した2011年8月末のことだった。年齢は8つ離れていたが、すぐに親しくなった。互いにオープンな性格で、サッカー観も似ていたからだ。

「話しやすい人だから、宿舎で一緒にいることが多かったですね。憲剛さんに〝長老〟って名づけたのも僕で。当時、メンバーがわりと固定されていたから、年上の憲剛さんは入りにくいかもしれない。でも、あだ名があれば溶け込みやすいかなって。憲剛さんって猫背だし、ピッチの外ではヨロヨロした感じで、おじいちゃんみたいでしょう?　でも、〝仙人〟だとおじいちゃん過ぎるから〝長老〟。初めてそう呼んだとき、〝そんな老け込んでねえわ!〟って軽くツッコまれましたけど」

ピッチにおける中村は、吉田にとって頼もしい存在だった。チーム全体を見渡すことができ、何をしなければならないかを理解している中村に、吉田は何度も救われてきた。

「サッカーでは本当に頼もしい存在。とにかく憲剛さんはピッチの状況がよく見えている。最適の場所とタイミングで顔を出してくれるから、パスがすごく出しやすかった」

たとえベンチに座っていようとも、中村が頼もしい存在であることに変わりはなかった。

「憲剛さんは試合に出てなくても僕のことを気にかけてくれた。例えばアジア予選のとき、なかなかパスが回らない状況でイライラしていると、ハーフタイムに僕のところに来て、〝お前がボールを持って追い込まれるんじゃなくて、その状況を楽しめよ〟って言ってくれたり」

できることなら中村も、言葉よりプレーで、チームを救いたかったに違いない。

「試合に出るチャンスが少なくて、辛い状況だったと思うんです。でも、人間的にも素晴らしい人だから絶対にふて腐れないし、辛い部分を表に出さない。心の中では絶対に悔しいと思っていたはずなのに。常に前向きで、チーム全体も前向きにしてくれた。僕はいろんなことを勉強させてもらったし、いろんなものを与えてもらった」

メッセージの返信は、意外なほどすぐに来た。

落ち着いた文面にも、やはり中村の悔しさは滲み出ていた。

最初から自分に力があれば……

ソウルのホテルの一室で、吉田麻也をはじめ、友人たちからひっきりなしに届くメッセージの一つひとつに返信していた中村は、ふと疲れを覚えてベッドに横になった。

目を閉じると切れ切れに、ザックジャパンでの日々が、頭の中に浮かんでは消えていった。

楽しい試合もあったし、刺激もたくさん受けたけど、「どうして?」って思うようなゲームもたくさんあった。つらいことのほうが多かったよな……。

1年ぶりに日本代表に復帰した２０１１年9月の北朝鮮戦を前に骨折が発覚したときには、覚悟したものだった。せっかくのチャンスをフイにしたわけだから、次はないかもしれないな、と。

ところが、ケガが治るとすぐに呼び戻された。監督の信頼が感じられて、奮い立った。

２０１１年10月のタジキスタン戦では、持ち味を出せずに苦しんでいた香川真司を輝かせることができた。２０１２年10月のフランス戦とブラジル戦では連続して先発起用され、自分への期待と今後の起用への可能性が感じられた。後半から出場した２０１３年3月のカナダ戦では、自分の存在価値を示したつもりだった。

それなのに——。

ザックジャパンは50試合を戦ってきたが、そのうち、中村が招集されたのは27試合で、実際に出場したのは18試合。先発出場となると、わずか5試合しかない。

呼ばれても出番はなく、次の機会では外される——そんなことの繰り返しだった。

最もつらかったのは、ワールドカップの出場権獲得が懸かった13年3月のヨルダン戦だった。

本田がケガのために不在だったにもかかわらず、直前のカナダ戦でチームを活性化させるプレーを披露したにもかかわらず、トップ下には香川が入った。しかも、ヨルダンにリードを許しているというのに、途中出場の機会もない。結果、チームは1対2で負けた。

このときばかりは、代表への気持ちがプツリと切れそうになった。

宿舎に戻ったらすぐ、中村は監督のもとを訪ねるつもりだった。「この先、俺はこのチームに必要ですか」と訊くために。

だが、行けなかった。

「お前はもう必要ない」と引導を渡されてしまえば、その時点でワールドカップへの道が閉ざされてしまう。

それが、怖かったのだ。

だったら、力を付けて認めてもらうしかない——そうやって強引に気持ちを切り替えた。

ワールドカップ予選になると必ず招集されたのは、何かを期待されている証だった。

何かとは、ベンチを盛りたてることだったり、万全の準備をして緊急時にチームを助けることだったり、経験をチームに伝えること。

サッカー選手である以上、誰もが試合に出たいと思っている。とはいえ、スタートからピッチに立てるのは11人しかいない。途中から出場する選手もいれば、90分間ベンチに座り続けなければならない選手もいる。

しかし、だからといって、不満を露にしていては、チームは成り立たない。誰かがチームを支える役割を演じなければ、一丸となって戦えない——そのことを、中村が目の当たりにしたのが、2010年の南アフリカ・ワールドカップだった。

あのチームで川口能活や楢崎正剛、中村俊輔が演じた役割を、ザックジャパンでこなせるのは自分しかいない——その想いで、歯を食いしばって過ごしてきた4年間だった。

あるとき、同じベンチメンバーである伊野波雅彦や栗原勇蔵、権田修一から「憲剛さんがいてくれてよかった」と感謝されたことがある。

その言葉を聞いた中村は、逆に自分が救われたような気がした。

それに、途中出場するのも、ベンチから試合を見届けるのも、日本代表に選ばれていなければできないことなのだ。日本代表の一員として、チームの力になれることが誇りだった。

いつ頃からだろうか、本田が不在のときに香川がトップ下で起用されるようになり、大一番で自分が起用されることがなくなっていったのは。

思い当たるのは、12年10月のヨーロッパ遠征だった。

フランス、ブラジルとの連戦に続けて先発で起用された。ブラジル戦では本田と一緒にピッチに立った。だが、前半だけで代えられてしまった。

もし、あの試合で何らかの爪痕を残せていたら——。

自分が日本代表でプレーすることの価値を、監督に知らしめることができていれば——。

結果的にあそこで見切られたということなのか。

だとしたら、その後もなぜ、呼ばれたのだろうか。

いくら考えてみたところで、明確な答えは見つからない。

それでも、どこかに落としどころを見つけたくて、何度も何度も自問しては、納得のいく答えを探してしまう。

反撃のカードとして起用され、少しはアピールできたんじゃないかと感じられたコンフェデレーションズカップのメキシコ戦。しかし、あれがザックジャパンでの最後のゲームとなった。

その後、せめて一度だけでも試してくれれば……。

正直に言えば、それまでの自分は大した選手ではなかった。トップ下としての自分に、ほかでもない自分が確固たる自信を持てていなかったのだから。

それまで頭の中で考えていたことが、強豪国との戦いで確信に変わり、その後のJリーグで体現できるようになって、トップ下としての新境地を味わった。

自分のプレーが大きく成長したのは明らかなのに、良くなった途端に呼ばれなくなってしまうなんて……。成長した自分を起用してもらって、それでもダメなら諦めもつくのに、結局一度も試されないまま、今日という日を迎えてしまった。


一方で、中村の頭の片隅には、こんな想いもあった。

気がつけば、年上だけでなく、同級生や1～2歳下の選手も代表からいなくなり、同世代は遠藤保仁と自分のふたりしかいなくなっていた。

コンフェデレーションズカップに連れて行ってもらえたから、さらなる成長のヒントをつかめた。監督がザックさんだったから、自分はこの年齢になるまで、ワールドカップ出場という希望を持ち続けることができた――。

だからこそ、複雑だった。

せっかく自分を引き上げてくれたのに、その力をなぜ日本代表のために発揮させてくれないのか。

この日、何度目になるかわからないため息が、中村の口から漏れた。

何度も、何度も同じことを考えた。

そして、行き着く答えは、いつも同じだった。

最初から自分に力があれば、こんな想いはしなくてすんだんだ――。

更新されたブログ

メンバー発表翌日の夜、ソウルのホテルで、中村は自身のブログを更新した。

はじめはワールドカップによる中断前の試合がすべて終わってから書くつもりだったが、その何日かの間にいろいろなことを考えれば、あの瞬間の気持ちが塗り替えられてしまう。

今書かなければ、嘘になってしまう。

そして何より、書くことで気持ちを切り替えたかった。

翌日のACLのFCソウル戦、5日後のJ1第14節の横浜F・マリノス戦に向かうために、自分の中で踏ん切りを付けるために、中村は偽《いつわ》らざる心境を書き記しておくことにした。

うずまいていた想いは、文字に変換し始めると、意外なほど素直に溢れ出してきた。

こんばんは。

みなさんご存知の通り、今回、ブラジルワールドカップで戦う日本代表23名から落選しました。

落選から1日経ち、いろんなことを考えました。当たり前のことですが、やっぱり自分にとってブラジルW杯というのはとてつもなく大きなウェイトを占めていたものだったみたいです。

昨日は朝4時まで眠れませんでした。

この４年、ここに入るためにいろいろと頑張ってきたんだなって。

そこに入れない、行けないって決まった時のあの喪失感は一生忘れられないと思います。

なので、これは怒られてしまうかもしれませんが、本当に一瞬、一瞬ですがどうでもよくなりました。ＡＣＬもリーグ戦も何もかも。


ただ、どんなに最高な日でも、どんなに最悪な日でも、必ず次の朝は来るわけで。

練習があったり、試合があったり、奥さんと話したり、子どもたちと話したりと日常に触れていきながら少しずつこの事実を消化していけるのかなと今は思っています。


たくさんの皆さんが、こんな俺の落選を悲しんでくれて、話題にしてくれたこと周りから聞きました。

Ｊ２から始まったプロサッカー人生、あれから12年経ち今年で34歳になるサッカー選手がここまで期待されたこと。サッカー選手してこれほど嬉しいことはありません。

改めて、その期待に感謝するのと同時に、その期待に応えられなかったことが本当に悔しいです。


今日、ＡＣＬの公式練習でボールを蹴ったら、その瞬間は落選したことを忘れていました。

ああ、サッカーって楽しいなって。サッカーって凄いなって。

だから、ボールがあれば、サッカーがあれば俺は前を向いていけると思っています。

今まで辿ってきた道は間違っていなかったと思うし、今までやってきたことに悔いは一切ないので。


そして本日、予備登録メンバーに選んでいただきました。

でも、呼ばれるということは、23人のメンバーに何らかのアクシデントがあるということです。

俺はそれを望みたくはない。でも過去の例を見ても何が起こるかわからないのがW杯です。だから、その時のためにしっかり準備をしておくのは登録メンバーに入った者の義務だと思います。


最後に、いつもどんな時も温かく見守ってくれるフロンターレのサポーターの皆さん、最後まで応援と後押し本当にありがとうございました。

楽しみにしてくれていたと思いますが、期待に応えられずすいませんでした。

ここまでもそうでしたが、これからもフロンターレの勝利の為に一生懸命頑張ります。

中村憲剛

「感謝。」と題されたそのブログは、書いた本人も予期せぬほどの反響を呼んだ。ほんの数日の間に、膨大な量のコメントが寄せられたのである。

そのすべてに目を通した中村は、驚かずにはいられなかった。メッセージを残してくれたのが、川崎フロンターレのサポーターだけではなかったからだ。

ほぼすべてのJ1クラブのサポーターから「応援しています」「感動しました」といった書き込みがあり、これまでサッカーに興味がなく、だから、中村の存在を知らなかった人からも「勇気づけられました」という言葉が届いた。

予期せぬことは、5月18日のF・マリノス戦でも起こった。

キックオフの直前、背番号14のユニホーム型の巨大フラッグと「GO　KENGO!!」とプリントされた横断幕が等々力陸上競技場のバックスタンドに掲げられたのである。

フロンターレのサポーターグループである「川崎華族」がそのフラッグを作り始めたのは、5月12日のメンバー発表後すぐのことだった。

「憲剛は選ばれてしかるべき選手だと思っているし、川崎の至宝どころか日本の至宝だと思っている。憲剛抜きのワールドカップなんて考えられないっていう気持ちだったから」

リーダーの山崎真は語気を強めるようにして言った。

「選ばれなくて、俺らはすごくショックだったけど、憲剛のショックはそれ以上だったと思う。でも、そういうのを引きずって、憲剛の火がここで消えちゃわないように支えるのが、サポーターというか。それと同時に、憲剛には次に向かって立ち上がって、前を向いて進んでほしいっていう気持ちがあったから」

彼らの気持ちは、背番号14番にたしかに届いた。

「見た瞬間、鳥肌が立った。だからこそ、勝ってサポーターのみなさんに『ありがとう。元気です』って伝えたかったのに……」

しかし、奮い立つ気持ちとは裏腹に、体は悲鳴をあげていた。2ヵ月半で19試合もこなしたうえに落選のショックが重なり、ぎりぎりで保たれていた心身のバランスが崩れてしまう。

持病の腰痛を悪化させながらもフル出場したACLのFCソウル戦、チームは2対1で勝利したものの、次のラウンドに進むことができなかった。失意と痛みに耐えて強行出場したF・マリノス戦だったが、0対3の完敗を喫してしまった。

「なんか力尽きたような感じで、すごく嫌だった。こういう試練を跳ね返す力強さがない時点で、自分はワールドカップを戦うに値しない選手だったんだって痛感した。情けない。ザックさんを振り向かせるだけの真の強さが、自分にはなかったっていうこと。それに尽きる」

ブログを更新し、なんとか気持ちを切り替えようとしていた中村は、ACLでの敗退、F・マリノス戦での完敗によって再び打ちのめされた。

そんな中村を勇気づけてくれたのは、やはりブログに書き込まれた数多くのコメントと、サポーターの愛情だった。

「でも、これだけ多くの人が悲しんでくれて、悔しがってくれたのは、自分が辿ってきた道が間違いじゃなかった証だと思う。振り返ってみれば、『中村憲剛』というサッカー選手は、いつも壁にぶつかって、乗り越えることで成長してきた。今回は壁じゃなく、大きな穴に落ちた感じだけど、それをよじ登ったとき、新しい景色が見えるはずだから」

F・マリノス戦の2日後、憲剛は息子のサッカー教室に足を運んだ。

息子が幼稚園の年長になってから見学するのは初めてで、楽しみにしていたイベントだった。

フットサルコートの人工芝のピッチで、子どもたちがボールを追いかけている。

子どもたちはみんな、揃いの体育帽をかぶっているが、龍剛の帽子のてっぺんには、ロシアの絵本のキャラクター、「チェブラーシカ」の人形が立っていた。遠くからでも、ひと目でわかるように、妻の加奈子が縫い付けたのだ。

ミニゲームが始まると、さっそく龍剛がこぼれ球をゴールに蹴り込んだ。

「ちっちゃくて、すばしこいところが子どもの頃の俺にそっくりなんですよ」

愛息のプレーを見守る表情は穏やかだ。

意外とドリブルうまいじゃん。

なんだ、転んでばっかりだな。

おお、また決めた！

息子の一挙手一投足も見逃さず、思わず声を出してしまう姿はサッカー選手ではなく、父親そのものだった。

サッカー教室を見終えた中村は「落選のことなんて、すっかり忘れてた」と笑った。

「こうして日常を送っていくなかで、気持ちの整理がついていくんだろうね。でも、ワールドカップが終わるまで無理に整理しようとも思ってないんです。この日本代表の戦いを見届けるまでは、俺の戦いも終わらないから」

中村が4年前からその舞台に立つことを目指してきたブラジル・ワールドカップ。選ばれた23人は、そこでどんな戦いを見せてくれるのだろうか。

ザックジャパン、惨敗

雨が徐々に強まっていく。

レシフェのペルナンブーコ・スタジアムは、試合開始の夜10時になっても、じっとりとした熱気に包まれていた。

ブラジル・ワールドカップ、グループC、日本代表対コートジボワール代表。

先制したのは、日本だった。

前半16分、本田圭佑が左足を振り抜くと、相手ゴールキーパーが一歩も動けないほど強烈なシュートがゴール左上に突き刺さる。

エースによるゴールでリードを奪う。日本にとっては最高の展開、となるはずだった。

ところが、喉から手が出るほど欲していた先制点を奪った途端、それを大事にする意識が働いたのか、日本の選手たちのプレーが消極的になり、コートジボワールの力強い反撃の前に、ズルズルと後退していく。

後半に入ると、日本はさらに防戦一方となった。

後半17分、コートジボワールがエース、ディディエ・ドログバを投入した直後、日本の守備はついに決壊した。わずか2分の間に2度までも――。

19分と21分のコートジボワールのゴールは、いずれも右サイドのクロスから生まれた。狙われたのは、香川真司のいる日本の左サイドだった。

逆転されたあと、ザッケローニは大久保嘉人を投入し、本田と香川を2トップ気味に並べる布陣に変更する。41分には柿谷曜一朗を投入し、最後はセンターバックの吉田麻也を前線に上げてパワープレーに出たが、そのすべてが虚しく終わった。

コンディションのピークを持ってきたはずの初戦で痛恨の敗戦――。

前回の南アフリカ大会、初戦に敗れながら決勝トーナメントに進出したのは、優勝したスペインだけだったという事実が、ザックジャパンに重くのしかかる。

初戦を落としたチームが立て直しを図ってスタメンに手を加えることはよくあるが、ザッケローニのそれは、思いのほか刺激的だった。

ギリシャとの第2戦。本田と並ぶエース、香川を外してきたのだ。

その決断はたしかに奏功していた。前半のある出来事までは――。

前半38分、長谷部誠を倒したコンスタンティノス・カツラニスに2枚目のイエローカードが提示され、日本は早くも数的優位を手に入れた。

ところが、これが逆に、日本を苦しめることになる。

ギリシャは自陣に閉じこもり、守備を固めてきた。こうなるとギリシャはめっぽう強い。

初戦に続いてベンチスタートの遠藤保仁を後半から送り出した日本は12分、満を持して香川を投入し、攻撃の手を強めたが、中央を固められ、活路はサイドにしか見出せない。

長友佑都や内田篤人が何度もクロスを流し込んだが、23分の大久保のシュートは枠から逸れた。

耐え凌ぐギリシャと、ゴールをこじ開けようとする日本の根比べ。

先に音《ね》を上げたのは日本だった。初戦に続いて吉田を前線に上げ、パワープレーを敢行したが、高さに絶対の自信を持つギリシャの思うツボで、ゴールは最後まで遠いままだった。

一向に上がらない攻撃のスピードとチグハグな采配……。頼みの本田もプレーに精彩を欠く絶体絶命の状態で、日本はコロンビアとの決戦を迎えることになった。


すでにグループステージ突破を決めているコロンビアは、スタメンを8人も入れ替えてきた。一方、得失点差での争いを考えて2点差以上で勝ちたい日本も、スタメンに変化を加えた。

香川を先発に復帰させ、大久保を1トップ、初出場の青山敏弘をボランチに起用したのだ。

決勝トーナメント進出へ、わずかな可能性を残す日本のモチベーションは高かった。

序盤から攻めの姿勢を貫いて攻め込んでいく。ミスからPKを与えて先制されたが、前半の終了間際、岡崎慎司が意地のヘッドを決めて追いつき、後半に望みをつないだ。

ところが、ひとりの男の登場が、試合の様相を一変させた。

コロンビアの10番、ハメス・ロドリゲスである。

のちに大会得点王に輝くニューヒーローが、ファンタスティックな左足で日本の守備網を切り裂いていく。1得点2アシストの活躍で、格の違いを見せつけたのだ。

後半40分、コロンビアの3人目の交代選手として43歳のゴールキーパー、モンドラゴンが投入されると、ワールドカップ最年長出場記録を塗り替えた大ベテランに、スタンドの7割近くを黄色く染めたコロンビアサポーターから万雷の拍手が降り注ぐ。

その光景を、険しい表情で見つめる日本の選手たち。その偉大なゴールキーパーに、柿谷のシュートが防がれると、日本に反撃の手立ては残っていなかった。

タイムアップの笛が鳴った瞬間、本田は手で顔を覆い、天を仰いだ。

長友はその場で座り込み、立ち上がれなかった。

攻撃的なスタイルで世界に勝つ――。そんな野心を抱いて挑んだ日本の戦いは、1分け2敗の惨敗に終わった。グループステージ突破どころか1勝もできず、日本はブラジルを去ることになったのである。

初戦がすべてだったな――。

自宅のリビングで観戦した中村憲剛は、日本代表の終戦を消化できずにいた。

コロンビア戦の後半、立て続けにゴールを割られる様子を呆然と眺める中村の頭に浮かんできたのは、チームマネジメントの難しさだった。

中村が出場した南アフリカ・ワールドカップでは、テストマッチに4連敗し、直前まで戦い方を模索するような状態で、自信を失いかけていた。サポーターからの期待は薄れ、マスコミからも叩かれ、「自分たちは下手なんだから泥臭く戦おう」と腹をくくった。カメルーンとの初戦に勝ったことでチームは急速にまとまり、勢いに乗った。

その4年前とはまったく正反対のことが今回、起きていた。

前年2013年11月に強豪国・オランダと引き分け、ベルギーに勝利した。そこからテストマッチに5連勝してワールドカップを迎えた。サポーターの期待は高く、マスコミからは賞賛され、「自分たちのサッカーで世界に勝つ」と自信を持って臨んだが、コートジボワールとの初戦に敗れ、ガタガタと崩れていった。

親善試合とワールドカップとでは、まるで違う。その事実が完全に抜け落ちていた。

自分たちのサッカーを貫くのは悪いことではない。

だが、自分たちのサッカーにこだわるあまり、球際で負けない、目の前の相手に走り勝つといったサッカーの本質を、どこかに置き忘れてしまったようだった。

もちろん、チームの中にいなければ知り得ない、外からではわからないこともあるだろう。

だから、実際にチームに何が起きたのかは、中村には知るよしもない。

ただ、ワールドカップ予選のときにはたしかにあった〝何が何でも勝つ〟という気持ちが、まるで伝わってこなかった。それが、中村には歯がゆかった。

テレビ画面の向こうにいるのは、中村の知っている日本代表ではなかった。

残念なのは、遠藤と長谷部のダブルボランチを解体してしまったことだ。

２０１３年11月の欧州遠征から、ザッケローニは遠藤をスーパーサブとして起用するようになった。ボール奪取力に優れた山口を先発させて中盤の守備力を高め、試合途中から遠藤を投入し、流れを一気に日本に引き寄せる狙いだった。

だが、中村には、それによってチームのバランスが崩れたように感じられた。

ザックジャパンは本田のチームだったが、ゲームをコントロールしていたのは遠藤であり、長谷部と完璧な補完関係を築けるのも遠藤だったはずだ。

しかし、遠藤は初戦と2戦目に途中出場しただけで、３戦目は最後までベンチを温めた。

最後の最後でメンバー入りした大久保は、欲しいタイミングでパスをもらうことができなかった。いらだちを隠せない大久保の姿を見た中村は、どうしても思わずにはいられなかった。

嘉人をこれだけ起用することになるなら、一緒に使ってくれればいいのに……。

4年をかけて積み上げてきたものは、どこにいってしまったのか。

落選した瞬間から、ともに戦ってきた仲間たちに、日本の勝利を託した。

自分が入らなくて、やっぱり良かったんだな、と思える結果を残してほしかった。

だが、望むような結果は得られなかった。

中村が知っている日本代表は、幻《まぼろし》のように消えてしまったのだ。

同い年の通訳

東京都港区のアークヒルズ・カラヤン広場に現れた矢野大輔は、いつものように清々しい笑顔を浮かべていた。

もっとも、日本代表チームを離れ、ある種の重圧から解放されたに違いない。漂わせる雰囲気には、日本代表時代よりもやはり、柔らかいものがあった。

矢野は、通訳としてザックジャパンを支えた人物である。

「憲剛は多くを言わなくてもわかるタイプでしたね。（内田）篤人なんかもそうだったんですけど、全体練習のとき、監督が指示を出した瞬間に、自分が何をしなければならないのか、もうわかっていて、それをすぐに具現化できるんですよ」

2002年以降、ビジネスやサッカーの場でイタリア語の通訳を務めてきた矢野は、仕事を進めていくうえで、話をする双方の考え方や性格を把握することが大切だと思っている。

だから、30歳になったばかりの2010年8月、日本代表の通訳に就任した際も、チームが発足するとすぐに選手たちと積極的にコミュニケーションを取った。

そんな通訳の目から見て、同い年の中村は理解度も、具現化する能力も、ずば抜けていた。

「だから、僕も憲剛には、〝わかっているよね〟っていう感じで通訳していました」

ふたりが初めて言葉を交わしたのは2010年10月、埼玉合宿でのことである。

しかし、矢野が初めて中村を見たのは、2004年にまでさかのぼる。当時、トリノ在住だった矢野は出張で日本に戻ってくると、等々力陸上競技場によく足を運んでいた。

「あのシーズン、J2で勝ち点100ぐらい取りましたよね。あの頃のフロンターレのサッカーがすごく好きで、よく見に行ったんです。そのとき、憲剛の存在を知りました。〝この選手、自分と同い年なんだ、すごいな、いい選手だな〟って」

代表チームで中村のプレーを間近に見るようになり、その想いはさらに強くなる。

「憲剛みたいにプレーできたら楽しいだろうなって。そう思いながら、見てましたけどね」

15歳でイタリアへ渡ったことに始まり、矢野の経歴は波瀾に富んでいる。

きっかけは、サッカー雑誌に載っていたイタリア留学の広告だった。当初はまともに取り合ってくれなかった両親を説得し、まずは1年間、イタリアリーグに所属するトリノの下部組織に留学する。2年目以降は友人の家にホームステイしながら、現地の学校に通い、サッカーに励んだ。

小さな町クラブから、セミプロのクラブへ。

階段をひとつずつ登った先にある夢の舞台は、もちろん、セリエAである。

その舞台に颯爽《さっそう》と登場したのが、中田英寿だった。

1998年の夏、ペルージャへ移籍してきた中田の活躍に、矢野は衝撃を受けた。イタリア人にとっても、この日本人選手の活躍は衝撃的だったようだ。矢野はポジションがサイドバックであるにもかかわらず、イタリア人から「ナカータ」と声をかけられたものだった。

いくつかのクラブを渡り歩いた矢野は、22歳で現役生活にピリオドを打つ。

転機は、2002年の日韓ワールドカップだった。

知り合いの紹介で当時のイタリア代表、アレッサンドロ・デル・ピエロの家族の日本滞在をアテンドしたことから、スポーツマネジメント会社に就職することになったのだ。

2005年にはユベントスのジャパンツアーに帯同し、初めてサッカーの通訳を経験する。

2006年夏からはトリノに加入した大黒将志《まさし》の専属通訳を務めた。そのとき、チームを率いていたのが、アルベルト・ザッケローニだった。

そんな縁もあり、2010年8月末、日本代表監督に就任したザッケローニから、矢野は通訳に指名されたのだ。

ザックジャパンでの4年間は、ほかでは経験することのできない濃密な日々だった。通訳としての就任期間は1397日に及び、アルゼンチン戦からコロンビア戦まで55試合を戦った。中村とともに過ごしたのは、そのうちの半分ぐらいだろうか。

「憲剛ほどの実力があって、ステータスもあって、当然、周りも憲剛のことをうまいと思っているなかで、出場機会があまりなかった。それなのに、憲剛は悔しさをグッとこらえて、チームのために徹していた。それって簡単なことじゃない。やっぱり、頭では理解していても、性格やプライドがジャマして、不満を露にしてしまう選手もいますから」

とはいえ、出場機会を得られず苦しむ中村が、矢野にその胸の内を語ったこともあった。それは2013年6月9日、ホームのオーストラリア戦でブラジル・ワールドカップの出場権を獲得したあと、ドーハで合宿に入り、イラク戦を2日後に控えた日のことだった。

夕食後、矢野は中村の部屋で話を聞いた。

「俺、どうしたらいいんだよって。そんな感じでしたね。誰かに聞いてほしかったんだと思うから、まずは憲剛の話を聞いて、僕も改めて動き方の説明とかをして、〝わかっているよね〟って。僕も立場上、監督の構想とか考えとかを軽々しく口にするわけにはいかない。でも、〝一緒にブラジルに行こうよ〟っていう想いは伝えました」

試合に出られない選手の気持ちは、矢野にもよくわかる。まして中村は、ほんのひとにぎりの、日本代表選手なのだ。選ばれていながら試合に出られない心境は察するに余りある。

もちろん、ザッケローニが中村を評価していなかったわけではない。

むしろ、選手としては、好きなタイプのプレーヤーだった。

「意外に思われるかもしれないですけど、ザッケローニさんは、テクニカルなタイプが大好きなんです。フロンターレの試合を見ていても、〃パスワークやスルーパスは、憲剛がJリーグで一番だ〃ってよく言ってましたから。憲剛を見るたびに、〃ピルロみたいだな〃って。ただ、インターナショナルレベルではトップ下だと考えていて。それはフィジカル面を考慮してでしょうけど、高い位置でのラストパスを評価してのことでもあったと思います」


２０１３年6月のコンフェデレーションズカップ以降、中村はJリーグで好調を維持していたが、それでも、その後のテストマッチに招集されることはなかった。

「あの頃、憲剛が素晴らしいプレーをしていたのは、ザッケローニさんももちろんわかっていたんですけど、東アジアカップで（山口）蛍や青山（敏弘）といったいきのいい選手たちが出てきたから、彼らを試してみようと。でも、ザッケローニさんはずっと言ってました。〃憲剛の力はよくわかっているから〃って」


最終的にザッケローニは、ブラジル行きのメンバーに中村を選ばなかった。

だが、バックアップメンバーに選んだように、最後の最後まで迷っていたと矢野は言う。

「〃憲剛と大久保の選出が期待されているようだな〃とか確認してましたから。最終的になぜ選ばなかったのかはわかりません。でも、攻撃の4つのポジション――1トップ、トップ下、左右のサイドハーフに対して8人、そのバランスを考えたんだと思います。その中で、嘉人が選ばれ、憲剛は選ばれなかった。トップ下に関しては、（香川）真司をスライドさせることもできるし、オプションとしてあった3－4－3だと、トップ下のポジション自体がないですから。おそらく、そういうことを総合しての決断だったと思います」

今まで力になってくれた選手に感謝の気持ちを伝えてほしい、というザッケローニの要望で、矢野は中村に電話をかけた。「ありがとう」という監督のメッセージを伝えると、電話の向こう側からは「うん、まあ、わかった……」という沈んだ声が聞こえてきた。

最後の最後に選ばれなかった選手の悔しさを痛いほど感じ、矢野は携帯電話を握ったまま、黙り込んでしまった。

「一緒に行けないことがわかったときは、そりゃあ寂しかったですよ。代表チームの中で、通訳と選手という立場で、僕はもちろん一線を引いて、しかるべき距離を保って、みんなと接してましたけど、やっぱり憲剛は特別な存在でした。同級生だとか、人間的なフィーリングが合うっていうのが理由だと思うんですけど、何か特別なものを感じていたっていうのが正直なところです」

真夏の快進撃

ドイツ代表の優勝でブラジル・ワールドカップの幕が閉じ、中断されていたJ1リーグが再開されると、川崎フロンターレの快進撃が始まった。

7月15日から中3日の間隔で組まれていた4連戦で、セレッソ大阪、清水エスパルス、サガン鳥栖、アルビレックス新潟を下し、J1再開に先駆けて行われたYSCC横浜との天皇杯2回戦での勝利を含めて5連勝を記録する。

リーグ戦の順位は3位へと浮上し、首位・浦和レッズとの勝ち点差は3、2位・サガン鳥栖との勝ち点差は1という好位置につけたが、興味深いのは、リーグ戦4試合でマークした6ゴールすべてを後半に奪ったことだった。

うだるように暑い夏場のゲームは、体力の消耗も著しい。しかも、中3日の4連戦だったにもかかわらず、フロンターレは毎試合、後半にスコアを動かし、勝負を決めた。

なぜ、そんなことが可能なのか——。

中村が胸を張ったのは「スタイルによる優位性」である。

テンポよくパスを出し入れし、相手チームの守備組織を崩す。ボールを回して相手選手を揺さぶり、体力を消耗させる。こうして敵の動きが鈍ってきたところでゴールを奪い、あとは再びボールを回して相手をいなし、ゲームをコントロールして終わらせる——。

もちろん、危ういピンチも何度かあるが、フロンターレがピッチ上で表現していることをシンプルな言葉にすると、そういうことだった。

「自分たちがボールを取られることなく、相手を走らせているという手応えを感じます。やっぱり守備に奔走させられると、体力を消耗しますから。自分たちがボールを持つことで相手の攻撃の回数を減らしているし、夏場は特に簡単にボールを失うことをやめようと話しています」

こうした言葉の背景にあるのは、「簡単にボールを失わない」という、自分たちの技術や視野に対する絶対的な自信だった。

もちろん、相手チームも簡単には主導権を渡すまいと、攻守においてアグレッシブに仕掛けてくることがある。だが、その時点でフロンターレの術中にハマっているとも言えた。

中村とダブルボランチを組み、類いまれなるキープ力で〝ボールを失わないサッカー〟に欠かせないひとりとなった大島僚太も口をそろえる。

「相手は立ち上がりからプレッシャーをかけてくることが多いですけど、自分たちはそれに乗らないようにしています。相手に合わせて早い攻撃で応酬すると、ボールを失いやすくなる。そうじゃなく、自分たちは慌てず、ボールを簡単に失わないように繋いで、しっかり狙ってプレーしています。その結果、前半が0対0で終わってもいいというか、後半に決められる自信がありますから」

パートナーの言葉を、中村がさらに補足する。

「理想は、相手が〝前半は頑張れたけど、後半は無理だった〟という感想を抱くゲームをすること。相手に後半も頑張れるきっかけを与えない。そのきっかけが何かというと、自分たちが不用意にボールを失うこと。だから90分間、止める、蹴る、マークを外す、パスコースに顔を出すといったことを丁寧に、コツコツ、波なく続ける」

自分たちがするか、しないか——。もうそれだけ、という段階に入っていた。

狙いとするサッカーを体現し、成功体験を得ながら3位にいるという現実が、中村の、そしてチームの自信を大きく膨らませていた。

記者席からピッチを眺めながら、僕は思っていた。今度は、どこから、どんな風に崩していくのだろう？　この頃のフロンターレには、見ていてとにかくワクワクさせられた。このサッカーでタイトルを取ったら、Jリーグで本当に革命が起きるかもしれない——。

いわゆるポゼッションスタイルの構築に取り組むチームは、「足もとで繋いでいるだけ」で、「なかなか仕掛けられない」「一向に崩せない」という状態に陥ることがある。

だが、フロンターレはそうした〝罠《わな》〟とは無縁だった。

フロンターレは「パスを繋ぐ」ところからチーム作りをスタートさせておらず、「相手を崩す」「ゴールを奪う」という目的がはっきりしているからだ。

一見、パスを回して相手を走らせているような時間帯でも、大久保嘉人や小林悠、森谷賢太郎らがマークを外す動きを繰り返し、中村や大島らはその瞬間にパスを入れようと狙い続けている。選手の技術をベースに、自分たちが主導権を握ってサッカーをする——。そのコンセプトがブレないのは、それが勝つための一番の近道だと考えているからだ。

監督の風間八宏は、問いかけるような口調で言う。

「選手だってボールを追いかけ回すサッカーなんてしたくないはずだし、サポーターも嘉人や憲剛が能力を存分に発揮し、イキイキとプレーしているところが見たいでしょう」

何を強みにして戦い、どのようにして勝つか。

風間がフロンターレの監督に就任して2年4ヵ月。監督が、選手たちが、チームがこだわるスタイルがこの時期、ゲーム内容にも結果にも、はっきりと表れていた。

8月9日の第19節、首位・レッズとの直接対決に2対1で勝利すると、8月16日の第20節、残留争いを続ける16位・セレッソとの大味なゲームを5対4で制し、2位に浮上。レッズの背中は目の前に見えていた。

シーズン前に中村が思い描いたふたつの目標のうち、残されたもうひとつの目標——フロンターレでタイトルを獲得する——はこのとき、たしかに手の届きそうなところにあった。

ひと足早いシーズン終了

どことやっても負ける気がしない——。

7月にそう語っていた中村の身に異変が起きたのは、8月の終わり頃だった。

4月22日のACL、蔚山現代戦で痛めた左足首が、再び悲鳴を上げ始めたのである。

その痛みが限界に達したのは、9月27日のJ1第26節・ベガルタ仙台戦のことだった。

「いつもは試合前にはアドレナリンがバッと出るから痛みが消えるんだけど、ベガルタ戦では〝今日はやれないかもしれない〟というぐらいの痛みがあって、まったく消えなかった」

長身フォワード、森島康仁《やすひと》による終了間際のヘディングゴールで辛《かろ》うじて1対1のドローに持ち込んだこのベガルタ戦にフル出場した中村は、10月5日、第27節のアルビレックス新潟戦でもトップ下に入り、90分間ピッチに立った。

だが、左足首を絶え間なく襲う激痛が、中村から冷静さを奪っていく。

ときにピッチ内の中村は熱くなりすぎるきらいがあり、それは欠点でもあったが、失われないその激情こそ、彼の原動力でもある。

だが、このときは違った。

思うようにプレーできない自分に腹が立ち、イライラが募る。やがて、その苛立ちは自分の中だけに収まらず、ついには外へと向けられてしまう――。

待っていたのは、自己嫌悪だった。

「仙台戦と新潟戦、ほんと、酷かったです。自分のミスなのに人のせいにして当たり散らして、もう最悪……。（新井）章太には〝憲剛さん、ダメ。あれはダメ〟って怒られるし、（小林）悠にも〝怖い〟って言われて。ほんとその通り。申し訳なかった」

0対3で完敗したアルビレックス戦の翌週、病院でCTスキャンを撮ると、足首の前面にできた骨棘が大きく発達していることがわかった。

蔚山現代戦の終盤、左足首に受けた衝撃によって、元々あった骨棘の予備軍が成長したらしい。

ワールドカップによるＪ１リーグ中断中に炎症はいったん治まったものの、その後も酷使したことで骨棘がさらに成長してしまったのである。

この障害は「フットボーラーズアンクル」とも呼ばれ、足首を酷使するサッカー選手にとって職業病と言えるものだった。脛骨《けいこつ》下端と距骨《きょこつ》が何度もぶつかって骨軟骨《こつなんこつ》が摩耗する。それを修復しようと治癒力が働くために、摩耗と増殖が混在する状態となり、骨に変化が生じる。これがトゲのようになって神経を刺激し、痛みを引き起こすのだ。

「ＣＴスキャンを見たチームのトレーナーに〝この仕事を28年間やってきたけど、こんな足、見たことない〟って言われた。〝骨が散り散りになって、足首の中がグチャグチャだよ。よくやれていたね。早くきれいにしたほうがいいよ〟って」

だが、この時点でフロンターレは首位と勝ち点８差の４位につけ、わずかではあったが優勝の可能性を残し、ナビスコカップでも準決勝まで勝ち残っていた。

それなのに、自らシーズンを終わらせるわけにはいかない。

痛み止めの注射を打ちながら、欠場、途中出場、先発出場を繰り返し、騙《だま》し騙しプレーを続けていたが、11月２日のＪ１第31節・清水エスパルス戦で右足首まで痛めてしまう。

これが全治３週間と診断される、腱《けん》と靭帯《じんたい》損傷の重傷だった。

この負傷によって残り３試合に出場するのが難しくなったため、シーズン終了を待つことなく、最終節２日前の12月４日、骨棘を取り除く手術に踏み切ることになったのである。

これまで足にメスを入れたことがない中村は当初、手術を受けることをためらっていた。

繊細なボールコントロールで、センチメートル単位のパスを操る中村にとって、足に染み付いた感覚こそ、サッカー選手としての生命線だと言っていい。

その感覚が少しでも変わってしまうことへの恐怖があったのだ。

だが、検査の結果、メスではなく内視鏡で済むということがわかり、手術を受けることにした。

手術は、無事に終わった。

通常、骨を削れば出血を伴い、かなりの腫《は》れが生じるものだ。しばらくの間、車いすを必要とする生活を送ることにもなる、という話だったが、退院して数日後の彼を見舞うと、左足をかばう風でもなく、スタスタと歩いている。

術後の経過が順調だというのは、落ちついた口ぶりと、ときおり見せる笑顔からも窺えた。

「担当の先生には〝運がいいとしか言い様《よう》がない〟って言われたし、リハビリの先生には〝本当に術後1日しか経ってないの？　いいねえ〟って。日に日に良くなっていくから、ストレスが溜まっちゃって。特に土、日はリハビリステーションが休みだからベッドに寝てるだけ。もう、発狂寸前でした。結局、車いすに乗っていたのは初日だけ。2日目から松葉杖を付いて歩いて、退院も予定より3～4日早まったんです」

隣に座る妻の加奈子は「早く体を動かしたくて仕方なかったんだよね」と苦笑した。

「ちょっと見ます？」と言って憲剛がジーンズの裾をめくり、靴下をつま先まで下ろすと、露になった左足首には、通常の倍ぐらいの大きさの絆創膏《ばんそうこう》が貼られていた。

「ここ、穴がふたつ空いているんですよ」

絆創膏の上から患部をそっと撫でながら、さらに続ける。

「ひとつは内視鏡を入れた穴、もうひとつはシェーバーを突っ込んだ穴。神経に当たっていた骨を削ったんです。けっこう削ったみたいですけど、骨のカスを見せてもらえなかったので、どれぐらい削ったのか、本当に削ったのか、自分ではわからないんですよ。ハハハ」

4月末から悩まされ、10月以降はときに試合を欠場しなければならないほどに苦しめられた痛みの原因は、きれいさっぱり取り除かれた。シーズン終了まで戦い抜けなかったことは悔いとして残っているが、少し早い〝休息〟は、チームと自分について改めて考える時間になったようだった。

フロンターレはシーズン終盤を迎えるにつれ、夏場の勢いをすっかり失った。

中村が痛みに顔をしかめる回数の増えた9月、そのパートナーである大島がU－21日本代表として仁川《インチョン》アジア競技大会に出場するためにチームを離れた。

11月にはこの年限りで契約満了となる大久保に移籍話が生じ、チーム内に動揺が走った。

さらにハビエル・アギーレ新体制となった日本代表に選ばれるようになった小林までもがケガで欠場するうちに、チームの歯車は狂い出し、次第に大きな歪みとなって、チームから自信や勇気を奪っていく。

一時は2位まで浮上した順位は、最終的に6位で落ち着いた。

「チームは勝てなくなるし、自分はちゃんとサッカーできないし。そもそも俺のシーズンはワールドカップがダメ、ACLもダメで、夏前にいったん終わったんです。でも、中断期間になんとか切り替えて、その後めちゃめちゃ調子が良くなって、持ち直したと思ったら、痛みがぶり返し、最後は手術していなくなるという……。ほんと、不完全燃焼からの不完全燃焼で終わってしまった」

2014年はワールドカップやACLとは別に、中村にとって特別なシーズンだった。

プロ入りしたときからの先輩で、同志であり、相棒でもあった伊藤宏樹が2013シーズン限りでスパイクを脱ぎ、頼れる存在がいなくなって初めて迎えるシーズンだった。

「これまでは宏樹さんが〝おまえが熱くなってどうするんだ〟ってなだめてくれていた。宏樹さんに支えられてきたところが多かったんだな、ってすごく感じた一年でした。これからは自分が変わらないといけない、って痛感しましたね」

夏場にチームの理想の形が見えたのは間違いない。

タイトルを狙える位置にもつけていた。

だからこそ、逃したものがいかに大きいかを改めて思い知った。

「ほんと、勝たなきゃ意味がない。最後はグダグダになってしまったけれど、僚太や（谷口）彰悟に自覚が生まれて、それが来年に向けての財産になれば、意味のあるシーズンだったんじゃないかと思うんです。嘉人も契約を延長してくれたし、年長者ががっちりとスクラムを組んでチームをまとめていかないと。それはキャプテンである自分の仕事でもある」

メスを入れるのではなく、内視鏡手術で済んだため、リハビリ期間が長引くこともなさそうだ。診断結果は全治8週間。チームの始動は1月15日。ぎりぎり間に合うかどうか。

「まだ右足のほうの痛みも残っているし、始動日には間に合わなくても、焦らずにじっくり治しますよ。手術は初めてのことだし、来年は1年間ちゃんとサッカーやりたいですから、そこは慎重に。それに万全な状態に戻さないと、チームにも迷惑がかかりますからね」

ところが、そう言ってから、さほど時間が経たないうちに、思わず本音がこぼれた。

「けど、やれるなら、ちょっとくらい無理してでもやりたいんですよ。そこはいつも葛藤。あー、早くサッカーしてえー。モチベーション、上がりまくりです」

妻の加奈子が、少し呆れたような顔で夫を見つめ、笑った。

熱源

終章―― いつだって未来は明るい

2015シーズン、川崎フロンターレはまたしてもタイトルを手に入れられなかった。

J1リーグでは11年ぶりに2ステージ制が復活し、ポストシーズンとして年間順位の上位3チームと、ファーストステージ覇者、セカンドステージ覇者によって争われるチャンピオンシップが開催された。それはつまり、1シーズン制よりも多くのクラブにタイトル獲得のチャンスがめぐってくることを意味していた。

しかし、フロンターレはファーストステージを5位で終えると、中国・広州富力への電撃移籍でレナトを失ったセカンドステージでは7位となり、年間順位は6位。2年続けて準決勝に進出していたナビスコカップはグループステージで敗退し、天皇杯でもベスト16でガンバ大阪に屈した。

新加入選手をうまく組み込めないままシーズンに突入し、森谷賢太郎、小林悠、大島僚太ら主力選手が体調不良や負傷によって次々と戦列から離れ、システムやメンバー構成を毎試合のように変えざるを得なかった。

スタートダッシュが決められない、ベストメンバーが揃わなければチームのパフォーマンスが安定しないという悪癖は、またもや繰り返されたのだ。

中村憲剛も、ここ数年で最も不本意なシーズンを送った。

「憲剛、ちょっと、いいか」

監督の風間八宏に声をかけられたのは、サガン鳥栖に3対2で競り勝った翌日、5月24日のことだった。

今のパフォーマンスがいいようには思えない。トレーナーと調整して、コンディションを整えたほうがいいんじゃないか——。

そんな指揮官からの提案に、中村も思い切って胸の内を明かした。

「いや、自分ではそこまで悪いと思ってなくて。それに今年は自分のことよりも、どうすればチームが優勝できるかってことばかり考えているんですよ。相手のこと、システムのこと……。メンバーもバランスも変わったから、俺が後ろに下がって引き出さないとボールが回らないし……」

しかし風間は「おまえはそんなこと、考えなくていい」と諭《さと》すように言った。

「後ろでさばいているだけのおまえなんて見たくない。余計なことは考えないで、もう一回、頭の中を切り替えて、自由にやってみろ」

その言葉に奮い立った中村がその日のトレーニングでゴールを決めると、風間は嬉しそうな表情で「ナイスゴール、ナイスゴール」と手を叩いた。

ところがその後も、中村のパフォーマンスとチームの調子は上向きにならなかった。

5月30日のJ1ファーストステージ第14節、下位に低迷する清水エスパルスに2対5と惨敗。さらに6月3日のナビスコカップ・ベガルタ仙台戦に1対1と引き分けてグループステージ敗退が決まると、風間はついに決断を下す。

6月7日の第15節・湘南ベルマーレ戦、キャプテンマークを巻いてピッチに立ったのは大久保嘉人で、ボランチの位置についたのは、森谷賢太郎と谷口彰悟だった。

本来、腕章を付けてボランチを務めるはずの中村は、ベンチから戦況を見つめていた。

2004年にレギュラーとなって以来、初めてサブに降格させられたのである。

中村に出番が訪れたのは、0対1とリードを許していた後半12分のことだった。そのわずか3分後、ペナルティエリア内に飛び出してパスを受け、ドリブルを仕掛けると、ベンチスタートとなったうっぷんを晴らすかのような、サブ降格となった怒りをぶつけるかのような、太いベクトルを思わせる勢いのある突破で敵のファウルを誘い、チームにPKをもたらした。

これを大久保嘉人が決めて同点とすると、アディショナルタイムにエウシーニョがミドルシュートを叩き込み、フロンターレは逆転勝利を飾った。

試合後、取材陣から「憲剛さんが入って流れが変わりましたね」という言葉をかけられると、中村は「それ、記事に書いてください。僕の評価が上がるんで」と冗談めかして言ったが、内心はベンチスタートに対する怒りに満ちているようだった。

だが、次の試合でも中村はスタメンから外れたままだった。

Jリーグ公式ホームページの選手出場記録を見ると、彼の欄にはファーストステージの終わりのほうに途中出場を意味する「▲」の記号が3つ並んでいる。

スタメン復帰は、セカンドステージの開幕まで待たなければならなかった。


「自分では、周りを使ってうまくやれてるって思ってたんですけどね。今思えば、ごまかしていたのかもしれない」

2015年も残りわずかとなった日、中村は自身のパフォーマンスを改めて振り返った。

「いや、うすうす気づいてたんですけどね。認めたくなかったんですよ。プロとしてのちゃちなプライドってやつです」

前年の2014シーズン、11月2日の清水エスパルス戦を最後に中村は休養を取ったから、左足首の手術の前後、2ヵ月以上サッカーをしていないことになる。これまで大きなケガを負ったことのない中村にとって、これだけ長い間ボールを蹴らなかったのは、初めてのことだった。

本来なら、自主トレーニングをじっくり積み、段階を踏んでチーム練習に合流すべきだったのだろう。しかし、ボールを蹴りたくてうずうずしていたうえに、今年こそタイトルを獲りたい、そのためには開幕に間に合わせなければならない、という想いが復帰の時期を早めてしまった。

リハビリ中は痛みがまったくなかったことも、復帰を早まらせた要因のひとつだった。

1次キャンプからチーム練習に合流したが、ボールを奪い合うといった対人プレーの局面になると、身がすくんだ。まったく痛みがないときもあれば、患部がチクッとうずくこともあり、いつ痛みが訪れるやもしれぬ恐怖心にも襲われた。

だが、後戻りはできない。とにかくボールを蹴って慣れるしかない——これが、間違いだった。

「これも今思えば、なんですけど、もっと走り込んだり、体のキレを出すようなトレーニングを積んだりすればよかったのかもしれない。結局、足首に不安を残したままシーズンに突入して、連戦に出場し続けて、自分の感覚を取り戻せないまま、疲労で消耗していってしまった」

チームはケガ人が続出していて、簡単に休めるような状況ではなかった。しかも、中村自身はFCバルセロナのセルヒオ・ブスケッツをイメージして、後方でバランスを取りながら、周りをうまく使えているように感じていたのである。そうこうするうちに、自らの判断ではなく、強制的にベンチに座らされることになった。

「サブにされたとき、ひと言も説明がなかったからとにかく悔しかったけど、鳥栖戦のあとに言われたことがすべてかなと。選手としては納得してはいけないと思って、レギュラーを取り返すために燃えました。2部練習の日の午後はひとり別で、フィジカルメニューをこなしていた。そうしたらファーストステージが終わって2週間のインターバルを迎えたあたりから体が軽くなってきて」

前半戦の自身のパフォーマンスがいかに本調子とはほど遠い出来だったかを知るのは、セカンドステージに入って本来のコンディションとプレーを取り戻してからのことだった。

「セカンドステージに入ってしばらくした頃、夏前の映像を見返したら、全然走れてなくて唖然とした。自分ではそのときにやれるマックスをやっていたつもりだったけど、躍動感がまるでない。これじゃあ、衰えたと思われても仕方ない。その頃、風間さんに〝おまえ、やっぱり動けてなかったから、走ってよかっただろ〟って言われて、うなずくしかない自分がいた」

そう言って中村は苦笑した。

2015シーズン、ナビスコカップを制したのは、これが通算17個目のタイトルとなる鹿島アントラーズだった。チャンピオンシップを制したのは、2012、2013シーズンのJ1王者、サンフレッチェ広島で、天皇杯はガンバ大阪が連覇を成し遂げ、通算8個目となるタイトルを手に入れた。

まるで優勝の仕方を知っているかのように、次々とタイトルを積み重ね、ユニホームの左胸に星を増やしていくライバルチームを思いながら、中村は彼我《ひが》の違いを考えずにはいられない。

「ガンバや広島、鹿島と比べると、うちは我慢強さ、忍耐強さというものがない。で、やっぱり、そういうのは俺の性格が出てしまっていて、俺がそうだから、チームもそうなんじゃないかって、すごく悩んでます。あと、ガンバや広島には、チームのことを考えてプレーできる〝大人の選手〟が多い。うちは若い選手が多いから、自分のことだけで精一杯、自分のプレーをやりたいって選手が多い。勢いに乗ってるときはいいけれど、そうじゃないときは、すぐに混乱してしまう」

クラブが世代交代を推し進めている段階だから仕方のない面もあるが、一方で、チームの年齢構成のバランスがうまく取れていないという現実もある。新卒でフロンターレに加入し、20代後半から30歳を迎える年齢の選手たちは軒並み、移籍してしまったのだ。

その点で、中村を安心させたのは、田坂祐介の復帰である。2012シーズンの途中にドイツ2

部のボーフムに移籍した田坂は、中村の5歳年下で、弟分的な存在だった。その彼がボーフムとの契約を終え、2015年夏にフロンターレに帰ってきたのだ。

「タサや（小林）悠はチームのことを考えられるから、彼らが出ているときはチームに厚みが出るけれど、ふたりともケガで欠場することも多いから、若い選手ばかりになって、困ったときに何もできなくなってしまう。そこをうまくコントロールするのが年長者としての役割なんだけど、そういう面で自分にふがいなさを感じるし……。でも、キャプテンを任されてるわけだから、最年長としての過ごし方を改めて考えていて、俺自身がもうちょっと大人にならないといけないって思ったりもしてるんだけど……」

これまでは自分がのびのびプレーすることでチームを引っ張ってきた。チームのことを考えすぎて自身のプレーが疎《おろそ》かになると、結局、チームのパフォーマンスが上がらないということは、2015年のファーストステージで改めて思い知った。

だが、それでも年長者として自分がチームをまとめ、引っ張らなければならない。

中村憲剛はもがいている。もうひと回り、成長するために――。

かつて中村は「クラブと代表は両輪なんです」と語っていた。

フロンターレで活躍して日本代表に選ばれ、日本代表で自信を付けてそれをフロンターレに還元し、また日本代表に選ばれる。日本代表選手として認知されるようになったことで、普段からその肩書に相応しいパフォーマンスを披露するように心がけた。クラブと代表の両輪が力強く回転することで、中村憲剛のサッカー人生も力強く前に進んでいくのだ、と。

その片輪が外れ、日本代表に選ばれなくなってから、2年半が経った。

「誤解をおそれずに言うと、張り合いがなくなりましたね、生活に。暇になったというか、こんなに休めるんだって、ちょっと驚いてる。辛いことも多かったけど、やっぱり楽しかったから寂しい。今も代表の試合は欠かさずに見てます。ザックさんのときはもちろん、アギーレさん、ハリルホジッチさんになってからも。この場所に戻りたいな、今の自分なら戻れるんじゃないか、とか思いながらね」

現在のハリルジャパンには、かつて中村とともに戦った選手やスタッフがまだ残っているから、彼らと連絡を取り、チームの様子を聞いている。いつ代表に復帰することになってもいいように。自ら代表入りを諦めることなどない。現役でいる以上は、いつだって代表に選ばれたい。日本代表を目指す権利は、サッカー選手なら誰もが持っているものなのだ。それだけに、もし、年齢で線引きされるようなことがあれば、納得できない。

「たしかに今年の前半は、衰えたと思われても仕方のないパフォーマンスだったかもしれない。でも、夏以降は取り戻したし、頭の中は年々冴え渡ってきて、プレーも洗練されてきたから、年齢について、どうこう言われることに抗いたいって気持ちが強い。ヤットさんとか、嘉人とか、30代半ばの選手たちはみんな、あると思う、〝まだまだ負けてないぞ〟〝年齢で判断するな〟っていう気持ちがね。でも、それが今も頑張れる理由のひとつでもある」

ブラジル・ワールドカップに出場できなかったことも、〝頑張れる〟要因のひとつになっている。落選したからこそ、その悔しさが、今も尽きない情熱の源《みなもと》となっているのだ。

「ザックジャパンの3年間は苦しいことばかりで、いつも〝悔しい〟って思いながらグッと堪《こら》えていたけれど、落選して知ることも多かった。あれだけの反響、なかなかないし、それだけ期待してもらえてたんだなって。それに将来、自分が監督になったとき、あれはすごくいい経験になると思うし、そう思えるようになる自信もある。あの悔しさが、自分に深みと幅を与えてくれた。そう考えると、ブラジル・ワールドカップのメンバーに選ばれて活躍でもしてたら、やり切ったって気持ちになって、もう引退していたかも。あれだけの喪失感があったから、その経験をバネにして今もやれている。だって、俺のサッカー人生、ずっとそうだったから――」

中学時代にはクラブチームを退団し、半年間サッカーから離れていた時期がある。高校時代も大学時代も、入部当初は箸にも棒にもかからないような存在で、少しずつ力をつけて一番下のグループから這い上がり、レギュラーの座を摑み取った。フロンターレに加入した際も、自ら売り込んで摑んだプロ入りだった。そうした〝雑草魂〟こそ、中村の原点なのだ。

「代表に選ばれる選手たちって、子どもの頃からずっとレギュラーで、試合に出られない経験なんてまるでない選手ばかり。でも、俺は違った。Bチームも、ベンチも、全部経験してきたから、サブの気持ちも、サブの役割もわかっているし、我慢の仕方もわかっている。それを乗り越えたあとに、〝ご褒美〟が待ってるってこともね」

だから、ワールドカップメンバー落選を振り返って、改めて思う。

「やっぱり、これが中村憲剛の人生だなって。高い壁にぶつかって、それを乗り越えたと思ったら、今度は落とし穴に落っこちて、そこから這い上がる。その繰り返し。でも、そういう経験をバネにして、自分で未来を手繰《たぐ》り寄せてきたから、今後もそういう風になるのかなって気がしてる。だからね、未来は常に明るいんですよ。楽観的なのが救いです」

2015年の末、サッカーへの情熱をさらに燃え上がらせる出来事があった。

ひとつは、クラブワールドカップに出場する、大好きなFCバルセロナの来日である。

「メッシ、（ルイス）スアレス、ネイマール。あの3人、やばいですよね。クラブワールドカップでバルサの試合を見て、またイメージが膨らんだ。やる気がみなぎってきたから新シーズンが待ち遠しい」

もうひとつは、小学生時代の府ロクサッカークラブのふたつ上の先輩、澤穂希《ほまれ》の引退である。

「現役最後の試合で1対0の決勝ゴールを奪うなんて、澤さん、凄すぎる。引退会見で言っていた〝心と体が一致しない〟って、いったいどんな感覚なんだろう。俺にはまだ十分やれそうに見えるけど、澤さんの感覚は違うんでしょうね。これまで連絡を取り合っていたから、やめてしまうのは寂しい。澤さんだけじゃないんですよ。今年は年齢の近い人たちが次々とやめてしまって……」

そう言って、中村は3人の男の名前をあげた。

中央大学時代のふたつ先輩である宮沢正史《まさし》（FC岐阜）、同じ年で学生時代に関東大学サッカーリーグ2部で戦った阿部吉朗《よしろう》（松本山雅《やまが》FC）、オシムジャパンでダブルボランチを組んだひとつ下の鈴木啓太（浦和レッズ）……。

「みんな、思い入れのある人たちだから、すごく寂しい。でも、俺はまだまだ引退なんて考えられない。とにかくタイトルが獲りたいし、日本代表だって諦めてない。たぶん、何か成し遂げたっていうものがないから、やり切った感じがなくて、割り切れないんでしょうね。体もボロボロってわけじゃないからね。最低でもあと2～3年はやりたいんですよ」

2015年の春には、アメリカ、メジャーリーグサッカーのふたつのチームが、代理人を通して中村に接触してきた。

まさに今、盛況を迎えているメジャーリーグサッカーでは各クラブに年俸総額の上限が設けられているが、最大ふたりまでその上限を超えて獲得することが認められている。この特別指定制度によって最初に移籍を果たしたのが、デイビッド・ベッカム（元ロサンゼルス・ギャラクシー）であり、現在活躍しているのが、イタリア代表のアンドレア・ピルロ（ニューヨーク・シティ）、ブラジル代表のカカ（オーランド・シティ）、元イングランド代表のスティーブン・ジェラード（ロサンゼルス・ギャラクシー）といった選手たちだ。

彼らと同様、特別指定選手として中村の獲得に動こうとしたチームがあったのだ。

だが、中村はまるで関心を示さなかった。

最低でもあと2～3年――。そう言ったのには、理由がある。

まず何よりフロンターレとの複数年契約を全うし、このクラブで最後のチャレンジ――タイトル獲得を目指したい。さらには、まったく衰えを感じていないため、スパイクを脱ぐ自分がまるで想像できない。

そしてもうひとつの理由――。

２０１６年3月末、中村家に家族がひとり増える。

「生まれてくる子の物心がつくまでは、現役を続けていたいんですよ。お父さんがサッカー選手だっていうことを、しっかりと認識できるようになるまでは、ね」

おわりに

2014年中に上梓する予定がずるずると延び、この春を迎えてしまったのは、ハッピーエンドで終わらせたいという想いが僕にあったからにほかならない。

中村憲剛が南アフリカ・ワールドカップで大きな悔いを残し、それを、ブラジル・ワールドカップで晴らしたいと思っている。その過程を書いてもらえませんか——。

彼の事務所の方からそんな依頼を受けたのは、2013年春のことだった。

初めて中村にインタビューをしたのは、川崎フロンターレがJ1に復帰した2005年の4月にさかのぼる。当時所属していたサッカー専門誌で、このシーズンからフロンターレ担当になった僕は、担当を外れる2007年夏までに数回、彼に単独インタビューをする機会に恵まれた。

そのわずか2年半がとりわけ濃密な時間として記憶されているのは、J1復帰から間もないフロンターレが優勝争い、ACL初出場と、瞬く間に強豪チームへと変貌し、日本代表に初招集された中村もレギュラーへと駆け上がっていった時期と重なるからである。

その後も日本代表担当として彼を見続けていた僕は、ワールドカップイヤーに入ってすぐに顎を骨折して代表チームでのポジションを失い、ワールドカップ直前に守備的な戦術へ方向転換したために出場機会が激減し、ようやくめぐってきたチャンスを生かせなかった中村の無念を、痛いほどに感じていた。

だから、勤めていた会社を2011年限りでやめたあと、中村がその無念をどう晴らすのかを、いくつかある取材テーマのひとつに据えた僕にとって、南アフリカ・ワールドカップからブラジル・ワールドカップに向かう彼の4年間を書くというその依頼は、願ってもないものだった。

ところが——。

一冊の本にまとめるという話がまさに決まったあたりから、日本代表における中村の苦悩は深まるようになり、やがて、日本代表に呼ばれなくなってしまう。

そして、2014年のあの日、中村はワールドカップのメンバーから落選した。

彼のリベンジを見届けるはずのブラジルで、僕は「日本代表史上、最強」とも言われたチームが惨敗する様子を目の当たりにし、途方に暮れるしかなかった。

いったい、何をどのように書けばいいのだろう?

4年間のチャレンジの末にワールドカップメンバーから落選したまま、物語を終わらせることはできないように思われた。落選を乗り越えた先に、何が待っているのか。ワールドカップ後、再開したJ1リーグでは、フロンターレの快進撃が始まった。もしかすると、初タイトルを獲得するというラストシーンを迎えられるのではないか。

2014年の終わりまで、2015年のファーストステージまで、と物語は延びていき、ラストが決まらないまま時間だけが過ぎていった。

だが、あるとき、彼の言葉を読み返していて、気付いたのだ。

「これが中村憲剛の人生。自分の人生になんの悔いもない」

いったい、何をもってハッピーエンドと言えるのか。落選しても、タイトルを獲れなくても、中村は戦い続けていた。諦めず、もがき続ける彼の姿をそのまま描いてみようと思ったとき、書くべきエンディングが見えた気がした。


この物語を書くにあたって多くの方々が取材に応じてくれたのは、ひとえに中村憲剛の人望によるところが大きい。「憲剛のためなら」「憲剛さんのためなら」と、誰もがふたつ返事で協力してくださった。

また、本書に描いたエピソードには、かつて取材し、執筆した記事をもとに再現した箇所がある。当時、原稿を掲載してくれた媒体と、登場してくれた選手、監督、スタッフの皆さんには、改めてお礼を申し上げたい。

刊行の時期が大幅に遅れたことで、当初からの編集担当である戸塚隆さんは定年を迎え、講談社を退社することになってしまった。それでも最後まで伴走していただいたおかげで、どうにか書きあげた物語を一冊の本として世に送り出すことができた。

戸塚さんから引き継ぐ形で社内業務を取りまとめてくださった石井健太さん、一枚の表紙写真を選ぶのに苦労してしまうほど、カッコいい写真を撮ってくださった近藤篤さん、その写真が引き立つ素敵な装幀とデザイナーならではのアイデアをくださった岡孝治さん。彼らとのご縁があったことも、僕にとっての喜びとなっている。

初めての単行本の書き下ろしで苦しむ僕をサポートし続けてくれたパートナーにも感謝したい。

そして、いろいろな場所で何度も何度も話を聞かせてくれた中村憲剛選手と加奈子夫人、会うたびにとびっきりの笑顔で癒やしてくれた龍剛くんと桂奈ちゃんには、いくら感謝してもし切れない。本当にありがとうございました。

中村憲剛選手のファン、川崎フロンターレのファン・サポーターはもちろん、Jリーグのファン・サポーター、サッカーファンの方々の手にとってもらえれば幸いです。

中村憲剛のこれからのサッカー人生に幸多からんことを願って――。

２０１６年2月

飯尾篤史

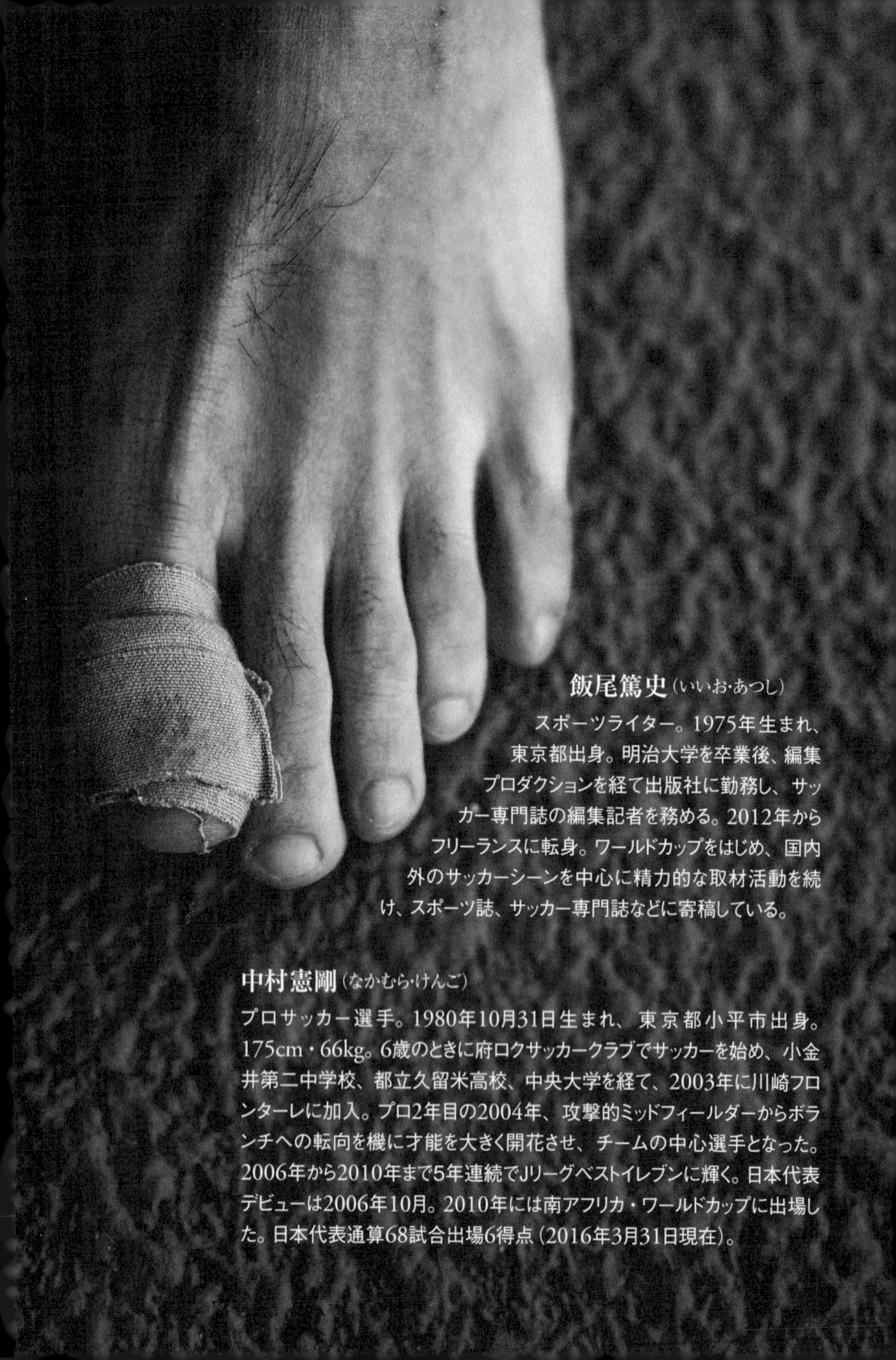

飯尾篤史（いいお·あつし）

スポーツライター。1975年生まれ、東京都出身。明治大学を卒業後、編集プロダクションを経て出版社に勤務し、サッカー専門誌の編集記者を務める。2012年からフリーランスに転身。ワールドカップをはじめ、国内外のサッカーシーンを中心に精力的な取材活動を続け、スポーツ誌、サッカー専門誌などに寄稿している。

中村憲剛（なかむら·けんご）

プロサッカー選手。1980年10月31日生まれ、東京都小平市出身。175cm・66kg。6歳のときに府ロクサッカークラブでサッカーを始め、小金井第二中学校、都立久留米高校、中央大学を経て、2003年に川崎フロンターレに加入。プロ2年目の2004年、攻撃的ミッドフィールダーからボランチへの転向を機に才能を大きく開花させ、チームの中心選手となった。2006年から2010年まで5年連続でJリーグベストイレブンに輝く。日本代表デビューは2006年10月。2010年には南アフリカ・ワールドカップに出場した。日本代表通算68試合出場6得点（2016年3月31日現在）。

残心《ざんしん》 J《ジェイ》リーガー中村憲剛《なかむらけんご》の挑戦《ちょうせん》と挫折《ざせつ》の1700日《にち》

2016年4月15日　第1刷発行
2017年1月16日　第3刷発行

著　者　飯尾篤史《いいおあつし》

発行者　鈴木 哲

発行所　株式会社 講談社
〒112-8001
東京都文京区音羽2-12-21
電話　編集　03(5395)3735
　　　販売　03(5395)4415
　　　業務　03(5395)3615

印刷所　大日本印刷株式会社

製本所　大口製本印刷株式会社

定価はカバーに表示してあります。

落丁本・乱丁本は購入書店名を明記のうえ、小社業務あてにお送りください。

送料小社負担にてお取り替えいたします。

なお、この本の内容についてのお問い合わせは、第一事業戦略部あてにお願いいたします。


ISBN978-4-06-219962-9

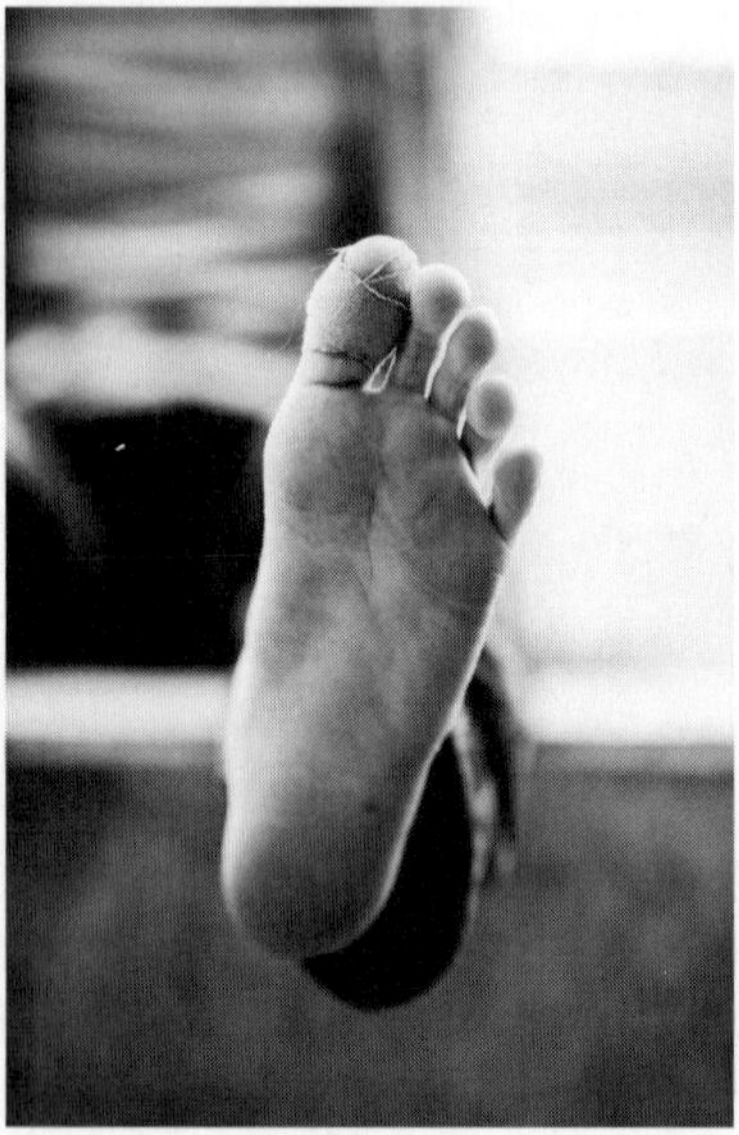